자연은 파괴되고 고향은 사라지고

연구보고서Ⅱ

자연은 파괴되고 고향은 사라지고

영풍 석포제련소와 연화광산의 환경오염에 관한 기록과 고찰

생명평화아시아 기획
김혜나 · 손영호 지음

도서출판**참**

자연은 파괴되고 고향은 사라지고

영풍 석포제련소와 연화광산의 환경오염에 관한 기록과 고찰

초판2쇄 인쇄 2021년 9월 24일
초판2쇄 발행 2021년 9월 30일

지은이 | 김혜나 · 손영호
펴낸곳 | 사단법인 생명평화아시아
주소 | 대구시 수성구 명덕로 411 광덕빌딩 8층
전화 | 053) 753-1894
전자우편 | ecopeace-a@naver.com
편집디자인 · 출판 | 도서출판참 053)256-6695

ISBN 979-11-87023-16-6
책값은 뒤표지에 있습니다.

발간사

생명평화아시아는 2019년에 「영덕 반핵운동 연구」를 발간한 데 이어 이번에 두 번째 연구보고서로 영풍 석포제련소 편을 출간하게 되었습니다. 경북 봉화군 석포면에 있는 영풍 석포제련소의 심각한 공해 문제를 세밀하고 다각적으로 파헤치고 이 문제의 본질을 학술적으로 분석한 연구보고서입니다.

1부는 영풍 석포제련소의 공해 문제를 중심으로 생명평화아시아의 손영호 연구담당 이사가 현장 조사와 문헌 연구를 통해 작성한 현장보고서입니다. 일제 강점기부터 오늘날에 이르기까지 연화광산 · 영풍 석포제련소의 역사와 함께 그동안 이 지역의 자연환경과 주민들의 생활권과 건강권이 어떻게 파괴되고 손상되었는지 상세하게 파헤친 이 보고서는 인터넷 뉴스인 〈오마이뉴스〉에 13회에 걸쳐 연재되어 많은 독자들에게 영풍 석포제련소 문제의 심각성을 알렸습니다. 그동안 몸을 아끼지 않고 현장 조사와 자료 발굴, 기사 작성에 헌신한 손영호 이사에게 감사를 드립니다.

2부는 연구기획안을 마련하고 연구사업을 함께 수행한 대구대학교 김혜나 교수가 영풍 석포제련소와 관련하여 작성한 두 편의 학술논문입니다. 첫 번째 논문인 「인간과 자연의 식민화 과정 비판」은 영풍 석포제련소를 문제의 중심에 두면서 이런 문제가 발생한 원인과 과정, 그리고 그것이 미치는 영향을 탈식민지이론을 원용하여 분석하고 있습니다. 제국주의 시대의 해외 식민지뿐만 아니라 신자유주의 시대의 변형된 식민주의와 한 국가 안의 내부식민주의, 인간이 자연을 착취하고 약탈하는 생태식민주의까지 심층적으로 분석한 이 논문은 영풍석포제련소 문제의 본질을 단순한 공해 · 환경문제의 차원을 넘어서서 심층적인 정치 · 경제 · 사회적 문제로 이해하는 데 도움을 줄 것입니다. '정착형 식민주의'라는 새로운 관점을 제시한 이 논문에 주목해주시기 바랍니다. 김 교수의 두 번째 논문 「근대화와 장소상실, 그리고 쓰레기」는 서구식 근대화로 인해 인간이 정든 고향 마을을 빼앗기고 정신적 떠돌이가 된 과정을 하이데거의 '고향상실증'(Heimatlosigkeit)이라는 철학적 개념으로 설명합니다. 영풍 석포제련소와 연화광산에 의해 고향과 삶의 터전을 빼앗긴 채 뿌리 뽑힌 부평초처럼 떠도는 원주민들의 처지를 철학적 · 인문지리적 관점에서 조명한 이 논문은 여기서 한 걸음 더 나아가 현대 산업문명의 부산물이자 필요악인 쓰레기 문제까지 논의의 대상으로 삼고 있습니다. 특히 코로나 사태를 통해 우리 사회는 엄청나게 증가하는 쓰레기 문제에 직면하고 있는데 앞으로 이 문제는 점점 더 심각한 위험요소로 우리의 삶을 위협할 것으로 보입니다. 김혜나 교수의 치열한 문제의식과 논문 집필의 노고에 감사를 드립니다.

영풍 석포제련소는 짧은 시간 안에 해결될 간단한 문제가 아닙니다. 정치권과 재계의 야합, 대기업과 지방 정부의 유착, 공장 종업원과 주민들이 환경단체에 대항하여 회사의 이해관계를 대변하는 현실, 낙동강 오염의 심각성에 대한 일반 시민들의 무관심 등 숱한 난제들이 앞을 가로막고 있습니다. 그렇지만 생명평화아시아는 이번 연구보고서 발간을 계기로 앞으로도 이 문제에 대한 현장조사와 자료 수집, 연대와 지원을 계속하고 강화할 것입니다. 여러분들의 지속적인 관심과 후원을 간곡히 부탁드립니다.

2020년 12월 10일

생명평화아시아 이사장 **유한목 정지창**

감사의 글

이 연구사업은 영풍 석포제련소의 환경파괴 문제를 역사, 경제, 사회, 문화, 생태 등 다양한 관점에서 분석해 보자는 취지로 2019년 2월에 기획되었습니다. 약 1년 동안 자료조사, 현장방문, 인터뷰 등을 진행하였고, 연구 결과는 두 편의 학술논문과 〈오마이뉴스〉 연재기사로 정리되었습니다.

이 책은 두 편의 논문과 〈오마이뉴스〉 연재기사를 모으고 몇 편의 글을 추가하여 만든 것입니다. 〈오마이뉴스〉 기사는 2020년 3월 31일부터 9월 2일까지 13회에 걸쳐 연재되었는데, 기사 내용을 일부 수정 · 보완해서 책에 실었습니다. 연재 당시에 싣지 못했던 두 편의 글도 추가했습니다. 추가된 두 편의 글은 '유해한 작업환경 속에 희생된 노동자들'과 '건강영향조사를 통해 드러난 석포 주민 건강피해'입니다. 그리고 '영풍 석포제련소 관련 주요 환경 사건'을 자료로 추가했습니다.

이 연구사업을 기획하고 진행하는 과정에서 많은 분들이 도움을 주셨습니다. 우선 영남대학교 문화인류학과의 이은정 교수님과 대구대학교 성산교양대학의 양승권, 이용승 교수님은 기획과정에 참여해 주셨고 현장방문과 논문 검토도 해주셨습니다. 귀한 시간 내어 함께 해 주신 세 분

교수님께 감사드립니다.

자료제공과 현장안내, 인터뷰 등을 통해 도움을 주신 분들도 많습니다. 영풍제련소봉화군대책위원회의 이상식 대표님과 신기선 · 유금자 부대표님, 영풍제련소환경오염및주민건강피해공동대책위원회(영풍공대위)의 임덕자 집행위원장님, 사진작가 김도환님이 도움을 주셨습니다. 영남인의 식수원인 낙동강을 지키기 위해 현장에서 고생하시고, 이 연구사업에도 큰 도움을 주셔서 감사합니다.

이름을 밝히기는 어렵지만 연화광산과 영풍 석포제련소에서 근무한 경험이 있는 분들, 태백과 봉화에 거주하고 계시거나 석포가 고향인 분들이 현장안내와 인터뷰 등의 도움을 주셨습니다. 인터뷰에서는 진솔하면서도 생생한 이야기를 들려주셨습니다. 그간의 사정과 개인적으로 겪었거나 겪고 있는 아픔을 이해할 수 있는 소중한 시간이었습니다. 마음으로 공감할 수 있게 해 주셔서 감사합니다.

대구환경운동연합의 정수근 생태보존국장님, 사진작가 장영식님, 숲해설가 정종훈님은 귀한 사진을 제공해주셨고, 〈상주의 소리〉 편집인으로 계시는 조영옥 선생님은 석포중학교 재직 당시에 지은 시를 싣는 것을 허락해 주셨습니다. 귀한 자료 제공해 주셔서 감사합니다.

영풍공대위 법률대응단의 백수범 변호사님은 귀중한 자료들을 제공해 주셨을 뿐만 아니라 이 보고서의 출판비용도 지원해 주셨습니다. 생명평화아시아의 운영이사이자 극단 예전의 대표로 계시는 이미정님도 깊은 관심과 함께 출판비용을 지원해 주셨습니다. 관심과 지원에 깊이 감사드립니다.

끝으로 생명평화아시아의 정지창, 유한목 두 분 이사장님을 비롯하여 이사님들과 운영이사님들, 집행위원님들이 이 사업의 전 과정에 함께 해 주셨습니다. 그리고 묵묵히 지켜봐 주시고 응원해 주신 생명평화아시아 회원님들은 이 사업의 가장 든든한 후원자였습니다. 생명평화아시아의 모든 회원님들께 머리 숙여 감사드립니다. 아울러 영풍 석포제련소 문제에 관심을 가지고 석포제련소의 폐쇄를 위해 애쓰시는 모든 분들에게도 감사드립니다.

저자를 대표하여 손영호

| 차례 |

영풍과 환경오염

잃어버린 곳, 잃어버린 사람들

영풍 석포제련소 관련 주요 환경 사건

영풍과 환경오염

손영호

석포의 주인은 산이다

낙동강이 시작되는 곳에 석포라 불리는 마을이 있다. 경상북도 봉화군 석포면에 있는 산골마을이다. 마을이 자리 잡은 지역은 예로부터 산 좋고 물 맑기로 이름난 곳이었다. 오랜 세월 동안 주민들은 강에서 고기를 잡고 목욕을 즐겼으며 농사와 임산물로 생계를 이어왔다. 1960~70년대 '근대화'의 구호 아래 마을 위쪽에서 광산 개발이 본격화되고 마을 앞 강 건너에 아연제련소가 들어서면서 석포는 본래의 모습을 잃어버렸다.

산자수명하고 인심이 순박한 고장, 봉화

봉화군은 경상북도의 최북단, 태백산 바로 아래에 위치해 있다. 태백산은 한반도의 등줄기인 태백산맥의 주봉 중 하나이며, 태백산맥에서 소백산맥이 갈라지는 분기점에 있다. 태백산을 중심으로 좌우로 뻗은 산봉우리는 강원도와 경상북도의 경계를 이루고, 그 경계 아래에 자리한 봉화에는 산이 유달리 많아 곳곳에 암석이 노출되어 있고 계곡이 발달해 있다. 1978년에 발간된 『봉화군지』에는 봉화가 다음과 같이 소개되어 있다.

우리 고장은 태백산이 자리 잡고 낙동강이 유유히 흐르며 그 사이에 청량산을 비롯한 기암절벽으로 이루어진 명승고적이 곳곳에 산재하고 있는 산자수명한 아름다운 고장으로, 인심이 순박하고 살기 좋은 고장으로 내외로부터 부러움과 찬사를 받아오고 있는 곳이기도 하다.

산자수명(山紫水明). 산은 자줏빛이고(곱고) 물은 맑다는 뜻이다. 봉화의 산수가 아름답고 깨끗하다는 것을 나타내는 말이다. 봉화하면 떠오르는 청정봉화라는 표현은 그래서 생겨났을 것이다. 명호면에 있는 청량산(淸凉山, 870m)은 기암절벽이 빼어나 봉화를 대표하는 산으로 알려져 있다.

산악지대인 봉화는 전체 면적에서 임야가 82.43%를 차지하고 있으며

봉화군은 한 개의 읍과 아홉 개의 면으로 이루어져 있다. 출처 : 『봉화통계연보 2018』

경지는 10.93%에 불과하다(2017년 12월 말 기준). 봉화군의 행정구역은 한 개 읍과 아홉 개 면으로 이루어져 있다. 북쪽으로 갈수록 산이 높고 평지는 적으며, 남쪽으로 갈수록 산은 낮아지고 평지가 늘어난다. 물야, 춘양, 소천, 석포, 재산 다섯 개 면은 임야 비율이 봉화군 평균보다 높고 나머지 네 개 읍면은 봉화군 평균보다 낮다.

석포의 대부분은 산이다

봉화군의 북동쪽 끝에 위치한 석포면은 봉화군 내에서도 가장 험한 산악지대를 이루고 있다. 북쪽에는 태백산, 연화산, 삼방산, 면산 등이 병풍처럼 늘어서서 강원도 태백시와 경계를 이루고 있으며, 남서쪽에는

석포면은 크고 작은 산으로 이루어져 있다. ⓒ 다음지도

청옥산과 비룡산, 남동쪽에는 백병산과 오미산 등이 자리 잡고 있다. 모두 1,000m가 넘는 고산이며 그중 태백산이 1,568m로 가장 높다.

석포면의 면적은 1억 5,018만 6,573㎡이며, 그중 임야가 94.1%를 차지하고 있다. 봉화군 열 개 읍면 중에서 임야의 비중이 가장 높다. 경지는 2.7%에 불과한데 밭이 2.66%로 대부분이며 논은 0.04%로 매우 적다.

석포면에는 대현리, 석포리, 승부리 세 개의 리가 있다. 대현리와 석포리는 육송정삼거리를 기점으로 나뉘는데 서쪽에는 대현리, 동쪽에는 석포리가 자리하고 있다. 승부리는 석포리에 있는 영풍 석포제련소 아래에 위치해 있다.

석포면과 세 개 리의 경계는 산등성이를 따라 이루어진다. 대현리의 경계선은 육송정삼거리에서 서쪽으로 연화산 정상을 거쳐 태백산 정상 부근까지 이어지며, 그곳에서 남동쪽으로 청옥산과 국립 청옥산자연휴양림을 지난 후 다시 북동쪽으로 월암봉을 거쳐 육송정삼거리로 되돌아온다. 청옥산자연휴양림은 소나무와 잣나무, 낙엽송이 울창하고 금강소나무(춘양목) 우량 임지(林地)가 있는 우리나라 최고의 휴양림이다.

석포리의 경계선은 육송정삼거리에서 북동쪽에 있는 삼방산 정상을 지나 면산 - 묘봉 - 삿갓봉 - 백병산 - 오미산으로 둥글게 이어지며, 석포제련소 제3공장 아래와 제1공장 뒤를 지나고 월암봉을 거쳐 육송정삼거리로 되돌아온다. 승부리의 경계선은 영풍 석포제련소 제3공장 바로 아래와 오미산, 승부역, 비룡산을 네 꼭지점으로 하는 사각형을 이루고 있다.

석포면의 경계선은 마치 새가 양 날개를 펼친 듯한 형상을 하고 있다. 양 날개는 석포의 산과 계곡을 품고 있고, 계곡의 물이 모여 머리에서 꼬리로 이어지는 낙동강을 이룬다. 공교롭게도 새의 심장에 해당하는 석포면의 중심부에 석포마을과 영풍 석포제련소가 함께 자리하고 있다.

석포의 주인공 자리를 차지한 영풍 석포제련소

지난 몇 년간 석포라는 무대에서 가장 주목을 받은 배우는 영풍 석포제련소였다. 석포의 산자수명도 아니었고 순박한 인심도 아니었다. 석포의 심장 한 부분을 차지한 영풍 석포제련소가 환경오염 논란을 일으키면서 주인공 자리를 차지했다. 무대에 어울리지 않는 배우가 주인공 역할까지 맡은 것이니.

영풍 석포제련소 1, 2, 3공장 전체 면적은 약 50만㎡로 석포면 전체 면적의 0.33%에 불과하다. 석포면 땅의 300분의 1밖에 안 되는 자리를 차지한 석포제련소가 주목받는 것은 석포제련소로 인한 환경오염이 그만

㈜영풍 석포제련소. 1970년 10월 연간 9천 톤 규모의 아연괴 생산시설로 출발해 아연괴 40만 톤, 황산 72만8천 톤을 생산하는 세계 4위의 아연제련업체로 성장했다. ⓒ 손영호

큼 심각하기 때문일 것이다.

1970년 10월부터 50년 동안 석포제련소가 가동되면서 심각한 환경오염이 있었다는 사실이 지난 몇 년에 걸쳐 집중적으로 드러났다. 제련소 주변 산에서 나무가 말라죽고, 제련소 아래 강에 사는 물고기 체내에서 아연과 카드뮴 같은 중금속이 검출되고, 제련소 부지와 주변 땅이 비소, 아연, 카드뮴, 납, 구리, 수은 등의 중금속에 복합적으로 오염되었다는 사실이 확인되었다.

대부분 산으로 이루어져 있고 오랫동안 산 좋고 물 맑기로 이름났던 석포에서 아연제련소가 주목받는 것은 주객전도다. 환경오염으로 오명을 얻고 있는 영풍 석포제련소에 주인공 자리를 내주기에는 석포의 산자수명이 너무 아깝다. 석포의 주인은 산이다. (2020.03.31)

열목어가 헤엄쳤던 석포의 낙동강

석포는 낙동강 최상류에 있는 산골마을이다. 낙동강은 태백 황지에서 발원한 황지천과 태백 통동에서 발원한 철암천이 구문소삼거리에서 만나면서 시작된다. 구문소(求門沼)에서 석회암 산을 뚫어 굴(구문은 구멍·굴의 옛말)을 만들고 깊은 소(늪)를 이룬 강물은 남쪽으로 4km를 흘

낙동강 최상류. 구문소삼거리에서 시작된 낙동강은 석포의 육송정삼거리에서 송정리천과 합류한다. ⓒ 구글어스

러 강원도와 경상북도의 경계를 넘고는 곧바로 육송정삼거리에서 송정리천과 합류한다.

송정리천은 육송정삼거리의 서쪽에서 흘러드는 낙동강 지류이다. 태백산과 청옥산 자락에서 발원한 옥처럼 맑은 물은 대현리 백천계곡(병오천)을 이룬다. 백천은 잣나무 숲이 우거진 곳이라 하여 '잣나무 백(栢)' 자를 써서 지어진 이름이다. 천연기념물 제74호 '봉화 대현리 열목어 서식지'를 만들어낸 옥계수는 송정리천을 이루어 동쪽으로 흐른다. 여름에도 물이 시원해서 열목어의 놀이터였던 송정리천은 연화광산* 앞

1968년 3월 육송정삼거리.** ⓒ 국토지리정보원

* 연화광산은 영풍광업이 1961~1993년에 개발한 납·아연 광산이다.

** 1958년 10월 동아일보의 신동준 기자는 태백 탄광촌을 취재하러 가는 길에 이곳을 지났는데 당시 모습을 다음과 같이 묘사했다. "석포를 지나니 산은 험해지며, 논밭은 거의 보이질 않고, 부락은 없고, 여기저기 오막살이 초가집이 다닥다닥 산허리에 붙어 있는 게 몹시도 안타까웠다."(〈동아일보〉 1958.10.26.)

을 지나 육송정삼거리에 이른다.

천혜의 비경을 간직한 낙동강 최상류

영남의 낙동강이 시작되는 곳은 석포의 육송정삼거리이다. 육송정(六松亭)은 오래 전에 아름드리 소나무 여섯 그루가 정자 모양을 이루고 있었다 해서 붙은 이름이다. 예전 이곳에서는 여섯 그루 금강소나무가 낙동강을 맞이했고 강물은 육송정의 멋들어진 자태를 새기며 흘렀을 것이다.

육송정삼거리에서 송정리천과 합류한 낙동강은 남동쪽으로 4km를 흘러 석포마을 입구에 다다르고, 다시 동쪽 산에서 흘러드는 석개천, 석포리천(반야천)과 합류한다. 석포 상수도의 취수원이 있는 반야계곡 석포리천의 물은 거울처럼 맑다.

석포마을 앞을 지난 낙동강은 크게 두 번 휘돌고 다시 크고 작은 물굽이를 자아내며 승부리를 가로지른다. 태백에서 철암천과 낙동강을 따라온 영동선 철로도 석포역 - 승부역을 지나고 소천면에 접어들어 양원역 - 비동역 - 분천역 - 현동역에 이르기까지 낙동강과 함께 달린다. 구간에 따라 철로와 강물이 나란히 달리기도 하고, 철로와 도로와 강물이 세 개의 곡선을 그리며 함께 달리기도 한다.

아름다운 협곡 사이로 빚어진 감입곡류(嵌入曲流)를 따라 강줄기와 철로가 번갈아 엇갈리며 달리는 모습은 절경을 이룬다. 승부역을 지나면 도로도 끊어지고 양원역에 이르기까지 천연 그대로의 비경(秘境)이 감추어져 있다.

육송정삼거리에서 현동역까지 낙동강 협곡을 따라 철로와 도로가 함께 달린다. © 다음지도

산업화로 죽음의 강이 된 석포의 낙동강

천혜의 자연을 배경으로 강을 따라 열차가 달리는 낙동강 최상류의 모습은 한 폭의 수채화가 된다. 하지만 수채화 속에는 담지 못하는 아픔이 있다. 협곡의 낙동강이 만들어내는 풍경은 예나 지금이나 큰 차이가 없지만 그 사이 강물은 삶과 죽음을 넘나들었다.

1960년대 박정희 정부의 산업화 정책에 따라 태백은 석탄광산 개발 거점도시로 급변했다. 2~3년 만에 하나뿐이던 탄광이 60여개로 늘어나고 인구도 1만5천 명에서 13만 명으로 늘어났다. 금속광산 개발과 제련소 설립도 이어졌다. 1961년 영풍광업이 연화광산을 개발하여 아연과 납을 채굴하기 시작했고, 1970년 석포마을에 아연을 제련하는 영풍 석포제련소가 들어섰다.

산업화의 속도만큼 석포의 낙동강은 빠르게 오염되었다. 태백 탄광에서 흘러나온 석탄 폐수는 황지천과 철암천을 검게 물들이고 낙동강으로 스며들었다. 연화광산에서 나온 폐수와 광미(광물찌꺼기)는 송정리천 열목어를 절멸시켰다. 석포제련소의 중금속 분진과 폐수도 낙동강으로 흘러들었다. 물속에 사는 수많은 저서생물과 어류가 희생되었고 석포의 낙동강, 봉화의 낙동강은 죽음의 강이 되었다.

낙동강 페놀 유출 사건이 일어났던 1991년 3월, 동아일보 취재진은 낙동강 상류의 오염실태를 파악하기 위해 소천면 분천리와 석포면 석포리를 찾았고, 그곳의 상황을 다음과 같이 보도했다.

> 강물이 아니라 석탄을 풀어놓은 물이라고 표현해야 할 정도였다. 마을에서 만난 이기호씨(61. 분천리 935)는 "20년 전부터 탄광폐수 때문에 물이 시커멓고, 물에 살던 은어와 쏘가리, 꺽지도 자취를 감췄다" 면서 "농사 지을 때도 강물을 사용하지 않는다" 고 밝혔다. 이 동네 권상화군(14. 소천중 2년)은 "가끔 메기나 붕어 종류가 잡히지만 등이 굽은 기형도 있어 먹지 않는다" 면서 "우리 집에선 계곡물을 정수해 먹고 있다" 고 말했다.
>
> 이 동네 주민들이 석탄폐수보다도 상류지역의 아연제련소에서 배출되는 중금속 폐수가 더 큰 오염원이라며 그곳으로 가보라고 일러주어 (중략) 석포에서 만난 주민들은 "벌써 20년 이상 제련소가 가동 중이지만 폐수가 모두 하류로 방류되기 때문에 우리 동네에선 수질오염 피해는 잘 모르겠다" 면서 "그러나 강물을 데워 목욕을 하면 피부가 발진하기도 해 목욕은 이곳

에서 안 한다"고 말했다.(〈동아일보〉 1991.3.29.)

석포 인근에서 어린 시절을 보낸 사람들은 예전의 강이 '물 반, 고기 반' 이었다고 하며, 강에서 물놀이를 하던 어린 시절을 잊지 못할 아름다운 추억으로 간직하고 있다. 봉화군청 홈페이지에 따르면 예전 승부리 결둔마을 앞 낙동강에는 열목어, 메기, 가물치 등 각종 민물고기 종들이 서식하고 있었다. 결둔은 석포제련소 3공장 정문에서 3.5km 아래에 있는 마을이다. 오염되기 전 석포의 낙동강은 그만큼 깨끗했다.

폐광 이후 회복되기 시작한 석포의 낙동강

1980년대 들어 주요 에너지원이 석탄에서 석유와 가스로 바뀌면서 석탄산업은 사양길에 접어들었다. 1989년 석탄산업 합리화 정책이 시행되었고 태백의 탄광은 대부분 문을 닫았다. 연화광산도 아연광석이 고갈되고 채산성이 나빠지면서 1993년 휴광에 들어갔다.

1990년대 중반부터 석포의 낙동강은 회복되기 시작했다. 석탄 폐수와 중금속 오염물질이 크게 줄어들면서 강이 맑아졌다. 승부리 낙동강에서 낚시를 하고 육송정삼거리 근처에서 대물 열목어를 낚았다는 이야기도 들린다. 송정리천에서는 멸종위기종 2급으로 지정된 열목어를 직접 볼 수 있었다.*

---

* 송정리천에서 절멸되었던 열목어를 다시 보게 된 것은 물이 맑아진 원인도 있지만 열목어를 복원하기 위한 주민들의 노력이 있었기 때문이기도 하다. 1980년대 중반 백천계곡 주민들은 열목어복원회를 조직해서 열목어 서식지 복원운동을 전개했다. 이 소식을 들은 백윤걸씨(강원도 춘성군 신북면 산천리, 호림수산양식개발 연구소장)가 인

송정리천 열목어. 2~3년생으로 보인다. 열목어는 연중 20도 이하의 낮은 수온에서만 서식하는 냉수성 어종으로 물이 맑고 수온이 낮은 강의 상류지역에 산다. 2019년 4월 연화광산 광미댐을 확인하고 내려오는 길에 이점교 아래에서 만났다. ⓒ 김혜나

석포제련소로 인해 낙동강 오염 계속돼

석포의 낙동강이 맑아지고 건강성 회복 조짐을 보이기는 했지만 각종 민물고기가 살고, 물 반 고기 반을 이루던 때와는 비교가 되지 않는다. 석포제련소 아래의 강은 여전히 중금속으로 앓고 있다.

환경법규가 미비하고 행정력이 미치지 않던 시절에 가동을 시작한 석

공 부화시킨 새끼 열목어 200여 마리를 희사했다. 주민들은 그중 1백여 마리를 백천계곡 옆에 있는 현불사 연못에 넣고 나머지는 계곡에 방류했다.(경향신문 1985.9.12.) 열목어를 복원하려는 주민들의 노력은 이후 '봉화열목어마을' 조성으로 이어졌다. 폐교된 석포초등학교 대현분교를 봉화군이 매입하여 숙박연수시설로 만들었고 봉화열목어마을이라는 이름을 붙였다. 주민들은 자전거트레킹, 농촌체험 등의 프로그램을 마련해서 관광객을 맞이하고 있다.

포제련소는 많은 오염을 일으켰을 것이다. 오랫동안 드러나지 않았던 석포제련소의 낙동강 오염 실태는 지난 몇 년간 봉화 주민과 환경단체의 노력으로 밝혀지기 시작했다.

대표적인 예가 2018년 2월 석포 주민이 발견한 폐수 배출사고이다. 폐수처리공정의 반송펌프 고장으로 기준치를 초과한 불소(10배)*와 셀레늄(2배)이 포함된 폐수 70여 톤이 낙동강으로 유출되었다. 불소처리 공정의 배관 청소 과정에서 폐수 0.5톤이 공장 내 토양에 유출된 사실도 적발되었다. 이 사고로 석포제련소는 20일의 조업정지처분을 받았으나 불복해 행정소송을 제기했고, 2019년 8월에 조업정지가 타당하다는 1심 판결이 내려졌다. 현재 2심 소송이 진행 중이다.

2019년에도 정부기관의 조사를 통해 낙동강 오염 사실이 드러났다. 2018년 12월부터 2019년 3월 사이에 환경부의 수질측정망을 통해 석포제련소 하류 5km와 10km 두 지점에서 카드뮴이 하천기준을 반복적으로 초과한 것이 확인되었다. 원인을 밝히기 위해 대구지방환경청이 2019년 4월 초부터 세 차례에 걸쳐 정밀조사를 했다. 그 결과 석포제련소 1공장 인근 하천에서 카드뮴이 하천 수질 기준보다 높은 것으로 나타났다.

4월 중순 환경부와 대구지방환경청 등이 석포제련소 특별지도점검을 실시했는데, 제련소 내부에서 52곳의 무허가 지하수 관정이 적발되었다. 33곳의 지하수 수질을 분석한 결과 카드뮴이 공업용수 기준을 14 ~ 3만 7,650배나 초과한 것으로 확인되었다. 일부 지하수에서는 수은, 납, 크롬 등도 공업용수 기준을 초과한 것으로 나타났다.

민관협의기구인 낙동강상류환경관리협의회가 2019년 11월에 발표한 보도자료에서도 카드뮴 오염이 확인되었다. 2공장 내부 지하수에서 카

---

* 2년이나 지나 2심 재판 과정에서 측정을 담당한 경북보건환경연구원이 불소 측정 과정에서 오류를 범했다고 고백했다.(대구 MBC NEWS 2020.11.20)

드뮴이 지하수 공업용수 기준을 6 ~ 110배 초과했고, 1공장 외부 지하수에서도 카드뮴이 지하수 공업용수 기준을 197 ~ 1,600배나 초과한 것으로 나타났다. 1, 2공장 둘 다 지하수를 통해 공장 내부에서 외부로 카드뮴이 누출될 가능성이 높은 것으로 파악되었다.

대구지방환경청은 석포제련소에 지하수 오염방지조치명령을 내렸고 정화계획 이행 여부와 추진사항을 매월 점검 중이라고 한다. 하지만 정화 이행과정이 공개되지는 않고 있다. 보다 올바른 해결방안을 찾기 위해서는 정화과정을 투명하게 공개하고 더 많은 지역 주민과 전문가의 의견을 듣는 것이 필요할 것으로 보인다. 제련소 내의 지하수 관정이 어떤 원인으로 중금속에 오염되었는지, 그리고 중금속 지하수가 어디로 흘러가서 주변 생태계에 어떤 영향을 끼쳤는지에 대해서도 엄밀한 조사가 있어야 할 것이다.

석포의 낙동강 살려야 영남의 낙동강 살릴 수 있어

석포의 강물은 석포에만 머무르지 않는다. 영남 내륙을 흐르면서 영남인의 식수, 생활용수, 농업용수로 사용된다. 낙동강을 터전으로 살아가는 모든 생명체들은 자연법칙에 따라 상호작용을 하며, 먹이사슬에 따라 서로 연결되어 있다. 낙동강 생태계는 전체로서 하나다.

석포주민과 봉화군민이 낙동강을 취수원으로 사용하지 않는다고 해서, 하류로 갈수록 중금속이 희석된다고 해서, 괜찮다고 말해서는 안 된다. 하천바닥에 가라앉고 하천변에 퇴적된 중금속, 그리고 안동호 바닥에 겹겹이 쌓인 중금속은 모두 생태계 파괴의 요인으로 작용한다. 오염으로 인한 영향이 오랜 기간에 걸쳐 나타날 수도 있다.

물은 생명의 근원이다. 석포는 영남의 낙동강이 시작되는 곳이다. 석포의 산에서 시작된 깨끗한 물이 송정리천, 석개천, 석포리천을 이루고 낙동강을 만든다. 석포의 낙동강은 영남의 낙동강에 원수를 공급한다. 석포의 낙동강을 살리지 않고는 영남의 젖줄 낙동강을 살릴 수 없다.

석포의 낙동강은 오랫동안 물고기와 사람이 함께 물놀이를 하던 곳이었으며, 열목어가 헤엄치던 생명의 강이었다. 석포의 낙동강에서 열목어 떼가 물살을 거슬러 오르고 사람들이 물놀이를 하는 날이 다시 올 수 있을까. 백천계곡 송정리천과 반야계곡 석포리천의 맑은 물이 중금속에 오염되지 않고 남해까지 500km의 여정을 이어갈 수 있다면 얼마나 좋을까. (2020.04.02)

천연기념물 제74호 '봉화 대현리 열목어 서식지'.* ⓒ 손영호

---

* 일제 강점기였던 1938년 '정암사 열목어'(정선)와 '소천면 열목어'(봉화)가 천연기념물로 지정되었고, 해방 후 1962년에는 '정선 정암사 열목어 서식지'와 '봉화 대현리 열목어 서식지'가 천연기념물 제73호와 제74호로 지정되었다.

물돌이 땅에 세워진 영풍제국

석포면의 심장부에는 낙동강을 사이에 두고 석포마을과 영풍 석포제련소가 마주하고 있다. 산 좋고 물 맑은 해발 500m의 강가 땅에 석포마을이 오래전부터 자리 잡고 있었지만 50년 전 석포제련소가 불청객으로 찾아와 주인 자리를 차지했다.

물돌이 옥토를 차지한 영풍 석포제련소

석포마을은 내와 강이 만나는 곳에 위치해 있다. 마을 왼편으로는 낙동강 본류가 흐르고 오른편으로는 석개천과 석포리천이 흐른다. 오랜 세월 하나의 강과 두 개의 내가 만나면서 삼각형의 완만한 땅이 생겨났고 그곳에 사람들이 모여 터를 잡았다. 사람들은 마을 주변의 평지와 산등성이를 따라 논과 밭을 일구어 생계를 이어왔다.

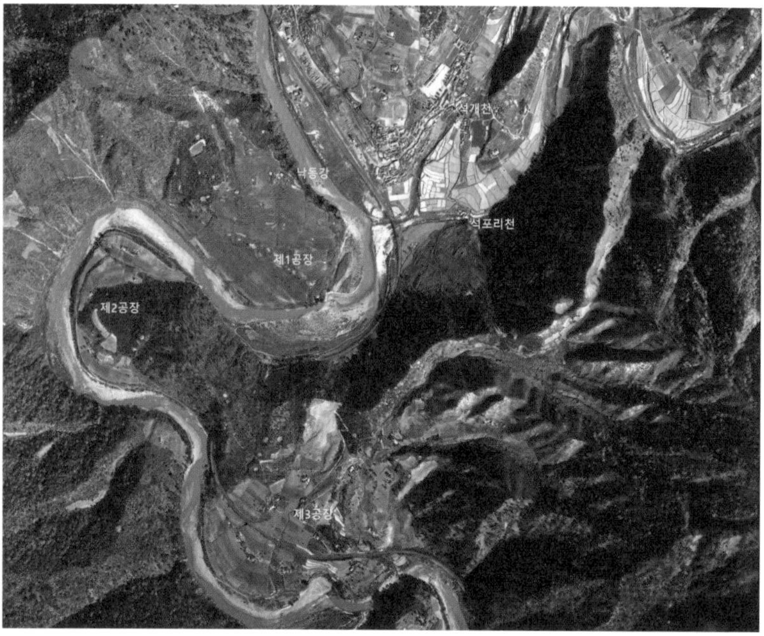

영풍 석포제련소가 들어서기 전인 1968년 3월 석포마을과 석포제련소 공장 터. 두 달 뒤 1공장 터에서 제련소 건설 공사가 시작되었다. ⓒ 국토지리정보원

석포마을을 감싸듯 흐르는 낙동강은 석개천과 석포리천을 합류한 후 석포제련소 공장 터를 크게 몇 번 휘돌아 나간다. 물살이 빠른 쪽은 침식이 일어나 가파른 사면이 되고 물살이 느린 반대편은 강물에 실려 온 퇴적물이 쌓여 평평하거나 경사가 완만한 물돌이 땅이 되었다.

이 과정은 무수히 긴 세월에 걸쳐 일어났다. 45억 년 전 지구가 탄생한 이래 수십억 년 동안 계속된 자연 현상의 결과였다. 여러 지질시대를 거치면서 지각변동이 일어나고 풍화와 침식, 퇴적 작용이 수없이 되풀이되면서 단단한 암석이었던 곳이 흙땅으로 변했다.

석포제련소가 들어서기 전 공장 터는 논과 밭이었다. 오랜 세월 동안 강물에 실려 온 영양물질이 쌓이고 쌓여 만들어진 땅이어서 비옥했을 것이다. 특히 1공장 터는 석포의 강가 땅 중에서 가장 넓고 평평한 곳이다. 평지가 드문 석포에서 편안함과 아늑함을 주는 특별한 땅이었을 것이다.

마을 사람들에게 귀한 옥토였던 땅이 영풍의 입장에서는 다른 의미에서 특별한 땅이었다. 영풍광업이 1961년부터 개발한 연화광산은 석포역에서 북서쪽으로 8km 떨어진 송정리천 가에 있었다. 연화광산에서 채굴된 아연과 납은 선광(불순물을 제거하고 광물의 함유량을 높인 정광을 만드는 과정) 처리되어 트럭으로 석포역까지 옮겨졌고, 열차로 부산으로 운반되어 일본에 수출되었다. 영풍이 보기에 넓고 평평하면서 교통

2018년 10월 ㈜영풍 석포제련소. ㈜영풍의 전신이었던 영풍상사(주)가 1968년 5월 착공을 해서 1970년 10월 1공장 터에 제련소를 완공하고 가동을 시작했다. ⓒ 구글어스

이 편리한 물돌이 땅은 제련소가 들어서기에 안성맞춤이었다.

영풍은 아연제련소 건설을 추진하면서 석포 주민들에게 제련소를 짓는다는 얘기를 하지 않았다. 석포제련소 인근에서 3대째 토박이로 살아온 한 주민에 따르면, 처음에 영풍 측은 앙고라털 가공공장을 짓는다고 말을 했다.(〈환경일보〉 2017.09.27.) 물돌이 옥토에 제련소를 짓는다고 하면 주민 반대가 있을 것으로 판단해서 거짓말을 한 것으로 보인다.

공해위험 고려 않고 설립된 영풍 석포제련소

영풍이 아연제련소 건설을 추진할 당시 일본에서는 이타이이타이병이 심각한 사회문제로 떠올라 있었다. 이타이이타이(아프다 아프다)병은 카드뮴에 의해 뼈 속 칼슘이 녹으면서 신장장애와 골연화증 등이 나타나는 병이다. 이타이이타이병은 도야마 현 진즈강 상류에 있는 미쓰이(三井) 금속광업의 가미오카 광업소에서 흘려보낸 카드뮴 때문에 발생하였다.

『공해의 역사를 말한다 - 전후일본공해사론』(미야모토 겐이치 지음, 김해창 옮김, 2016)에 따르면, 이타이이타이병은 1910년대부터 발생했지만 원인불명으로 방치되고 있다가, 1950년대에 이르러서야 일본 의학계에 의해 본격적인 조사가 이루어졌다. 이후 일본 정부가 연구위원회를 구성했고 1968년 5월 이타이이타이병이 카드뮴 공해병이라는 사실이 공식적으로 인정되었다. 환자와 사망자 유족들은 미쓰이 금속광업을 상대로 위자료 청구 소송을 제기했고 승소를 했다.

카드뮴으로 인한 피해는 도호아연(東邦亞鉛)의 안나카제련소에서도 나타났다. 안나카제련소는 1937년 군마현 안나카시에 설립된 아연제련소이다. 제련소 가동 이후 아황산가스로 인한 농작물 피해와 공장폐수로 인한 토양오염 피해가 나타났다. 1968년 일본 정부가 이타이이타이병을 공해병으로 인정하자 안나카에서도 카드뮴 오염 조사와 주민건강검진이 시작되었다. 1972년에는 피해 농민들이 손해배상을 청구했고 14년이란 긴 재판투쟁 끝에 보상이 이루어졌다.

영풍의 아연제련소 건설은 환경오염이 심각한 사회 문제로 부각되던 일본의 상황에 영향을 받지 않았다. 일본에서 이타이이타이병이 공식적으로 인정된 1968년 5월 영풍은 석포제련소 건설 공사를 시작했다. 석포제련소가 가동을 시작하기 한 달 전인 1970년 9월에는 경향신문이 로이터의 보도내용을 인용해 당시 일본의 심각한 상황을 보도하기도 했다.

> 환경오염에 대한 일반의 아우성 소리가 점점 드높아짐에 따라 일본의 대산업체들도 수세를 취하기 시작했다. 이들은 생산을 줄이든지 중지하지 않으면 안 되게끔 되자 일본 내나 혹은 해외에 새로운 공장 부지를 물색하기 시작했다. (중략) 중부지방에 있는 니뽕광업의 두 아연공장은 40% 생산감축 조치를 취하고, 일본 동부에 있는 도호아연 공장도 연간 생산량 1만 1,600톤을 삭감했으며, 북부지방에서도 한 아연 및 납 제련공장이 생산 감축 조치를 했고, 스미도모의 한 공장은 완전히 생산을 중단했다.(〈경향신문〉 1970.9.29.)

일본에서는 환경오염 문제로 아연제련 공장들이 생산을 감축하거나 중단하고 있었지만 근대화가 시대정신이었던 한국에서는 자연의 소중함이나 환경오염의 위험성에 눈 돌릴 여유가 없었다. 박정희 군사정부는 무소불위의 힘으로 산업화를 밀어붙였다. 환경법규는 미비했고 법이 있어도 제대로 지켜지지 않았다.

도호아연 기술로 설립된 영풍 석포제련소

영풍은 아연제련소 건설을 위해 외국자본을 도입하고자 했다. 경제개발자금이 필요했던 박정희 정부가 1965년 굴욕적인 한일기본조약을 체결하고 일본 차관을 받아들이자, 영풍은 이듬해에 294만 달러의 일본상업차관을 신청했고 정부의 승인을 받았다.

이후 지급보증이 발급되지 않아 상업차관 도입이 무산되자 영풍은 연화광산 탐광 과정에서 도움을 받았던 도호아연으로부터 기술지원을 받는 방법을 선택했다. 당시 언론보도에 따르면 영풍은 도호아연으로부터 일체의 기술지원을 받았고 자재와 기기도 일본에서 수입한 것으로 보인다.

> 일본의 동방아연Co.는 얼마 전에 한국의 영풍상사에 전기아연 생산기술을 원조하는 가계약을 맺었다. (중략) 계약에 의하면 약 15억 원의 자금을 들여 영풍상사가 제련공장을 건설, 연산 약 1만 톤의 전기아연과 2만 톤의 유산(황산)을 생산하는데, 동방아연Co.는 이 제련공장의 건설, 취업자의 훈련 등 일체 기술 지도를 맡게 되며 지도료는 약 1억 원에 달한다. 또한 약 8억 원의 건설자재, 기기 등도 일본에서 수출한다.(〈매일경제〉 1969.1.28.)

석포제련소는 오염방지시설을 제대로 갖추지 않은 채 가동에 들어갔을 것이다. 고려아연 온산제련소의 경우를 보면 미루어 짐작할 수 있다. 영풍은 석포제련소 설립 4년 뒤인 1974년에 외국자본과 합작하여 고려아연을 설립하고 1978년 고려아연 온산제련소를 완공했다. 온산제련소 건설 공정이 70% 진행되었을 때 동아일보는 다음과 같이 보도했다.

선진제국에선 전 공장시설비의 20% 가량을 공해방지시설에 투자하고 있다는데 고려아연은 시설비의 0.6%도 안 되는 2억 원을 공해방지시설비로 책정해 놓은 것으로 알려졌다.(〈동아일보〉 1977.8.13.)

실제로 석포제련소는 가동 초기에 아연제련과정에서 나온 폐기물을 별도로 처리하지 않고 공장 옆 빈터에 쌓아 두었다고 한다. 그러다 1970년대 말에 가서야 1공장 뒤편에 있는 현재의 침전저류조(일명 폰드pond) 자리에 폐기물 적치시설을 만들었던 것으로 보인다. 당시 동아일보는 다음과 같이 보도했다.

하루 3백50톤의 폐기물이 나오는 이 공장은 처리시설은 안 한 채 공장 옆 빈터에 쌓아두고 있다. 비가 오거나 바람이 불면 강으로 들어갈 위험이 있어 2억3천만 원으로 3년간 버릴 수 있는 거대한 처리장을 산중턱에 마련하고 있다고 백승학 소장은 말하고 있지만 이 처리장이 실효를 거둘 수 있을지는 두고 봐야 알 일이다.(〈동아일보〉 1979.6.18.)

1971년 8월 석포제련소 1공장. 폐기물이 공장 옆 빈터에 쌓여 있었다고 한다. ⓒ 국토지리정보원

1981년 5월 석포제련소 1공장. 뒤편에 침전저류조(일명 폰드 pond)가 조성되고 있다. ⓒ 국토지리정보원

영풍의 성장과 함께 석포의 땅은 중금속으로 오염

영풍은 연화광산과 석포제련소를 통해 급속도로 성장했다. 성장엔진을 멈출 수 없었던 영풍은 연화광산의 아연광석이 고갈되어가자 1980년대 중반부터 외국에서 아연정광을 수입하기 시작했다. 1993년 연화광산의 채굴이 중단된 후에는 대부분의 아연정광을 외국에서 수입해서 제련소 가동을 이어갔다.

석포제련소의 아연괴 생산 규모는 1970년 연간 9천 톤에서 1991년 9만 톤, 2001년 22만 톤, 2019년 40만 톤으로 확대되었다. 영풍 석포제련소는 시설 확대와 개선을 통해 성장을 거듭했고 오늘날 세계 4위의 아연제련업체가 되었다.

영풍이 성장하는 동안 평평하고 아늑하던 석포의 물돌이 땅은 원래의 모습을 잃어버렸고 옥토에는 중금속이 스며들기 시작했다. 아연괴 생산 규모가 커지고 영풍이 성장할수록 제련소 부지와 주변 땅은 더 넓고 더 깊이 중금속으로 오염되었다.

2014년 석포제련소 주변 땅이 중금속에 오염되었다는 환경안전건강연구소의 조사결과가 나오면서 오염의 실체가 본격적으로 드러나기 시작했다. 우려의 목소리가 높아지면서 제련소 부지와 주변 땅에 대한 환경부의 정밀조사가 이루어졌다. 조사결과 제련소 부지와 주변 석포리 · 승부리의 땅이 중금속에 광범위하게 오염되었음이 밝혀졌다.

제련소 부지인 1공장 원광석 보관장과 3공장 동스파이스 보관동 뒤편의 경우 여러 지점에서 표토로부터 60cm에서 4m 깊이까지 비소, 아연, 카드뮴, 납 등 4개 항목 이상의 고농도 복합오염이 확인되었다. 1공장 부지와 2공장 부지도 지점에 따라 차이는 있지만 표토로부터 3m 깊이까지 5개 항목 이상의 고농도 중금속 복합오염이 확인되었다. 제련소 부지의 오염원인은 운영 과정에서의 흘림이나 취급부주의 등으로 판단되었다.

제련소 부지뿐만 아니라 제련소 주변 석포리와 승부리 등의 마을과 임야에서도 광범위한 오염이 확인되었다. 오염원인은 아연제련 공정에서 발생한 배출 분진이었다. 배출 분진에는 매우 높은 함량의 중금속이 포함되어 있었다. 제련소 반경 2km 이내는 배출 분진의 영향을 심각하게 받은 것으로 확인되었다. 제련소 반경 1.5km 이내에 있는 석포마을 전체를 포함해서 주변 농지와 임야 등이 심각하게 영향을 받은 것이다.

봉화군은 다섯 차례에 걸쳐 토양정화명령을 내렸다. 전체 정화예상면적은 64만㎡이고 정화예상부피는 49만㎥에 이른다. 정화예상면적의 8.2%만 공장 부지이고 나머지는 마을과 농지, 임야 등이다.

봉화군이 내린 다섯 건의 오염토양 정화조치명령

장소	오염물질	정화예상 면적(㎡)	정화예상 부피(㎥)	1차 정화명령
1공장 원광석보관장, 3공장 동스파이스보관동	비소,아연,카드뮴, 납,구리,수은	22,450	36,145	2015.4
1공장, 2공장 부지	비소,아연,카드뮴, 납,구리,수은	30,500	65,620	2015.7
사원주택부지 (석포리 463)	비소,아연,카드뮴	21,060	40,697	2018.11
제련소 주변 석포리, 승부리 등	비소,아연,카드뮴, 구리	560,845	335,636	2018.12
1공장 주변 하천	비소,아연,카드뮴, 구리,납,니켈,수은	7,780	11,248	2019.5
합 계		642,635	489,346	

토양정화명령에 따라 석포제련소가 정화작업을 진행하고 있지만 매우 더디다. 2015년부터 정화명령이 내려졌지만 2019년 10월 현재 석포

초등학교 운동장 932㎡, 석포중학교 운동장 5,577㎡만 정화가 완료된 것으로 확인된다. 전체 정화예상부피의 1.33%에 불과한 양이다.

정화기한도 연기되고 있다. 봉화군이 제련소 부지의 오염토양에 대해 2017년까지 정화를 완료하라는 1차 명령을 내렸지만 지켜지지 않았고, 2019년까지 완료하라는 2차 명령을 내렸지만 그것도 지켜지지 않았다. 영풍의 소송에 의해 정화기한이 연기되기도 했다. 2020년 3월 현재 다섯 건의 토양정화명령 기한은 2020년 3~11월, 2021년 4월 등으로 되어 있다.

석포제련소 측은 오염토양을 그 자리에서 정화할 수 없는 경우 외부로 반출해서 정화작업을 해야 하는 어려움이 있다고 말한다. 제련소 부지의 경우 공장건물 하부에 있는 토양을 긁어내야 하는데 건물을 철거하지 않고는 작업이 불가능하다고도 한다.

정화작업은 오염물질의 제거가 아닌 이동에 불과

석포제련소가 가동된 50년 동안 제련소 부지와 주변 땅이 중금속에 오염되면서 석포의 생태계는 훼손되었다. 땅속과 땅 위의 무수한 생명이 희생되었을 것이다. 농사가 안 되어 주민들이 마을을 떠나기도 했고 남아 있는 주민들도 어려움을 호소한다.

토양정화작업을 하면 석포의 생태계가 회복될 수 있을까? 오염토양을 퍼내고 새 흙으로 채우면 이전보다는 나아지겠지만 복잡하면서도 경이로운 균형을 이루고 있었던 원래의 생태계가 돌아오지는 않는다. 오염이 되어도 정화하면 된다는 믿음은 오히려 오염을 정당화할 수 있다.

현재 진행되고 있는 정화방식도 문제다. 「석포초등학교&중학교 오염토양 정화사업 정화검증 용역」(경기환경과학연구원, 2019.11.) 보고서에 따르면 오염토양을 세척해서 다른 곳으로 보내는데, 토양세척 중 발생한 폐기물(세척자갈 및 전석, 슬러지)은 00시멘트, 00개발과 같은 건설자재 회사로 보내졌다. 오염토양에 들어있던 중금속이 폐기물로 분리돼 건설자재로 재활용되는 것이다.

『대한민국 쓰레기 시멘트의 비밀』(최병성, 2015)에 따르면 오늘날 우리나라에서 집 짓는 데 사용되는 시멘트는 석회석에 산업폐기물을 섞어 만들어진다. 석포초등학교와 석포중학교의 오염토양에는 1급 발암물질인 비소가 포함되어 있었다. 세척과정에서 분리된 비소가 시멘트로 변해 다른 콘크리트 건물 속으로 옮겨지는 것이다. 이런 방식의 정화는 오염물질의 제거가 아니라 이동에 불과하다.

시멘트는 살아 숨 쉬는 생명체와 같다. 환경부는 시멘트에 유해물질이 포함되어 있어도 굳으면 안전하다고 주장하지만, 시멘트는 실내의 습기를 흡수하고 내뱉으며 화학작용을 반복하는 불완전한 물질이다. 우리나라 아파트의 수명은 30~40년 정도라고 한다. 중금속이 포함된 시멘트로 아파트를 짓는 것은 중금속의 처리를 후손에게 물려주는 것에 다름 아니다.

땅속에서 캐낸 중금속을 원래 자리로 돌려보내는 것은 불가능하다. 오염된 땅을 오염 전의 상태로 되돌릴 수도 없다. 자연에는 자생력이 있지만 한 번 파괴된 생태계가 원래대로 회복되지는 않는다. 차선책이 있다면 그것은 오염을 멈추는 것에서부터 시작되어야 한다. 오염원을 그대로 두고 정화작업을 하는 것은 모순이다.

영풍(永豊) 석포제련소는 물돌이 땅에 세운 영풍제국에서 영원한 풍요를 누리고 싶어 할지도 모르겠다. 세상에 영원한 것은 없다. 석포제련소도 언젠가 문을 닫아야 한다. 그 언젠가가 내일일 수는 없는가. (2020.04.18)

이곳은 '석' 포가 아니다

영풍 석포제련소 현장을 처음 방문한 대부분의 사람들이 느끼는 두 가지가 있다. 하나는 이런 깊은 산골짜기에 이렇게 큰 공장이 어떻게 들어설 수 있었나 하는 놀라움이고, 다른 하나는 바람에 실려 오는 냄새의 독함이다.

2018년 11월 영풍 석포제련소 1공장. ⓒ 장영식

환경오염 현장을 확인하기 위해 들른 외지인들이 강 건너에 철옹성처럼 지어진 석포제련소를 보며 잠시 서 있는데도 냄새가 심해서 코를 막을 정도인데 공장 안에서 일하는 노동자와 마을 주민들은 어떨까? 악취를 내뿜는 제련소가 이런 산골짜기에서 50년 동안 가동되는 일이 어떻게 가능할 수 있었을까?

금강송이 말라죽고 산이 허물어지면서 열차 사고 일어나

석포(石浦)의 옛 이름은 돌문이 열린다는 뜻의 석개(石開)였다. 돌이 많은 산으로 사방이 막혀 있는데 돌문이 열리면 1만 가구 이상 살게 될 것이라는 전설이 있었다고 한다. 마을 북동쪽을 흐르는 '석개천' 과 석포에서 강원도 삼척으로 넘어가는 관문인 '석개재' 에서 옛 이름의 흔적을 볼 수 있다.

석포에는 돌이 많다. 어디를 가든 산과 계곡에 돌이 많은 것이 일반적이지만 낙동강 최상류 험한 산악지대에 위치한 석포에는 크고 작은 바위가 유달리 많다. 바위는 태어난 장소에 머물면 풍경이 되지만 자리를 빼앗기면 불행이 닥치기도 한다.

2016년 7월 4일 아침, 석포역을 출발해 승부역을 향하던 무궁화호 열차가 석포제련소 1공장 맞은편에 있는 굴현터널로 진입하던 중 철로에 떨어진 낙석에 부딪혀 탈선했다. 사고 전 나흘간 비가 많이 내렸고, 사고 당일 아침에도 시간당 20.5㎜의 강한 비가 내렸다. 지름 1m 크기의 바위 서너 개가 낙석방지용 펜스를 뚫고 철길 위에 떨어졌고, 기관사가 낙석을 발견해 급정차했지만 열차는 낙석과 충돌하여 궤도를 이탈한 채 터널 안에 멈췄다.

사고 나흘 뒤 〈중앙일보〉(2016.7.8.)는 사고 원인을 분석한 기사를 실었다. 사고 현장 일대가 금강송(금강소나무) 군락지인데 금강송이 말라 죽어 철로를 낀 산이 허물어지면서 낙석사고 위험이 상존하고 있었던 것이 사고의 근본 원인이라고 지적했다. 금강송이 고사한 이유와 관련해서는 터널 맞은편 낙동강 건너에 영풍 석포제련소가 있는데, 제련소가 뿜어내는 수증기와 연기가 주변 산으로 쉼 없이 흩어진다고 했다.

당시 현장을 확인한 이창석(한국생태학회장) 서울여대 교수는 "이산화황(아황산가스) 같은 대기오염 물질의 영향을 받았을 가능성이 있다"고 주장했고 석포제련소 측은 "과거 발생한 산불이나 병해충이 원인으로 작용했을 것"이라고 해명했다.

수목이 집단 고사하고 나뭇잎에서 중금속 검출

석포제련소 주변 산에서 나무가 집단고사하고 활엽수 잎이 변색되어 말라가고 있다. ⓒ 환경부

석포제련소 주변의 산림고사는 이전부터 제기되어 오던 문제이며 정부 조사에서도 확인되었다. 환경부의 『석포제련소 주변지역 환경영향조사』(2016년 12월)에 따르면, 수목이 집단고사하고 풀이 잘 자라지 못하며, 나뭇잎에서 카드뮴과 아연 같은 중금속 함량이 높게 나타났다. 특히 소나무의 피해가 많았는데 침엽수가 활엽수에 비해 대기오염에 대한 내성이 약하기 때문이었다.

영풍의 주장처럼 산불의 흔적도 일부지역에서 발견되었지만, 산불이 산림고사의 원인이라고 보기는 어려웠다. 일반적으로 산불로 수목이 제거되면 하층으로 도달하는 햇빛의 양이 많아져서 하층 식생 발달이 촉진된다. 하지만 석포제련소 인근에서 산불이 발생한 것은 2012년인데, 4년이 지나도 초본이나 관목의 형성이 매우 미약하고 거의 회복되지 않았다.

산림훼손지의 토양이 심하게 산성화되어 있는 것도 확인되었다. 훼손지의 평균 산도(pH)가 3.85였는데, 우리나라 산림토양 평균 산도인 5.5보다 낮았다. 대기오염물질이 비에 녹아 땅으로 스며들면서 토양이 산성화된 것으로 보이는데 이는 더 심각한 문제이다. 토양 생물과 식물체 뿌리는 물론 지하수질에도 영향을 미치기 때문이다.

산림훼손과 토양산성화는 제련소에서 배출되는 유독 가스와 중금속 분진의 영향 때문인 것으로 보인다. 환경부에서 조사한 대기확산 모델링에 따르면 입자형 물질은 제련소를 중심으로 반경 1.5~3km, 가스형 물질은 3~4km까지 영향을 미친다. 제련소 반경 1.5km 내에 있는 석포마을 전체를 포함해서 주변 농지와 임야의 상당부분이 영향권에 포함되어 있다.

TSL 공정 도입 이후 바위마저 삭아 내려

2019년 2월 석포제련소 1공장 옆의 산. 산림이 훼손되면서 토양과 암석이 노출되어 유실되고 있다. ⓒ 손영호

산림이 훼손되면서 토양과 암석이 드러나 유실되는 것도 확인되었다. 특히 1공장 부근의 산은 매우 심각하다. 바위가 삭아서 흘러내리는 것이 눈에 보일 정도이다. 비가 많이 올 경우 산사태와 같은 2차 피해가 발생할 우려가 있다.

1970년 석포제련소 가동이 시작된 이후 시설규모가 커지면서 주변의 산림 피해도 확대되었을 것으로 추측되는데, 1공장 부근에서처럼 토양과 암석이 유실될 정도로 피해가 심해진 것은 2010년 전후부터다. 특히 아연 제련을 하고 남은 잔재를 처리하는 TSL(Top Submerged Lance) 공장이 가동에 들어간 2006년 이후 산림훼손이 심해진 것으로 확인된다.

석포제련소는 가동 초기 폐기물인 아연 잔재를 처리시설도 없이 공장 옆 빈터에 쌓아두다, 1970년대 말부터 1공장 뒤편에 침전저류조(일명 폰드 pond)를 조성하여 불법적으로 저장하였다. 1996년 폐기물관리법 위반으로 적발되어 2004년까지 치우라는 행정명령이 내려졌으나 그 뒤에도 침전저류조는 계속 유지되었다.(〈KBS뉴스9〉 1997.4.30)

현재 카드뮴, 납 등의 중금속과 강산이 섞인 유독성 아연잔재가 낙동강 바로 옆에 산더미처럼(50만 톤 이상 될 것으로 추정됨) 쌓여 있다. 산사태 등 천재지변이 일어나 둑이 터질 경우 석포에서 안동호까지 엄청난 환경재앙이 일어날 가능성이 있다.

석포제련소 1공장 뒤편에 있는 침전저류조. 바로 옆으로 낙동강이 흐르고 있어 위험천만해 보인다. ⓒ 정수근

침전저류조에 더 이상 아연잔재를 쌓기가 어려워지면서 TSL 공정이 도입된 것으로 보인다. TSL은 아연 잔재에서 금, 인듐, 은부산물, 동 등 희소금속을 회수하고 나머지는 슬래그(제련 후 남은 찌꺼기)로 만드는 공정이다. 2공장 부지에 TSL 1공장(2007년)과 2공장(2009년)이 차례로 준공되었고, 2015년에는 3공장 부지에 TSL 3공장이 준공되었다. 이 중 TSL 3공장은 불법적으로 건설되었다.

석포제련소는 2005년 3공장 부지에 특정대기유해물질배출 제4종(연간 8톤 이하 배출) 시설인 극판(전해조극판)공장을 짓는다고 허가를 받았으나, 제1종(연간 80톤 이상 배출) 시설인 TSL 3공장도 불법적으로 지었다. 주민반대운동이 있었으나 이행강제금 부과를 통해 양성화되었고 3공장은 2015년부터 가동에 들어갔다.

TSL 공장의 확대와 함께 인듐공장(2012년), 전기동공장(2014년), 귀금속공장(2017년) 등도 차례로 준공되었다. 석포제련소는 폐기물로 취급되던 아연 잔재에서 유가금속을 추출해서 판매하고, 나머지는 슬래그로 만들어 시멘트 공장 등에 판매함으로써 매출과 이윤을 확대했다.

제련소 주변의 산림훼손은 점점 심해졌다. TSL 공정 도입 이전에는 1공장 부근 일부에서만 발견되던 산림훼손이 TSL 공정 도입 이후 주변으로 확산되었다. 2008년 11월 국회 예산결산특별위원회 경제부처 질의에서 김광림 의원(안동)은 제련소 인근 야산 고목들이 말라죽자 제련소 측에서 산을 매입하여 나무를 심었다고 지적하기도 했다.

하지만 2010년대 들어 산림고사가 더욱 심해지고 광범위하게 확산되었음이 위성사진을 통해서 확인된다. 대기오염물질이 바람을 타고 이동하면서 산 경사면과 산등성이에 있는 산림을 훼손시킨 것으로 보인다.

2004년 9월 석포제련소. 1, 2공장 주변 일부를 제외하고는 산림훼손이 눈에 띄지 않는다. ⓒ 구글어스

2018년 10월 석포제련소. 1공장 옆, 2공장 맞은편에서 산림훼손이 매우 심각하며 훼손 지역이 주변으로 확대되고 있다. ⓒ 구글어스

대기오염물질 배출량 상습적으로 조작

2019년 7월 영풍 석포제련소의 대기오염물질 배출농도가 상습적으로 조작되었다는 사실이 밝혀졌다. 환경부 보도자료에 따르면, 석포제련소는 실제 측정된 수치를 낮추거나 측정을 하지 않았음에도 측정을 한 것처럼 조작하는 방법으로, 2016년 8월부터 2019년 5월까지 3년간 측정대행업체로부터 1,868부의 대기측정기록부를 허위로 발급받았다.

먼지와 황산화물 농도값을 배출허용기준의 30% 미만으로 조작하기도 했고, 1급 발암물질이면서 특정대기유해물질인 비소(As) 항목의 실측값이 배출허용기준(2ppm)의 19배를 초과한 39.362ppm임에도 불구하고 무려 1,405배나 낮은 0.028ppm으로 조작한 사례도 있었다. 단속에 대비해 수시로 관련 자료를 파기했고, 수수료 지급을 미루는 등의 방법으로 측정대행업체를 길들이는 '갑질' 행위가 있었다는 사실도 확인되었다.

이 사건으로 영풍 석포제련소의 임원 한 명이 구속되어 1심에서 징역 1년 2월, 2심에서 징역 8월의 실형을 선고받았다. 재판부는 선고를 내리면서 "범행이 장기간에 걸쳐 조직적 · 계획적으로 이루어져 법 위반의 정도가 중하고, 죄질이 매우 나쁘다"고 했다. "환경이 훼손되고 국민의 생명 또는 신체에 위해를 입혔을 가능성이 있다"고도 했다.

2심 선고가 있던 2020년 2월 14일 영풍 석포제련소는 사과문을 발표했다. "석포면민과 봉화군민께 깊은 실망을 드린 것에 대해 스스로 부끄럽고 참담한 심정"이라고 했다. "공기뿐만 아니라 강물과 토지 모두 '오염제로(0)' 라는 목표를 달성하기 위한 오염방지 기술개발과 시설 투자, 과거 오염된 토양의 정화에 비용을 아끼지 않겠다"고도 했다.

1심 판결문에 따르면 영풍 석포제련소가 사건 관련 측정대행업체에 업무를 위탁하고 측정기록 조작을 요구한 것은 2006년 3월경이다. 공고

자연을 생각하고 보호한다는 영풍의 기업홍보. 출처 : ㈜영풍 홈페이지 화면 캡처

롭게도 TSL 공장이 가동을 시작한 시기와 비슷하다. 대기환경보전법상 대기측정기록부의 의무보관기간이 3년이어서 2016년 8월부터 2019년 5월까지 3년 치의 조작만 확인되었지만, 그전에도 조작이 있었을 가능성이 높다.

영풍은 그동안 석포제련소 부근의 산림이 고사하는 것을 버젓이 지켜보면서 대기오염물질 배출량을 상습적으로 조작했다. 영풍의 홈페이지에 있는 "자연을 생각하고 자연을 보호하며 영풍은 자연과 함께 성장합니다"라는 기업홍보 문구와는 너무나 대조적인 모습이다.

법제도가 미비한 1970년에 제련소 가동이 시작되었음을 고려해 보면 가동 초기부터 오염물질이 무단으로 배출되었을 가능성이 있다. 만약 불법이 제때에 밝혀지고 법적 처벌이 내려졌더라면 석포제련소는 벌써 가동이 중단되었을 것이다. 오랜 세월 행정기관의 단속이 제대로 이루어지지 않았고, 오늘날 석포제련소 주변의 자연환경은 심각하게 훼손되었다.

훼손된 자연을 복원하려면 오염원부터 차단해야

훼손된 산은 복원되어야 한다. 환경부 조사보고서에 따르면 식생의 쇠퇴는 다른 생물집단에 악영향을 미치고, 토양의 산성화는 전 생태계의 구조와 기능에 부정적인 영향을 미친다. 2차 피해의 확산을 방지하기 위해서는 훼손된 생태계가 반드시 복원되어야 한다.

석포제련소 주변 산을 복원해서 본래 석포의 모습으로 만들려면 많은 시간과 노력이 필요할 것이다. 훼손된 산지를 정비하고 새로 나무를 심어야 하며, 산림이 형성될 수 있도록 지속적으로 관리해서 건강한 생태계가 회복되도록 해야 한다.

훼손된 산지를 제대로 복원하려면 먼저 해야 할 일이 있다. 오염원을 차단하는 것이다. MBC PD수첩 '책과 독, 영풍의 두 얼굴' (2019.6.11.)에서 확인된 석포제련소는 녹 슬고 비가 새는 등 매우 낡아 있었다. 부분적인 시설개선을 한다고 해도 50년 된 낡은 공장에서 오염이 근원적으로 차단되기는 어려울 것이다.

석포는 애초에 아연제련소가 들어설 장소가 아니었다. 1960~70년대 급속한 산업화가 추진되고 생태계의 중요성이 망각되면서 천혜의 자연환경을 가진 석포에 아연제련소가 들어서게 되었다.

오늘날 기후위기와 생태계 위기는 누구도 외면할 수 없는 시대의 화두가 되었다. 건강한 자연환경은 인간의 생존을 위한 필수조건이며, 잘 보존해서 미래 세대에 물려주어야 할 소중한 자산이다.

석포의 대부분은 산이다. 오랜 세월 나무와 바위가 생명의 조화를 이루고 있었던 곳이다. 안타깝게도 석포제련소 주변 산은 본래의 모습을 잃었다. 한 자리에 서서 사람보다 오래 살 운명을 타고난 나무들이 바람막이도 없이 버티다 흔적도 없이 사라졌다. 나무가 뿌리를 내리면서 나무와 한 몸이 되었던 바위도 부서지고 있다. 나무가 사라지고 바위마저 스러지는 제련소 주변의 산, 이곳은 '석' 포가 아니다. 석포의 생태계가 더 이상 파괴되어서는 안 된다. (2020.04.27)

영풍 석포제련소가 가동된 50년 동안 제련소 노동자와 주변 마을 주민들은 제련과정에서 발생한 악취로 인해 고통을 겪었을 것이다. 제련소 측은 악취피해에 대해 탐문조사를 한 결과 민원발생은 없었다고 한다. 2001년 석포중학교에 재직했던 조영옥 선생님은 석포 생활의 일면을 시로 표현했다.

석포 사람들 (1)

어느 저녁
그렁그렁한 별빛
주워 모을 듯 두 손 모아 쥐며
밤나들이를 한다
좁은 골목길 끝
국내 최대 영풍제련소

턱없이 낮은 굴뚝은
하얀 연기를
울큭울큭 토하고 있다
초라한 양철지붕
담 없는 흩집을
연기는 살아 움직이며 안개처럼 덮친다
그 그림자 아래
숨죽인 사람들
오늘 저녁 밥상을 위해
오순도순 둘러앉아
매큼한 연기쯤은
말없이
꿀떡 삼킨다

유해한 작업환경 속에 희생된 노동자들

영풍 석포제련소는 봉화군 석포면의 깊은 산골짜기에 위치해 있어서 오랫동안 일반인에게 알려지지 않았다. 제련소의 존재 자체가 베일에 가려져 있다시피 하다 보니, 제련소에서 일하는 노동자들이 겪는 고통 역시 알려지지 않았다. 아연제련이라는 작업의 특성상 유해물질의 배출과 그로 인한 피해가 발생했을 것으로 짐작되지만 오랫동안 그 실상은 드러나지 않았다.

언론을 통해 드러난 석포제련소 작업환경

2019년 6월에 방송된 MBC PD수첩 '책과 독, 영풍의 두 얼굴' 은 그동안 확인할 수 없었던 영풍 석포제련소 공장 내부의 모습을 생생하게 보여 주었다. 기자가 석포제련소에 취업해 1주일간 일을 하면서 제련소의 작업환경과 노동자의 고통을 취재했다.

기자는 하청업체를 통해 비정규직으로 채용되었다. 면접과정에서 하청업체 사장은 작업환경과 작업 내용에 대해 제대로 알려주지 않았다. 두 시간만 일하면 나머지 시간은 거의 청소하고 시간 때운다는 식으로 말해서 작업의 위험성을 알 수 없었다. 하지만 기자가 출근해서 작업복과 장갑, 분리형 방독면을 지급받자 그제야 하청업체 사장이 위험을 경고했다. 보호구를 써야 하고 나일론 옷은 안 된다고 했다. 나일론 옷이 안 되는 이유는 용광로에서 불이 튀어 나일론이 녹으면 살에 붙어 화상을 입기 때문이었다.

출근 첫날 기자는 배소공정에서 작업을 했다. 배소는 아연정광(황화아연)에 함유되어 있는 황 성분을 빼내기 위해 아연정광을 고로(용광로)에서 산화시키는 아연제련의 첫 공정이다. 작업장은 낡아 있었고 기계 소음과 매캐한 가스 냄새로 가득했다. 귀마개를 하고 방독면을 써야 했다. 기자는 철제 에어브러시로 고로 벽에 붙어 있는 광석찌꺼기를 떼어내는 일을 했다. 고로에서 황산가스가 새어나와 눈이 따갑고 폐에 통증이 느껴질 정도였다. 환풍기가 있지만 노후화되어 쓸모가 없었다. 회사에서 지급한 3~4만 원짜리 분리형 방독면을 쓰고 일했지만 틈새로 가스가 새어 들어왔다. 13만 원짜리 일체형 방독면을 쓰면 좀 낫지만 회사에서 사주지 않아 자기 돈으로 사는 노동자도 있었다.

기자는 아연광석을 녹이는 공정에서도 일했다. 배소공정에서 만들어진 아연 배소광을 황산 전해액에 녹이는 용해공정으로 보였다. 낡은 파이프에서 수증기가 뿜어져 나왔는데 황산가스도 함께 섞여 나왔다. 황산가스가 심할 때는 머리가 지끈거리고 폐가 아파 숨쉬기조차 어려웠다.

공장 바닥 곳곳에는 아연광석 찌꺼기가 엉겨 있고 오폐수 흔적이 남아 있었다. 아연광석 찌꺼기는 밀폐관리하게 되어 있지만 공기(압축공기)로 불어버렸다. 비가 오자 천장 틈새가 벌어진 곳에서 빗물이 샜다. 빗물도 정화해야 하지만 배수구가 고장 나 있었다. 빗물에 씻긴 유독성 먼지는 공장 밖으로 흘러나가 낙동강에 유입되었다.

1주일간 제련소에서 일한 후 기자는 관리자들을 만나 작업현장의 이런 상황에 대해 질문을 했다. 하지만 관리자들은 가스나 연기 같은 게 나올 수 없도록 점검을 하고 있으며, 노동자들이 눈이 따갑고 머리가 아픈 것은 보호구 착용을 제대로 하지 않았기 때문이라고 해명했다. 반면 기자가 석포제련소 특별 지도점검을 했던 환경부 사무관을 만났을 때, 사무관은 현장에서 빨리 나가고 싶다는 생각이 들 정도로 공기가 너무 탁했다고 말했다.

방송에는 석포제련소에서 7년간 일하고 급성백혈병에 걸려 치료를 받고 있는 진현철 씨도 나왔다. 진씨는 "김(연기) 속에서 일을 했다. 공기가 200~300m 날아가서 나무가 죽는데 직접 옆에서 쐬는 사람들은 오죽하겠어요?"라고 말했다.

MBC PD수첩을 통해 드러난 석포제련소 내부 모습은 한마디로 충격적이었다. 공장시설은 낡았고 작업환경은 너무나 열악했다. 영풍은 홈

친환경 제련기술을 자랑하는 영풍의 기업홍보. 출처 : ㈜영풍 홈페이지 화면 캡처

페이지에서 '세계제일의 친환경 제련기술의 선두주자'로 기업홍보를 하고 있지만, 공장 내부의 모습은 전혀 친환경적이지 않았다.

석포제련소 노동자 카드뮴 중독

영풍 석포제련소는 환경 관련 법제도가 미비하던 1970년에 가동을 시작했다. 당시는 박정희 정부가 '조국 근대화'라는 구호를 내걸고 급속하게 산업화를 추진하던 시기였다. 기업과 정부는 이윤과 성장에 매달렸고, 노동자와 국민들은 가난에서 벗어나기를 바랐다. 열악한 작업환경이 문제시되지 않았고, 위험하고 유해한 노동과정도 생존을 위해 참고 견뎌야 하는 것으로 여겨졌다.

지금의 환경관련 법제도는 석포제련소 설립 당시에 비하면 훨씬 강화되고 개선된 것이다. 그럼에도 불구하고 MBC PD수첩을 통해 확인되었듯이 2019년 석포제련소의 작업환경은 매우 열악해 보였다. 아마 이전에는 작업환경이 더 열악했을 것이고, 그로 인해 노동자의 건강이 크게 영향을 받았을 것으로 짐작된다. 하지만 석포제련소 노동자들이 입은 구체적인 건강피해는 오랫동안 외부에 알려지지 않았다. 석포제련소가 가동을 시작하고 30년 가량이 지난 1990년대 말에 가서야 그 실상의 일부가 드러나기 시작했다.

1999년 11월 산업안전보건연구원 직업병연구센터가 중금속을 취급하는 전국 15개 업체 노동자를 대상으로 건강진단을 실시했다. 석포제련소에서는 9명의 노동자가 진단을 받았는데, 혈중 카드뮴 농도가 노출기준(5㎍/L)을 초과한 노동자가 7명이나 되었다. 그중 카드뮴 생산팀에 근무하는 남동연(당시 57세) 씨와 최재환(당시 46세) 씨는 카드뮴 중독 유소견자로 판명됐다. 남씨는 35.56㎍/L, 최씨는 34.78㎍/L로 노출기준을 7배 가량 초과했다.

생물학적 노출지표 및 건강영향조사 결과(1999)

성 명	성/연령	근무기간(월)	혈중카드뮴(㎍/L)	성 명	성/연령	근무기간(월)	혈중카드뮴(㎍/L)
권용대	남/54	60	4.89	정태규	남/53	60	14.57
최재환	남/46	108	34.78	조옥자	여/52	21	18.04
장성범	남/39	37		김용환	남/38	7	25.37
이우석	남/44	65	8.25	남동연	남/57	23	35.56
박문교	남/22	10	8.31				

출처 : 국회의원 한정애, 「㈜영풍 석포제련소 주변지역 중금속 오염 실태」(국회 환경노동위원회 국정감사 자료), 2014년 10월

이후 두 사람은 경북대 의대 부속병원의 정밀검진을 거쳐 산재보험법상 직업병 인정을 받았고, 2001년 1월 요양이 결정되었다. 하지만 카드뮴 중독환자에 대한 마땅한 치료방법이 없었기 때문에 근로복지공단은 집에서 휴식을 취하는 형태의 '자가요양'을 인정했고 별다른 치료대책 없이 휴업급여만 지급했다. 2003년 2월에 방송된 MBC 시사매거진2580 '죽음의 그림자'에서 남동연 씨는 "2년 넘게 약을 먹고 있지만 이제는 자포자기 상태"라고 말하기도 했다.

최재환 씨의 사망과 산재 불인정

근로복지공단의 요양이 결정되고 6개월 가량이 지난 2001년 7월, 대구에서 자가요양을 하던 최재환 씨가 갑자기 증세가 악화되어 병원으로 옮겨졌다. 최씨는 의식을 잃고 중환자실에서 치료를 받다가 불과 10여

일만인 8월 1일 경북대병원에서 사망했다.

최씨는 1987년 5월 석포제련소에 입사했고 카드뮴 노출기간은 108개월(9년)이었다. 카드뮴 중독 판정을 받은 최씨는 척추 골밀도가 정상인의 60% 정도로 뼈가 물렁물렁해진 상태였고, 특히 인체의 노폐물을 걸러내는 콩팥세포가 섬유질로 바뀌어 기능을 서서히 잃고 있었다고 한다.

최씨가 일한 카드뮴공정은 작업환경이 매우 열악했던 것으로 보인다. 〈노동일보〉* (2002.8.4.)가 제련소 노동자의 말을 인용해 보도한 내용에 따르면, 밀폐된 카드뮴 작업장은 제련과정에서 발생되는 각종 중금속이 수증기 형태로 발산되며, 뜨거운 열기와 함께 호흡을 통해 체내에 흡입되는 상태였다. 하지만 뜨거운 열기 때문에 보호장구를 단 1분도 착용을 할 수 없어 카드뮴 공정 작업장은 가히 지옥이라는 표현이 적합하다고 노동자들은 말했다.

최씨가 사망하자 부인 김모씨는 업무상 질병으로 사망했다며 유족보상을 신청했다. 하지만 근로복지공단은 최씨의 사망 원인이 음주이고 업무상 질병과 관련이 없다며 부지급처분 결정을 내렸다. 최씨의 부인은 다시 산업재해보상보험심사위원회(산재심사위원회)에 재심사를 청구했지만 기각되었다.

당시 이러한 결정은 논란이 되었다. 산재심사위원회의 재결서(2002.11.26.)에 따르면, 경북대병원 측과 산업안전보건연구원 직업병연구센터 강성규 소장은 최씨의 사망이 카드뮴 중독과 관련성이 있다는

---

* 노동일보는 1999년 7월 창간되어 2003년 6월 폐간되었다. 1989년 창간된 주간노동자신문(발행인 이태복)이 노동일보의 전신이다.

의견을 냈다. 하지만 이러한 의견은 배제되었다.

경북대병원이 밝힌 선행사인은 '급성췌장염' 이고, 직접 및 중간선행사인은 '다발성 장기부전' 이었다. 경북대병원은 일반적으로 급성췌장염의 많은 원인이 알코올에 의한 것이고, 최씨의 경우도 평소에 술을 매우 많이 마셨기 때문에 알코올에 의한 급성췌장염이 의심된다고 했다. 그러면서도 기존의 카드뮴 중독이 일반인에게는 별로 치명적이지 않은 급성췌장염의 악화에 관여하였다고 판단된다는 의학적 소견을 냈다.

산업의학전문의인 강성규 소장도 최씨의 급성췌장염 자체는 음주에 의해 발생하였을 가능성이 크지만, 카드뮴 중독에 의한 호흡부전 또는 신장질환에 의해 발생하였을 가능성이 있다는 의견을 냈다. 또한 설사 최씨의 급성췌장염이 음주에 의해 발생하였다 하더라도 48세의 비교적 젊은 나이에 사망에 이르기까지 신속하게 진행된 것은 카드뮴 중독에 의한 호흡기 및 신장의 손상에 기인하는 것으로 판단된다고 했다.

하지만 근로복지공단의 자문의는 음주로 인한 급성췌장염의 유발은 업무나 기존 질병과 의학적 인과관계가 없다고 판단된다는 등의 의견을 냈다. 산재심사위원회도 경북대병원과 자문의의 소견조회를 거쳐 이 의견을 받아들였고 근로복지공단의 유족급여 및 장의비 부지급 결정을 인정했다.

최씨가 술을 많이 마신 것은 사실이었다. 최씨의 부인에 따르면 최씨는 카드뮴 중독 판정을 받고 나서 "나는 오래 못 살 것 같다"는 말을 하면서 비관을 많이 했고 그러면서 술을 더 많이 마셨다고 한다. 하지만 9년간 카드뮴에 노출되어 중독증 판정을 받았음에도 최씨의 사망원인과 업무와의 의학적 인과관계가 없다는 결정이 내려진 것은 이해가 되지 않는다. 이와 관련해서 당시 강성규 소장은 직업병을 비관하며 자살해도 업무상 질병으로 인정하는 마당에, 좌절감에 술을 마셔 직업병이 악화된 사실을 외면한 것은 납득할 수 없다고 지적하기도 했다.(〈노동일보〉 2002.8.1.)

당시 근로복지공단의 결정은 국정감사에서도 논란이 되었다. 2002년 9월 국회 환경노동위의 근로복지공단에 대한 국정감사에서 한나라당 전재희(경기 광명) 의원은 근로복지공단 자문의 제도의 모순점을 지적했다. 전 의원은 주치의 소견과 자문의 소견이 첨예하게 대립된 상황에서 다른 해결방안의 모색은 외면하고 자문의 소견을 채택한 것은 잘못이라고 했다.

열악한 작업환경 속에 노동자 희생 이어져

석포제련소 노동자의 건강피해는 최재환 씨가 일한 카드뮴 공정에서뿐만 아니라 다른 공정에서도 있었다. 2003년 2월에 방송된 MBC 시사매거진2580 '죽음의 그림자' 에 따르면, 전해공정에서 일하는 한 노동자는, 아비산이라는 독극물이 있는데 치아가 다 내려앉아 버린다고 말했다. 또한 주조공정에서 일하는 한 노동자는 아연을 녹일 때 아연물이 흘러 피부에 붙으면 안 떨어지고 홀랑 벗겨져 뼈까지 나와 버린다고 말했다.

당시 열악한 작업환경 속에서 희생된 석포제련소 노동자의 실상은 〈노동일보〉(2002.9.15.)의 보도를 통해서도 확인되었다. 석포제련소 퇴직 노동자와 주민들에 따르면, 카드뮴 등 중금속을 취급하는 부서에서 15년 이상 근무했던 남모(54)씨와 여모(50)씨가 소화기 계통 등의 질병악화로 1996년경 제련소를 퇴직했다. 그러나 이들은 회사 측에서 직업병 요양신청을 해주지 않아 퇴직금으로 치료를 받다가 몇 개월 후 사망했다. 조액팀에서 용접업무에 종사하던 이모(51)씨와 조액팀 현장조장을 했던 유모(54)씨는 15년 이상 근무하다 간장 질환 때문에 제련소 근무가 불가능해 퇴직했고 1997년 사망했다. 20여 년간 조액팀에서 근무했던 이모(57)씨는 "코뼈가 내려앉아 지난 90년 퇴직했다가 3년 후 코뼈 제거 수술을 받았다"며 "냄새 맡는 기능은 완전 상실했고 기억력도 무척 나빠졌다"고 했다. 이씨는 "20년간 근무했던 작업장은 지독한 유독가스와 분진이 난무했다"면서 "나쁜 작업환경 때문에 질병이 악화돼 조기 퇴직한 노동자들은 대부분 얼마 살지 못하고 목숨을 잃었다"고 말했다.

하지만 석포제련소의 이러한 작업환경은 노동부 조사에서는 드러나지 않았다. 노동부가 전재희 의원에게 제출한 자료에 따르면, 2000년부터 2002년 상반기까지 3년간 석포제련소에 대한 작업환경 측정 결과 단 한 차례도 기준치를 초과한 사실이 없었다.

이런 사실에 대해 석포제련소 노동자들은 사전 통보 뒤 실시하는 작업환경측정은 항상 기준치 이하로 나올 수밖에 없다며 조업현장을 불시에 들러 측정해야 정확한 결과가 나올 것이라고 말했다. 실제로 노동부가 2002년 9월 7일부터 4일간 석포제련소에 대한 작업환경측정을 통보하자 제련소는 하루 전인 6일 전체 작업장에 대해 대대적인 환경정리를 실시했다. 뿐만 아니라 갑작스러운 통보에 어려움이 예상되자 제련소 측은 수해로 인한 도로 유실과 설비 침수 등의 이유를 들어 측정자체를 10월로 연기 받았다.(〈노동일보〉 2002.9.16.)

또한 당시 석포제련소는 신입사원 교육에서 인체 유독성을 거의 알리지 않았고, 유해한 작업공정은 도급을 주고 있었다. 이러한 실정으로 현장에서 일하는 노동자의 안전보건이 더욱 위협받을 수밖에 없었다. 당시 산업안전보건법은 유해 작업의 도급 금지를 엄격하게 적용하고 있었지만, 석포제련소는 중금속 취급부서인 카드뮴 부서와 분진과 소음이 극심한 주조부서 등 지극히 유해한 공정은 대부분 도급을 주었다. 이에 대해 석포제련소 측에서는 관련 규정에 따라 도급을 주기 때문에 아무런 하자가 없다고 했다.(〈노동일보〉 2002.9.23.) MBC PD수첩을 통해서 드러났듯이, 유해위험공정은 도급을 주고 신입사원 교육 때 작업의 위험성을 제대로 알리지 않는 관행은 2019년에도 계속되고 있었다.

한편 석포제련소의 열악한 작업환경과 그로 인한 노동자의 건강피해 실상은 2014년에 다시 한번 드러났다. 2014년 10월 22일부터 29일까지 대구지방고용노동청은 영풍 석포제련소에 대한 산업안전보건 특별감독을 실시했다.

특별감독을 실시하게 된 것은 5년간 사내외 협력업체에서 27건의 산업재해가 발생하고 직업병유소견자도 매년 20명 이상 발생하면서 사회적 물의를 일으켰기 때문이다. 직업병 유소견자는 2012년 26명, 2013년 25명, 2014년 21명이 발생했는데 소음 · 광물성 분진 · 카드뮴 중독 등으로 인한 것이었다. 또한 다양한 화학물질을 다량 취급하는 설비의 유지관리 업무를 도급 형태로 운영하고 있어 영풍 석포제련소의 원청으로서의 책임성을 강화할 필요가 있다는 점도 특별감독 실시의 배경이었다.

특별감독 실시 결과, 모두 327건의 법 위반사항이 적발되었다. 그중 위반 정도가 심한 142건에 대해서는 사법처리(형사입건) 및 전면 작업 중지(1곳), 부분 작업 중지(5곳), 인가취소(1곳) 등의 제재와 1억5천만 원의 과태료 처분이 내려졌다. 특히 석포제련소의 작업환경이 얼마나 열악한지 다시 한번 확인되었는데, 언론보도와 국정감사에서 지적되었던 하청업체에 대해 작업환경을 측정한 결과, 카드뮴을 생산하는 용해로 주조 공정에서는 카드뮴이 작업환경 노출기준을 최고 146.5% 초과하고, 아연 생산 중간 공정에서는 황산이 노출기준을 252%나 초과한 것으로 드러났다.

생명은 소중하다

2000년을 전후해서부터 최근에 이르기까지 드러난 사실을 종합해 보면, 석포제련소의 작업 환경이 매우 열악했으며 그로 인해 노동자의 고통과 희생이 적지 않았음을 알 수 있다. 1999년 노동자 카드뮴 중독과 최재환 씨의 사망 사건을 시작으로, 2003년 MBC 시사매거진2580 '죽음의 그림자' 방송, 2014년 대구지방고용노동청의 산업안전 특별감독, 2019년 MBC PD수첩 '책과 독, 영풍의 두 얼굴' 방송 등이 이어졌고, 그 과정에서 석포제련소와 하청업체 노동자들이 매우 유해한 작업환경에서 노동을 했고 그로 인해 건강피해를 입었음이 확인되었다.

하지만 열악한 작업환경이 사회문제화 되고 카드뮴 중독을 비롯한 노동자의 피해가 계속되었음에도 불구하고 석포제련소의 작업환경은 크게 달라지지 않은 것으로 보인다. 2019년 MBC PD수첩 방송에서 드러난 석포제련소의 작업환경은 믿기 어려울 정도로 열악한 수준이었고 2000년 전후와 별반 다르지 않아 보였다.

오늘날 영풍 석포제련소가 국내 2위, 세계 4위의 아연제련업체로 성장할 수 있었던 것은 많은 노동자의 희생이 있었기 때문이다. 한때 '산업역군'으로 불리기도 했던 노동자들은 유독물질이 배출되는 작업장에서 죽음의 위험까지 무릅쓰면서 노동을 해야 했다. 하지만 카드뮴 중독과 최재환 씨 사망 사건, 그리고 언론을 통해 보도된 여러 노동자의 증언에서 알 수 있듯이 많은 노동자가 정당한 대우와 보상을 받지 못한 채 희생된 것으로 보인다.

현재 영풍 석포제련소는 산 좋고 물 맑은 석포의 자연환경을 파괴시킴으로써 지탄을 받고 있다. 제련소에서 일하는 노동자들도 이런 현실을 잘 알고 있을 것이다. 노동자는 생존을 위해 노동을 해야 하지만 그렇다고 해서 노동과정에서 배출되는 유해물질로 인해 주변 자연환경이 파괴되는 것을 바라지는 않을 것이다.

경제가 성장하고 국민소득이 높아진들 자연이 파괴되고 노동자가 건강을 잃는다면 무슨 소용인가. 생명은 소중하다는 일반 상식이 지켜질 수 없는 일이라면 하지 말아야 한다. 석포제련소의 존재 의미를 근본적으로 다시 물어야 하는 이유이다.

건강영향조사를 통해 드러난 석포 주민 건강피해

석포제련소 노동자의 건강피해가 지속적으로 나타나는 가운데, 석포면 주민도 건강피해를 입고 있다는 사실이 확인되었다. 1970년 석포제련소 가동 이후 석포면 주민의 고통과 건강피해가 있었을 것으로 짐작되지만 오랫동안 그 실상이 드러나지는 않았다. 2000년을 전후해서 노동자 카드뮴 중독과 최재환 씨 사망 사건이 발생하면서 주민 건강피해도 언론의 주목을 받게 되었다.

MBC 시사매거진2580 '죽음의 그림자'(2003.2.16.)와 〈노동일보〉(2002.9.17.)에 따르면, 석포 주민들은 제련소 주변의 나무와 풀이 죽고 심할 때는 소나무가 빨갛게 탔다고 지적하면서 사람은 금방 죽는 게 아니라 서서히 병이 든다며 불안을 호소했다.

구체적인 주민 건강피해도 확인되었다. 석포 3리 주민인 김모(63 · 여)씨는 10여 년 전부터 두통과 고혈압 증세를 보이다가 증세가 나빠져 안동병원에서 정기적으로 치료를 받았다. 석포에서 34년째 거주 중인 장모(67 · 남)씨는 두통 증세 외에 심한 다리 저림으로 보행에 큰 장애를 보여 역시 병원치료를 받았다. 또한 장모씨는 부인이 9년 전 난소암으로 세상을 떠났는데 당시 주치의가 배터리액 같은 것을 취급하면 이런 병이 온다며 환경 관련 암 발병 가능성을 시사했다고 주장했다.

담 하나를 사이에 두고 거주 중인 정모(64 · 여)씨와 이모(77 · 여)씨 및 마모(62 · 남)씨 등 세 명은 5년 전부터 잇따라 중풍 증세가 나타났다. 특히 10년 전부터 제련소 주변에 살고 있는 마씨는 "영월에서 살 때는 아주 건강했는데 이곳에 와서 건강이 크게 나빠진 것 같다" 며 "부인은 두통이 심해 매일 뇌 신약을 복용하고 있는 실정" 이라고 말했다.

이런 피해사실과 관련해서 석포번영회 회장은 "석포제련소에서 대기 배출물질에 대한 검사를 하면 항상 정상으로 나오는데 이는 눈속임에 불과하다" 면서 "제련소 가동 이후 주민들의 건강이 크게 위협받고 있는데도 주민건강조사를 실시하지 않은 것은 납득할 수 없다" 고 지적했다.

이런 보도 내용으로 볼 때, 석포제련소 가동 이후 주민에게도 건강피해가 나타나고 주민의 호소도 있었음을 짐작할 수 있다. 하지만 주민에 대한 건강조사는 오랫동안 이루어지지 않았다. 2014년 석포제련소 주변 토양이 중금속에 오염되었다는 사실이 확인되고 주민건강영향조사의 필요성이 제기되면서 정부 차원의 조사가 이루어지게 되었다.

주민건강영향조사는 두 차례에 걸쳐 실시되었다. 첫 번째는 2015년 11월에서 2016년 12월 사이에 석포면 주민과 물야면 주민을 대상으로 실시되었다. 두 번째는 첫 번째 조사에 대한 후속조치로 2017년 11월부터 2018년 7월 사이에 실시되었다. 두 차례의 조사 모두 동국대학교 경주캠퍼스 산학협력단이 수행하였다.

석포면 주민 신장질환, 간장질환 이상 소견자 비율 높아

우선 첫 번째 조사에 대해 살펴보면, 조사대상은 석포면 주민 771명(20세 이상 699명, 20세 미만 72명)과 대조군인 물야면 주민 307명(20세 이상 265명, 20세 미만 42명)이다. 20세 이상 석포면 주민 699명 중에는 석포제련소 근무 경험이 있는 374명이 포함되어 있다. 하지만 조사 당시 석포제련소에 근무 중인 주민이 포함되었는지는 밝혀져 있지 않은데, 직업 구분을 살펴보면 석포제련소 근무자는 조사대상에 포함되지 않은 것으로 보인다.

물야면은 석포제련소에서 약 30km 가량 떨어져 있고 지리적 · 사회경제적 조건, 인구구성 등에서 석포면과 비슷한 특성을 가지고 있다. 또한 물야면 주민이 주로 농업에 종사하고 있고 물야면과 석포면 사이에 높은 산이 여러 개 있어서 물야면 주민의 중금속 노출 가능성은 적은 것으로 평가되었다.

조사는 설문조사, 1차 건강검진, 정밀검진 순으로 진행되었다. 조사결과는 2016년 12월 「제련소 주변지역 주민건강영향조사」라는 제목의 보고서(이하 결과보고서)로 제출되었다. 결과보고서를 보면 석포면 주민의 건강 이상과 인체 중금속 농도 등에서 주목할 만한 사실들이 확인된다.

우선 설문조사에서는 의사로부터 진단을 받은 질환과 현재 나타나고 있는 호흡기 증상 등에 대한 조사가 이루어졌다. 조사결과 당뇨병, 축농증, 비염, 결막염 등의 만성질환에서 석포면 주민이 물야면 주민보다 유의하게 높았다. 또한 호흡기질환 중 가래와 가슴 작열통 호소율에서 석포면이 유의하게 높았다.

1차 건강검진에서는, 20세 이상 주민의 신장질환, 간장질환 이상 소견자 비율에서 석포면이 물야면보다 유의하게 높았다. 표41을 보면 신장질환 이상 소견자 분포에서 석포면(조사군) 23.1%, 물야면(대조군) 17.0%이고, 연령구조가 미치는 영향을 제거한 연령보정(연령표준화) 후에는 석포면 24.6%, 물야면 14.8%로 그 차이가 더 커진다. 간장질환 이상 소견자 분포도 비슷한 경향을 보이는데, 연령보정 전에는 석포면 14.2%, 물야면 7.9%이며, 연령보정 후에는 석포면 13.8%, 물야면 7.9%이다.

표 41. 20세 이상 조사군과 대조군의 건강검진 이상 소견자 분포

질병	조사군				대조군				p-value*	
	전체(명)	이상 소견자수 (명)	% 연령 보정전	% 연령 보정후	전체(명)	이상 소견자수 (명)	% 연령 보정전	% 연령 보정후	연령 보정전	연령 보정후
고혈압	698	318	45.6	46.1	265	142	53.6	51.3	0.026	0.150
당뇨병	698	33	4.7	4.9	265	12	4.5	3.8	0.896	0.466
소변이상	694	201	29.0	29.3	263	65	24.7	22.8	0.190	0.045
신장질환	698	161	23.1	24.6	265	45	17.0	14.8	0.040	0.001
간장질환	698	99	14.2	13.8	265	21	7.9	7.9	0.009	0.013
이상지질혈증	698	338	48.4	48.9	265	118	44.5	41.9	0.280	0.053
빈혈증	698	23	3.3	3.4	265	7	2.6	2.5	0.602	0.602
골다공증	698	198	28.4	30.4	265	94	35.5	30.4	0.032	0.955

*by Chi-square test

출처 : 국립환경과학원, 「제련소 주변지역 주민건강영향조사」, 2016.12, 55p

신장질환, 간장질환 이상 소견자 분포와 관련해서 주목되는 또 하나의 사실은 제련소에서 근무한 경험이 있는 사람을 제외하더라고 비슷한 결과가 나타난다는 점이다(표42). 이런 사실은 제련소의 영향으로 인한 건강피해가 현장 노동자뿐만 아니라 주변 마을 주민에게도 나타나고 있다는 해석을 가능케 한다.

표 42. 20세 이상 조사군과 대조군의 건강검진 이상 소견자 분포(제련소 근무력자 제외)

질병	조사군				대조군				p-value*	
	전체(명)	이상 소견자수 (명)	%		전체(명)	이상 소견자수 (명)	%		연령 보정전	연령 보정후
			연령 보정전	연령 보정후			연령 보정전	연령 보정후		
신장질환	374	95	25.4	27.4	264	45	17.0	15.6	0.012	0.001
간장질환	374	48	12.8	12.4	264	21	8.0	7.8	0.051	0.077

*by Chi-square test

출처 : 위와 같음, 56p

석포면 주민 카드뮴·납 농도 물야면 주민보다 높고, 국민평균보다 2배 이상 높아

석포면 주민에게서 신장질환, 간장질환 이상 소견자 비율이 높게 나타난 것은 요 중 및 혈액 중 중금속 농도와 상관관계가 있었다. 생체시료 분석 결과를 보면, 20세 이상 주민의 요 중 카드뮴 농도와 혈액 중 카드뮴·납 농도에서 석포면이 물야면보다 유의하게 높았다.

표 61. 20세 이상 조사군과 대조군의 생체 중 중금속 농도

중금속	조사군	대조군	조사군 내 리별		
			석포리	대현리	승부리
요중 카드뮴(㎍/g cr.)	1.43(±2.28)*	1.15(±1.86)	1.49(±2.24)	1.03(±2.41)	1.63(±2.23)†
혈액 중 카드뮴(㎍/L)	1.36(±2.14)*	0.77(±1.93)	1.40(±2.16)†	1.23(±2.06)	1.04(±1.88)
아연(㎍/dℓ)	66.64(±1.22)	69.47(±1.18)*	66.92(±1.23)	64.52(±1.18)	67.89(±1.21)
납(㎍/dℓ)	4.05(±1.81)*	2.70(±1.38)	4.25(±1.84)†	3.22(±1.58)	3.41(±1.54)
비소(㎍/g cr.)	31.89(±1.91)	29.49(±1.94)	31.32(±1.91)	32.36(±1.84)	42.97(±2.04)‡

*$p<0.01$ by Mann-Whitney U test
†$p<0.01$ by Kruskal-Wallis test
‡$p<0.05$ by Kruskal-Wallis test

출처 : 위와 같음, 73p

표61을 보면 20세 이상의 요 중 카드뮴 농도(크레아티닌* 보정 후)는 석포면이 1.43으로 물야면 1.15보다 높다. 혈액 중 카드뮴 농도는 석포면 1.36, 물야면 0.77, 혈액 중 납 농도는 석포면 4.05, 물야면 2.70로 나타나 역시 석포면이 물야면보다 높다. 반면 혈액 중 아연 농도는 물야면(69.47)이 석포면(66.64)보다 높고, 요 중 비소 농도는 유의한 차이가 없다.

표 62. 20세 이상 조사군과 내조군의 중금속 농도(제련소 근무 경험자 제외)

중금속	조사군	대조군	조사군 내 리별		
			석포리	대현리	승부리
요중 카드뮴(μg/g cr.)	1.42(±2.27)*	1.15(±1.86)	1.54(±2.20)	0.97(±2.34)	1.75(±2.18)‡
혈액 중 카드뮴(μg/L)	1.24(±2.22)*	0.78(±1.93)	1.26(±2.28)†	1.24(±2.14)	1.02(±1.910)
아연(μg/dℓ)	67.12(±1.23)	69.52(±1.18)†	67.53(±1.25)	64.98(±1.18)	68.63(±1.21)
납(μg/dℓ)	3.40(±1.67)*	2.71(±1.38)	3.52(±1.73)‡	3.04(±1.49)	3.28(±1.50)
비소(μg/g cr.)	33.24(±1.95)†	29.49(±1.94)	32.69(±1.95)	32.11(±1.85)	42.31(±2.10)†

*p<0.01 by Mann-Whitney U test
†p<0.05 by Mann-Whitney U test
‡p<0.01 by Kruskal-Wallis test

출처 : 위와 같음, 73p

표62는 제련소 근무 경험자를 제외할 경우의 중금속 농도를 나타내고 있는데, 표61과 비교하면 석포면 주민의 중금속 농도가 다소 낮아진다(요 중 카드뮴 1.43 → 1.42, 혈액 중 카드뮴 1.36 → 1.24, 혈액 중 납 4.05 → 3.40). 이는 석포제련소 근무 경험자의 체내 중금속 농도가 더 높다는 사실을 말해준다.

또한 결과보고서에는 간장질환, 신장질환 비율과 중금속 농도가 유의미한 상관관계가 있는 것으로 밝혀져 있다.

* 크레아티닌은 근육에서 생성되는 노폐물로 대부분 신장을 통해 배출된다.

1차 건강검진에서 조사군에서 대조군에 비해 간장질환과 신장질환 분율이 높았는데, 건강검진 결과(연속변수)와 요 중 또는 혈액 중 중금속 농도와의 상관관계에서 유의미한 결과로서, 간장질환(AST, ALT, r_GTP)의 경우 혈액 중 납과 혈액 중 카드뮴과 유의한 관련성이 있었고, 신장질환의 경우 혈액 중 납과 혈액 중 카드뮴이 혈청크레아티닌, 신사구체여과율과 각각 유의미한 상관관계가 있었다.

질환에 관한 구체적인 설명이 없어서 일반인이 이해하기는 어렵지만, 석포면 주민의 간장질환, 신장질환 비율과 요 중 또는 혈액 중 중금속 농도가 유의미한 상관관계가 있다는 점은 분명히 알 수 있다.

한편 결과보고서에는 석포면 주민의 중금속 농도를 타 조사와 비교한 내용도 포함되어 있다. 타 조사와의 비교는 표와 그림 두 종류로 나타나 있다. 우선 표는 석포면 주민의 중금속 농도를 국민환경보건기초조사(2012, 2015), 포항산단조사(2015), 폐금속광산지역조사(2014), (구)제련소 건강영향조사(2008)와 비교한 것이다. 여기서 (구)제련소는 장항제련소를 말한다.

표 117. 조사군의 중금속 농도와 타 조사와의 비교 I

조사군	본 조사 (조사군)	국민환경보건기초조사 (2012, 2015)	포항 산단(2015) 조사군	폐금속광산지역 조사(2014)	(구)제련소 건강영향조사(2008) 조사군
카드뮴(㎍/g cr.)	1.43	0.50~0.66	1.03	1.36*(1.73)	2.64* 2.72
아연(㎍/dℓ)	66.64	-	-	-	77.48
납(㎍/dℓ)	4.05	1.77~1.94	1.90	2.22	4.27
비소(㎍/g cr.)	31.89	-	-	39.05†	8.58

*혈액 중 카드뮴(㎍/L)
†㎍/L

출처 : 위와 같음, 135p

표117을 보면, 석포면 주민의 요 중 카드뮴 농도(㎍/g cr.)가 1.43으로 국민평균 0.50~0.66보다 2.17~2.86배 높다. 또한 이 농도는 포항산단과 폐금속광산지역보다 높으며 반면 (구)제련소보다는 낮다. 혈액 중 납 농도(㎍/*dl*)도 비슷한 경향을 나타내는데, 석포면이 4.05로 국민평균 1.77~1.94보다 2.09~2.29배 높다.

타 조사와의 비교를 통해 석포면 주민의 요 중 카드뮴과 혈액 중 납 농도가 국민 평균보다 2배 이상 높다는 사실을 알 수 있다. 장항제련소 조사결과보다는 낮으나 포항산단과 폐금속광산지역 조사결과보다 높다는 사실도 확인된다.

석포면 주민 중 중금속 농도 국제 기준 초과자 다수 나와

또 다른 타 조사와의 비교는 그림으로 나타나 있다. 그림15를 보면 석포면 농도, 물야면 농도, 국제 기준 세 가지가 나타나 있고, 주민 전체를 대상으로 한 경우와 제련소 근무력 보유자를 제외한 경우가 비교되어 있다. 국제 기준으로는 독일 HBM II, WHO(세계보건기구), 미국 질병관리본부의 기준이 제시되어 있다. 하지만 결과보고서에는 그림만 나와 있고 그림에 대한 설명이 없다.

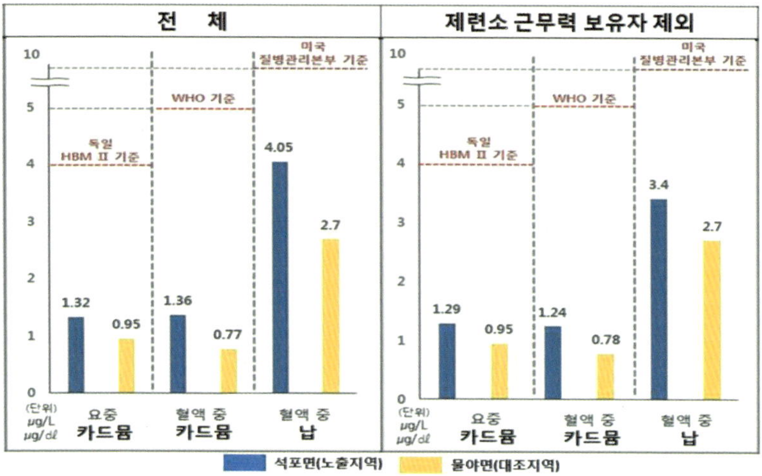

그림 15. 조사군의 중금속 농도와 타 조사와의 비교 II.

출처 : 위와 같음, 135p

국제 기준이 나타나 있는 그림을 볼 때 주의해야 할 점이 있다. 국제 기준과의 비교가 잘못 해석될 가능성이 있기 때문이다. 그림15를 보이는 대로 해석하면 석포면 주민의 요 중 카드뮴 농도가 1.32로 독일 HBM II 기준 4.0보다 낮고, 혈액 중 카드뮴 농도는 1.36으로 WHO기준 5.0보다 낮으며, 혈액 중 납 농도는 4.05로 미국 질병관리본부 기준 10.0보다 낮다. 하지만 이런 해석은 잘못된 것이다. 왜냐하면 그림에 나타나 있는 석포면 주민의 중금속 수치는 주민 개개인의 수치가 아니라 전체 평균치이기 때문이다. 비교를 올바르게 하려면 주민 개개인의 검사결과와 국제 기준을 비교해야 한다.

실제로 결과보고서에서도 정밀검진 대상자를 선정하기 위한 '참고치' 로 국제 기준이 사용되었다. 즉 주민 개개인의 검사결과와 국제 기준을 비교해서 정밀검진 대상자를 선정했다는 것이다. '중금속 참고치 초과자의 정밀검진 결과' 를 보면, 혈액 중 납 농도와 관련해서 다음과 같이 설명되어 있다.

> 혈액 중 납 참고치 초과자 총 45명 중 32명이 정밀검진에 참여하였다. 정밀검진 결과 빈혈, 혈액도말검사 등의 이상 소견자는 없었으며, 이 중 25명(78.1%)이 제련소 근무경험이 있었다.

여기서 참고치는 미국 질병관리본부 기준인 10.0㎍/*dl*를 말한다. 혈액 중 납 참고치 초과자가 총 45명으로 되어 있는데 이들은 모두 석포면 주민이다. 이는 납 농도 최대치를 확인하면 알 수 있다. '혈액 중 납 농도에 대한 기술통계 결과' 를 보면 석포면 주민 최대치는 37.05, 물야면 주민 최대치는 6.77이다. 석포면 주민 최대치가 참고치의 3.7배이며, 물야면 주민 최대치의 5배 이상이다. 또한 물야면 주민 최대치 6.77은 참고치 10.0보다 낮기 때문에 물야면 주민 중에는 정밀검진 대상자가 없다는 것을 알 수 있다. 그리고 정밀검진을 받은 32명 중 25명(78.1%)이 제련소 근무 경험이 있다는 것은 납 참고치 초과와 제련소 근무력이 상관관계가 있다는 사실을 나타낸다.

국제 기준 참고치 초과자는 납 항목뿐만 아니라 카드뮴 항목에서도 나타났다. 결과보고서에는 다음과 같이 설명되어 있다.

> 혈액 및 요 중 카드뮴 참고치 초과자 93명(석포 83명) 중 60명이 정밀검진(혈액검사, 심전도 검사, 골밀도 검사 등)에 참여하였다. BUB/Cr 검사에서 이상 소견자는 34명이었고, 빈혈은 2명이었다. 심전도 검사에서 심방세동 2명, 허혈성심질환 2명이 있었고, 골밀도 검사에서 골다공증이 18명이었으며, 그 외 특이사항은 없었다.
> 참여한 60명 중 24시간 소변검사는 58명이 완료하였다. 24시간 단백뇨 정량 검사의 경우 이상 소견자 18명, 24시간 요를 통한 카드뮴 농도의 경우

참고치를 초과(≥4.0 ㎍/L)한 사람은 6명이었다. NAG(신장기능지표) 이상 소견자는 없었다.
24시간 요 중 카드뮴 농도에서 참고치 초과자 6명에 대한 특성은 남자와 여자가 각각 3명이었고, 나이는 72세부터 88세까지, 거주기간은 18년부터 45년까지 분포하고 있었다. 6명 중 4명은 제련소 근무 경험이 있었다.

혈액과 요 중 카드뮴 농도에서 참고치를 초과한 사람이 총 93명인데, 그중 83명이 석포면 주민이고 나머지 10명은 물야면 주민이다. 참고치 초과자의 비율을 계산해 보면, 석포면은 20세 이상 조사대상 699명 중 참고치 초과자가 83명으로 그 비율이 11.87%이고, 물야면은 20세 이상 조사대상 265명 중 참고치 초과자가 10명으로 그 비율이 3.77%이다. 석포면의 참고치 초과 비율이 물야면 참고치 초과 비율의 약 3.15배나 된다.

농도 최대치에서도 차이가 확인된다. '카드뮴 농도에 대한 기술통계 결과' 를 보면, 요 중 카드뮴 농도 최대치는 석포면이 32.26으로 물야면 7.92의 약 4배이다. 혈액 중 카드뮴 농도 최대치는 석포면이 7.86으로 물야면 5.09보다 조금 높은 수준이다.

석포면의 카드뮴 농도 참고치 초과자 비율이 물야면의 3배 이상이고 농도 최대치에서도 차이가 난다는 것은 석포제련소로 인한 영향이 있었음을 의미한다. 또한 카드뮴 참고치 초과자 중에는 BUB/Cr, 심전도, 골밀도 등의 검사에서 이상 소견자가 다수 있다는 사실도 알 수 있다.

중금속 고농도와 제련소의 관련성 밝혀져

결과보고서에는 거리와 중금속 농도와의 관련성에 관한 내용도 있다. 그림16은 거리별 중금속 노출 수준을 나타낸다. 결과보고서에는 "거리별 중금속 노출 수준(제련소 근무력 보유자 제외)이 거리가 멀어질수록 인체 중금속 농도가 감소하는 관련성을 보이고 있다"고 설명되어 있다. 또한 2014년 환경안전건강연구소의 조사결과(거리별 토양 중 카드뮴 농도)와 한국환경공단의 측정결과(대기, 수질, 토양 중 중금속 농도)와 연관지어 "이론적으로 거리가 멀어질수록 오염원으로부터 그 영향이 감소하는 경향을 보이고, 생체지표 검사 결과와도 일관되게 관련성을 보이고 있다는 점에서 주목할 만하다"고 설명하고 있다.

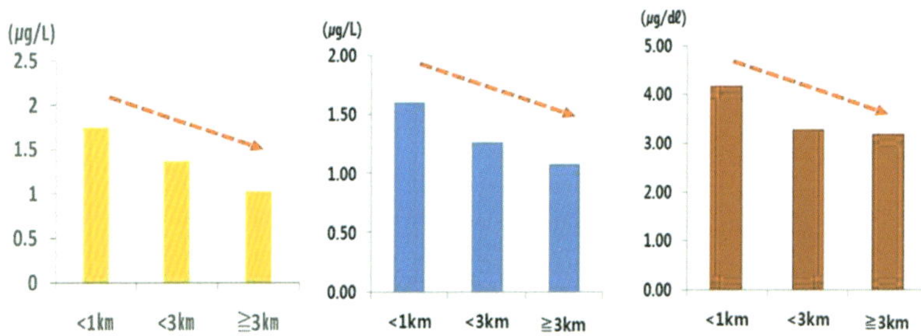

그림 16. 거리별 중금속 노출 수준(요중 카드뮴, 혈액 중 카드뮴, 혈액 중 납).

출처 : 위와 같음, 136p

결과보고서는 종합의견에서 석포면 주민의 중금속 농도가 높게 나타난 것은 제련소와 상관관계가 있다며 다음과 같이 결론 내리고 있다.

> 제련소 주변지역 주민에서 혈액과 소변 중의 카드뮴과 납 농도가 대조지역보다 높았고, 이는 우리나라 평균보다 높은 수준이었다. 또한 혈액과 소변 중의 중금속 농도는 제련소 근무력 유무와 주변지역 거주 여부에 따라 상관성이 있어, 제련소 주변지역 주민의 중금속 농도는 직업적인 요인과 환경적인 요인에 의해서 영향을 받고 있다는 것을 확인하였다.

하지만 결과보고서는 인체 중금속 수준이 타 조사보다 낮은 결과도 있고, 참고치 초과자 중 고연령층이 많아서 중금속 노출에 의한 특이 질병을 단정할 수는 없다는 의견도 밝히고 있다. 또한 참고치 초과 주민에 대한 사후관리(주기적 농도조사, 개인 노출 원인에 대한 정밀조사) 등이 필요하다는 제안을 하고 있다.

한편 첫 번째 조사결과가 발표되고 1년 뒤인 2017년 11월부터 두 번째 조사사업이 시작되었다. 첫 번째 조사에서 빠진 석포면 주민 40명과 소천면 주민 238명에 대한 건강영향조사 그리고 첫 번째 조사에서 나타난 이상 소견자에 대한 추적검사 등이 실시되었다. 조사결과는 2018년 7월 「제련소 주변지역 주민건강영향조사 사후관리」 보고서(이하 사후관리 결과보고서)로 제출되었다.

사후관리 결과보고서에서 눈에 띄는 사실을 살펴보면, 우선 추가로 검사한 석포면 주민 40명 중에서 중금속 고농도자가 3명 있으며, 3명 모두 제련소 근무경력이 있다는 사실이 확인된다.

표 44. 석포면 사후관리 대상자 관리 현황

분류	대상자	총합계	상담 완료
납 고농도자	29	22	15
납 고농도 및 신기능 이상자	6	4	3
카드뮴 고농도자	40	32	23
카드뮴 고농도 및 신기능이상자	20	13	11
카드뮴 및 납 고농도자	8	8	5
카드뮴, 납 고농도 및 신기능 이상자	2	2	1
신장기능이상자	133	97	57
총합계	238	178	115

출처 : 봉화군, 「제련소 주변지역 주민건강영향조사 사후관리」, 2018.7, 55p

다음으로 사후관리에 관한 내용을 보면, 표44에 나타나 있듯이 석포면의 사후관리 대상자는 총 238명이며, 그중 178명에 대한 추적검사와 115명에 대한 상담이 이루어졌다. 추적검사에서는 중금속 고농도자가 아닌 신장기능 이상자(단독) 133명 중에서 납 또는 카드뮴 고농도자 6명이 추가로 확인되었다.

지금까지 살펴본 두 차례의 조사 결과를 종합해 볼 때, 석포면 주민 중에서 중금속 고농도자가 다수 발생한 것은 석포제련소와 관련이 있으며, 또한 체내 중금속이 질병발생에도 일정하게 영향을 끼친 것으로 판단된다. 주민건강영향조사를 통해 드러난 이러한 사실은 그동안 잘 알려지지 않았던 주민 건강피해가 공식적으로 확인된 것이라 할 수 있다.

하지만 앞에서 살펴보았듯이 결과보고서에는 설명이 부족하거나 내용이 부실하게 작성된 부분이 있고, 질병의 정도나 질병과 중금속 농도와의 관련성 등도 세세하게 나타나 있지는 않다. 또한 두 차례의 건강영향조사 이후 사후관리가 계속되고 있는지, 계속되고 있다면 어떻게 진행되고 있는지도 확인되지 않는다.

석포면 주민의 건강을 보호하기 위해서는 중금속 고농도와 건강 이상이 확인된 주민에 대한 사후관리가 계속되어야 한다. 석포면 주민 전체를 대상으로 한 정기적인 건강검진도 이루어져야 한다. 중금속으로 인한 질병은 장기간에 걸쳐 나타날 수 있기 때문이다. 더 나아가 중금속 고농도가 석포제련소와 관련성이 있는 것으로 확인된 만큼 보다 엄밀한 조사를 통해 구체적인 책임규명이 이루어져야 할 것이다.

끊이지 않는 금강소나무의 수난

석포(石浦). '돌 석' 과 '개 포' 두 글자로 이루어진 이름은 석포가 돌과 내와 깊은 관련이 있음을 짐작케 한다. '포' 는 일반적으로 지류가 강이나 바다로 흘러 들어가는 곳을 의미한다. 고려 초기에는 해변과 강가에 위치해 수로교통의 요충지로 이용되었던 촌락을 '포' 라고 불렀다 한다.

석포의 옛 이름은 석개(石開)였다. 석개가 언제부터 석포로 바뀌어 불리게 되었는지는 확인되지 않는다. 석개천과 석포리천이 낙동강에 합류하는 곳에 있어서 석포라 불리게 된 것으로 추측된다. 고려 시대에 석포 마을이 형성되어 있었는지, 있었다면 수로교통의 요충지로서 역할을 했는지도 확인되지 않는다. 다만 조선시대와 일제강점기에 석포를 포함한 봉화 일대에서 벌채된 금강소나무가 뗏목으로 엮여 낙동강을 따라 운반되었다는 사실이 확인된다.

석포면 일대에 금강소나무 서식

금강소나무는 태백산맥 줄기를 타고 금강산에서부터 경북 봉화, 울진 등에 걸쳐 자라는 소나무를 말한다. 금강산(金剛山)의 이름을 따서 금강

봉화군 춘양면 서벽리에 있는 금강소나무 군락지. ⓒ 봉화군

소나무 또는 줄여서 금강송이나 강송으로 불린다. 속이 짙은 황색이어서 황장목(黃腸木), 껍질에 붉은 빛이 돌아서 적송(赤松), 금강소나무 집산지였던 봉화 춘양의 이름을 따서 춘양목(春陽木) 등으로도 불린다.

금강소나무는 보통 소나무와 달리 줄기가 굽지 않고 곧으며 마디가 길다. 결이 곱고 단단하여 켠 뒤에도 굽거나 트지 않고 잘 썩지도 않아 예로부터 최고의 목재로 인정받았다. 조선시대에는 임금의 관을 만드는데 사용되었고 일반인의 벌채가 금지되기도 했다.

현재 봉화군 소천면과 춘양면, 울진군 금강송면 등을 중심으로 금강소나무가 서식하고 있다. 춘양면 서벽리에 있는 금강소나무 숲은 궁궐이나 전통사찰과 같은 문화재의 보수복원용으로 사용하기 위해 '서벽 문화재용 목재생산림' 으로 지정되어 있다.

봉화군 소천면 고선계곡(구마계곡)의 금강소나무 군락. © 정종훈

영풍 석포제련소 주변을 포함한 석포면 일대에도 금강소나무가 서식하고 있다. 특히 석포면 대현리와 소천면 고선리에 걸쳐 있는 청옥산 일대에는 금강소나무 생태경영림이 조성되어 있다. 조선 말엽의 울창했던 금강소나무 숲을 복원해 100년 뒤 후손들이 아름드리 금강소나무를 볼 수 있게 하기 위해서이다.

영남의 소금길 낙동강 따라 금강소나무 뗏목으로 운반

육상교통이 발달하기 전 영남 내륙으로의 물자이동은 주로 낙동강을 통해 이루어졌다. 『한국 전근대 교통사』(고동환, 2015)에 따르면 1905년 경부선 철도가 개통되기 전 대부분의 화물운송은 낙동강 수운이 담당했다. 경부선 개통 이후에도 낙동강은 철도교통에서 소외된 지역을 연결하는 중요한 교통로로 기능했다.

낙동강을 통해 영남 내륙으로 운반된 대표적인 물품은 소금이었다. 강물이 불어나는 여름철이 되면 남해에서 생산된 소금과 해산물을 실은 소금배가 낙동강을 거슬러 안동의 개목나루(견항진 犬項津, 지금의 안동댐 야외민속촌 앞)까지 올라왔다.

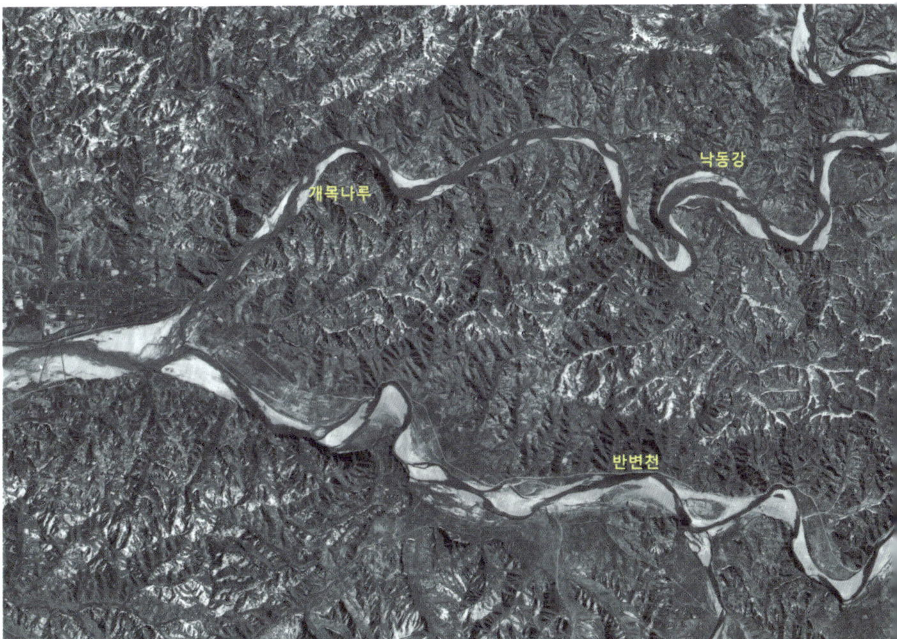

안동댐(1971년 공사가 시작되어 1976년 완공되었다)이 들어서기 전인 1969년 2월 낙동강. 지금의 안동댐 바로 아래에 있는 개목나루(견항진)까지 낙동강 소금배가 올라 왔다. ⓒ 국토지리정보원

소금배에 실려 온 소금이 동해안 영덕 지역에서 잡힌 고등어와 만나면서 안동 간고등어가 탄생했다. 생선은 상하기 직전에 나오는 효소가 맛을 좋게 한다고 한다. 태백산맥을 넘어 하루 넘게 이동한 고등어가 안동에 도착할 즈음이면 상하기 직전이 되는데, 그때 내장을 들어내고 소금을 넣음으로써 맛있는 간고등어가 만들어지게 되었다.

개목나루까지 올라와 소금을 내려놓은 배는 다시 쌀, 콩, 목재 따위를 싣고 되돌아갔다. 봉화 일대에서 벌채된 금강소나무는 뗏목으로 낙동강을 따라 운반되어 안동 등지에서 거래가 이루어졌다고 한다.

2020년 4월 안동댐 안동루에서 바라본 낙동강. 맨 앞쪽에 보이는 영락교와 그 다음 월영교 사이 왼편에 개목나루가 있었다. ⓒ 손영호

일제강점기 금강소나무 무차별 약탈

봉화의 금강소나무는 일제강점기에 많이 벌채되었다. 특히 산악지대에 도로가 놓이면서 금강소나무의 수난은 심해졌다. 1935년 일본의 재벌기업 미쓰비시(三稜)가 소천면 대현리(지금의 석포면 대현리)에 있는 아연광산을 매수하여 '三菱蓮花鑛山(미쓰비시연화광산)' 이라는 간판을 내걸었을 때, 〈동아일보〉(1935.5.9.)는 소천이 비약적 발전을 보게 되었다며 다음과 같이 보도했다.

> 봉울도로(봉화-울진 간 도로)가 소천 광비까지 개통되고, 무진장의 처녀림이 울창한 산속까지 임산도로가 준공되자, 유명한 태백산 목재가 여름의 물을 이용하여 낙동강 상류에서 떼(뗏목)를 만들어 운반하던 것도 옛일이 되고, 매일 수십여 대의 화물차로 운반을 하게 되어 ...

도로가 놓이기 전 봉화 일대에서 벌채된 금강소나무는 석포면과 소천면의 낙동강변에서 뗏목으로 띄어진 것으로 추측된다. 청량산 인근에 있는 명호면 풍호리의 비나리(비진, 飛津) 나루에서도 뗏목으로 만들어진 금강소나무가 강을 따라 하류로 보내졌다고 한다.

중일전쟁(1937), 태평양전쟁(1941)으로 이어지는 일제강점기 말에는 일제에 의한 금강소나무 약탈이 극심했다. 1937년 일제는 임업개발을 목적으로 조선총독의 감독을 받는 조선임업개발주식회사를 설립했다. 금강소나무 군락지였던 소천면 고선계곡에 조선임업개발주식회사 주재소가 있었고 주재소의 감시 하에 금강소나무가 벌채되었다.

봉화군 소천면 고선계곡에 있는 비석. "역사 속으로 사라져간 금강소나무의 눈물이 담긴 조선임업개발주식회사 주재소 터"라는 제목의 비석에는 일제강점기 금강소나무의 약탈에 관한 기록이 새겨져 있다. ⓒ 정종훈

현재 주재소 터에는 역사 속으로 사라져간 금강소나무의 눈물을 기록한 비석이 세워져 있다. 비석에는 어린 시절 아무것도 모른 채 주재소의 급사로 일을 한 안세기 옹의 증언이 새겨져 있다. 증언에 따르면 일제는 일본인 주임의 감독 하에 조선인 약 300명을 동원해 고선계곡 일대의 금강소나무를 무차별로 약탈했다.

일제는 벌목한 금강소나무를 산 아래로 옮겨가 껍질을 벗기고 1년간 말린 뒤 영주역으로 운반했고, 그곳에서 기차로 부산까지 실어가 일본으로 가져갔다. 약탈당한 금강소나무는 군함과 같은 전쟁무기를 만드는 데 주로 사용되었다.

당시 잘라낸 금강소나무 중 긴 것은 10.3m에 이르고 밑동이 큰 것은 직경이 2m나 되었다. 어른이 두 손으로 감싸도 잡히지 않을 정도의 아름드리 소나무들이 다 베어졌다. 지금 있는 소나무들은 1960년대 이후에 심은 것이라고 한다.

육송정삼거리 금강소나무 경복궁 중건 때 베어져

석포의 관문이자 영남의 낙동강이 시작되는 육송정삼거리에 있던 여섯 그루의 아름드리 금강소나무도 조선 말기 경복궁 중건을 위해 베어져 낙동강 뗏목으로 운반되었다고 전해진다. 소나무가 있던 자리에는

영풍제련소 시민탐방단이 육송정삼거리에 있는 정자에 모여 있다. 나그네의 휴식공간으로 이용되는 정자 안쪽에는 육송정의 유래를 적은 현판이 걸려 있다. ⓒ 영풍제련소시민탐방단

현재 육각형 정자가 들어서 있는데, 1985년에 지어진 정자 안에는 육송정의 유래를 적은 현판이 걸려 있다.

> 옛날 이곳 삼거리에 소나무 여섯 그루가 있어 육송정이라 하였는데 조선조 말엽 경복궁 중수 시 이 여섯 그루를 베어 낙동강 뗏목으로 운반, 기둥으로 사용하였다고 전해오고 있다.

조선 말기 경복궁 중건은 흥선대원군에 의해 이루어졌다. 흥선대원군은 아들 고종이 왕위에 오르자 임진왜란 후 추락한 왕실의 권위를 회복하기 위해 여러 가지 개혁을 실시했다. 그중 가장 상징적인 사업이 임진왜란 때 불탄 경복궁의 중건이었다.

1865년 공사가 시작되었는데 이듬해 뜻하지 않은 화재가 발생하여 마련해 놓은 재목들이 전부 불타버렸고, 새로 목재를 마련하기 위해 양반들의 선산이나 마을 성황당의 나무까지도 베어냈다고 한다. 그때 육송정의 소나무도 베어진 것으로 추측된다.

석포제련소 부근 금강소나무 집단고사

석포제련소 부근에도 금강소나무가 군락을 이루고 있다. 1970년 석포제련소가 들어선 이후 대기오염물질, 중금속 분진 등으로 인해 금강소나무는 수난을 겪어 왔다. 특히 2006년 아연 잔재를 처리하는 TSL 공장이 가동되면서 제련소 주변의 산림훼손이 심해졌다.

환경부의 『석포제련소 주변지역 환경영향조사』(2016.12)에 따르면, 훼손이 심한 1공장 부근의 식생을 조사한 결과 식생훼손지가 21.4%로 나타났다. 그 외 굴참나무군락이 39.2%, 소나무군락이 38.4%를 차지하

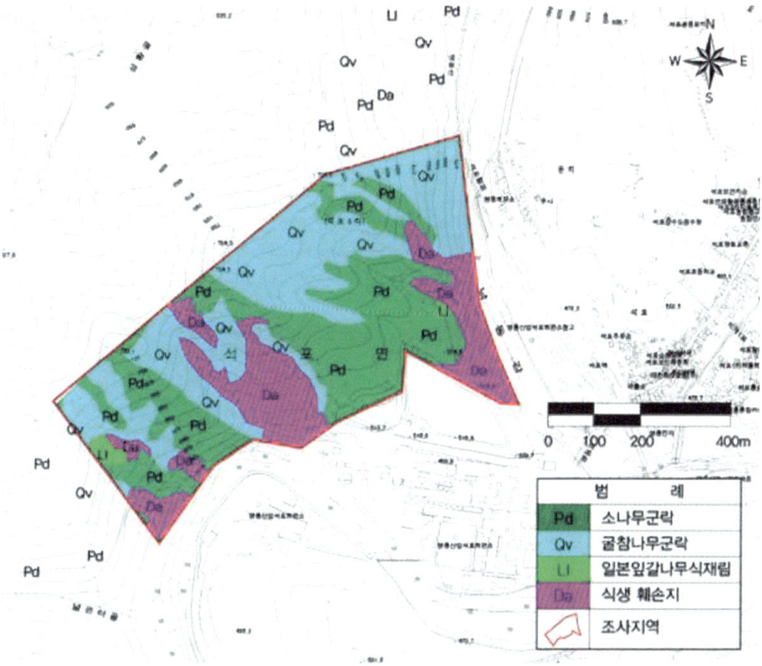

환경부가 조사한 석포제련소 1공장 부근의 식생훼손지와 식생분포. 출처 : 환경부, 『석포제련소의 주변지역 환경영향조사』, 2016.12

고 있는 것으로 조사되었다.

식생훼손지에서는 소나무의 피해가 많았는데, 소나무 전량이 고사한 지역도 있었다. 소나무의 피해가 심한 것은 침엽수가 활엽수에 비해 대기오염 등의 스트레스에 내성이 약하기 때문이었다. 훼손지에서는 소나무뿐만 아니라 모든 나무와 풀이 심각한 스트레스를 받고 있는 것으로 조사되었다.

산림훼손이 문제가 되자 영풍 측은 산불이나 병해충이 원인일 것이라고 주장하기도 했다. 하지만 산불은 산림고사의 원인이 아니었다. 산불이 발생하고 4년이 지나도 초본이나 관목의 형성이 매우 미약하고 생태계가 거의 회복되지 않고 있었다.

병해충도 산림고사의 원인으로 보기 어렵다. 「봉화통계연보」의 산림병해충 발생현황을 보면, 석포면의 경우 2008년에 81ha의 솔잎혹파리 피해가 발생해서 47.7ha에 방제를 한 것을 제외하고는, 그 이후 2017년까지 솔잎혹파리, 솔껍질깍지벌레, 소나무재선충, 솔나방 등 침엽수의 병해충뿐만 아니라 활엽수의 병해충도 발생하지 않은 것으로 나타나 있다.

금강소나무는 석포의 미래

2018년 6월 석포제련소 1공장 부근. 금강소나무를 비롯한 나무들이 집단 고사하고 토양과 암석이 유실되고 있다. ⓒ 정수근

전체 면적에서 임야가 82.43%나 되는 봉화에는 산림자원이 풍부하며 그 중 절반 이상이 침엽수이다. 봉화군의 임상별 산림면적(ha)을 보면 (2017년 12월 말 기준) 침엽수가 53.2%이고, 나머지는 활엽수 19.8%, 혼효림 25.4%이다. 임목축적량(㎥)으로 따지면 침엽수 비중은 58.0%로 더 높아진다. 봉화의 침엽수 비중은 경상북도 전체에 비해 10% 가량 더 높고, 우리나라 전체와 비교해서는 15%가량 더 높다.

금강소나무(춘양목)는 봉화의 군목(郡木)이다. 뒤틀림이 없는 곧은 나무여서 군민의 힘찬 기상과 인내성을 상징한다고 한다. 금강소나무가 많은 봉화에는 송이버섯도 많다. 소나무 잔뿌리에서 자라는 송이(松栮)는 봉화의 특산물이다. 봉화군 산림의 절반 정도에서 생산되는 송이는 봉화 농가의 중요한 소득원이기도 하다.

곧고 단단해서 최고의 목재로 쓰이는 금강소나무는 역사 속에서 많은 수난을 겪었다. 조선시대에는 권력자의 정치적 야욕에 의해, 일제강점기에는 제국주의 수탈에 의해 무참히 베어졌다. 이후 산업화 과정에서 오지 중의 오지였던 석포 산골짜기에 영풍의 아연제련소가 들어서면서 주변의 금강소나무가 집단 고사하고 있다.

오늘날 전 세계가 기후위기와 생태계 위기로 몸살을 앓고 있다. 코로나19의 발생도 무분별한 생태계 파괴로 자연에 있던 바이러스가 인간에게 옮겨오게 된 것이라고 생태학자들은 말한다. 생태계 보존이 그 어느 때보다도 절실히 필요한 시대에 우리는 살고 있다.

50년 전에 들어선 영풍의 아연제련소가 석포의 미래를 보장해 줄 수 있을까? 석포제련소가 들어선 이후 하천과 토양이 중금속에 오염되고 식생이 파괴되고 있다. 기업은 성장하고 경제는 발전했지만 주변 생태계는 희생되었다. 미래세대에게 이처럼 파괴된 자연환경을 물려줄 수는 없다.

영풍 석포제련소 문제의 해결방안을 찾아야 한다. 여러 이해관계가 복잡하게 얽혀 있어서 해답을 찾는 것이 쉬운 일은 아니다. 석포제련소가 문을 닫으면 제련소에서 일하는 노동자와 마을 주민이 당장 생계 곤란을 겪을 수 있다.

어려움이 있더라도 문제해결의 기본방향은 석포의 자연환경을 더 이상 파괴하지 않고 훼손된 생태계를 복원하는 것이어야 한다. 오염원인자인 영풍과 관리감독 소홀의 책임이 있는 정부가 공동으로 부담을 지고 노동자와 마을주민, 지역주민이 지혜를 모은다면 자연환경도 살리고 생계도 해결하는 방법을 찾을 수 있을 것이다.

석포는 대대로 금강소나무가 잘 자라는 곳이다. 토착식물인 금강소나무가 건강하게 자랄 수 있는 자연환경과 생태적으로 지속가능한 마을을 만드는 것이 석포를 석포답게 만드는 가장 좋은 방법일 것이다. 석포의 기후와 토양 조건에 적합한 금강소나무를 잘 가꾸고 활용한다면 석포의 미래는 밝을 것이다. 끊이지 않는 금강소나무의 수난, 이제는 멈추어야 한다. (2020.05.10)

산골 속의 공장촌으로 변한 석포마을

석포면에 언제부터 사람이 살기 시작했는지는 확인되지 않는다. 600여 년 전 나래기마을에 경주 김씨 40여 가구가 화전(火田)을 일구어 감자, 콩, 옥수수 등을 재배했다는 기록이 있다. 석포면에서 가장 오래된 마을인 것으로 추정되는 나래기에는 현재 10여 가구가 고랭지 채소와 당귀 등을 재배하고 있다.

석포면에서 가장 큰 마을이자 면 소재지가 있는 석포마을에 언제부터 사람이 살기 시작했는지도 확인되지 않는다. 봉화군 홈페이지에는 1800년경 낙동강변 산중턱에 '둔지' 라 불리는 마을이 형성되었다는 설명이 있다.

> 산중턱에 위치한, 토지가 넓고 평평하여 그곳에 올라서면 낙동강물의 흐름이 보이고 뒷산은 누워있는 듯이 아늑하다. 1800년 초 마을을 이루어 농사를 짓기 시작할 때 비옥한 토지로 유명했고, 평평한 지대가 마을을 짊어지고 가는 듯한 든든함이 있다 하여 둔지라고 붙여졌다.

1968년 3월 석포마을. 1800년경 낙동강변 '둔지'에 마을이 형성되어 농사가 시작된 것으로 전해진다. 석포제련소가 들어서기 전 석포리천과 석개천 주변의 농지는 대부분 다락논이었고 석포면의 벼 재배 대부분이 그곳에서 이루어졌다. ⓒ 국토지리정보원

광산, 제련소가 들어서면서 석포면 새로 생겨

석포는 도시에서 멀리 떨어진 내륙의 깊숙한 벽지에 위치해 있어서 오랫동안 독립된 행정구역을 형성하지 못했다. 본래 안동군 소천면에 속해 있었던 석포는 1906년 봉화군 소천면에 편입되었다.

석포에서 면 소재지까지 거리가 멀어 주민 불편이 커지자, 1963년 석포 1 · 2리와 대현리, 승부리 등 4개 리를 관할구역으로 하는 석포출장소가 설치되었다. 석포리가 본래 큰 마을인 데다 1961년 영풍이 대현리 연화광산을 개발하면서 인구가 증가한 것이 석포출장소의 설치 배경이었

던 것으로 보인다.

1970년 석포의 낙동강변에 영풍 석포제련소 1공장과 동화지단(동화티타늄, 지금의 석포제련소 2공장에 위치)이 들어서면서 마을 규모는 더욱 커졌다. 1983년 석포출장소는 석포면으로 승격되었고, 석포면의 행정리는 석포 1·2·3·4리와 대현 1·2·3리, 승부리 등 8개로 늘어났다.

1993년 연화광산이 휴광하고 광산노동자가 빠져나가면서 대현리의 인구가 크게 줄어들었다. 2000년 대현 1·2·3리가 대현 1·2리로 통합 개편되었고, 현재 석포면에는 석포 1·2·3·4리, 대현 1·2리, 승부리 등 7개의 행정리와 21개의 자연부락이 있다.

산업화에 따른 이농으로 봉화 인구 감소

연도	세대수	인구
1930	13,294	70,726
1941	16,606	89,680
1945	18,032	97,751
1950	17,713	83,390
1960	20,007	106,361
1968	21,163	121,063
1970	21,714	116,642
1980	19,049	97,555
1990	16,498	58,177
2000	15,151	42,938
2010	15,843	34,810
2017	16,583	33,561

봉화군 인구. 출처 : 『봉화군지』(1978), 『봉화통계연보』

봉화는 산이 높고 골이 깊은데다 교통이 불편해 인적이 드문 오지였고 오랫동안 작은 고을이었다. 1907년에 발간된 장지연의 『대한신지지(大韓新地誌)』에 따르면, 봉화에 818가구가 있었는데 전국에서 일곱 번째로 작은 것이었다.

봉화의 인구는 일제 강점기와 해방 후 증가하다 한국전쟁을 전후해서 다소 감소했고, 그 뒤 다시 증가하다 1960년대 말을 기점으로 감소세로 돌아섰다. 1930년 7만여 명이던 인구는 1968년 12만1천여 명으로 정점에 이르렀다가 그 뒤 계속 감소하였다. 2017년 봉화의 인구는 3만3천여 명으로 1968년의 28% 수준이다.

세대수 변화를 살펴보면, 2000년대 중반 이전에는 인구 변화 추이와 비슷하게 증가하다 감소했고 그 이후에는 조금씩 증가하고 있다. 2000년대 이후 세대수 증가는 귀농귀촌 인구의 증가 등에 따른 결과로 보인다. 세대별 인구는 1968년 5.7명에까지 이르렀다가 그 뒤 계속 감소하여 2017년에는 2.0명으로 줄어들었다.

1960년대 이후 봉화의 인구 감소는 우리나라 농촌에서 일반적으로 나타난 현상이다. 박정희 정권하에서 근대화, 산업화가 본격적으로 추진되면서 농촌 인구가 도시로 이동하는 이촌향도(離村向都) 현상이 나타났고 그로 인해 농촌에서는 공동화(空洞化)와 고령화 현상이 나타났다.

농촌공동화가 초래한 결과 중의 하나는 5일장의 변화이다. 석포리, 대현리, 승부리가 소천면에 속해 있었던 1970년대에는 소천면의 인구가 봉화면(지금의 봉화읍)의 인구보다 많았다. 당시 봉화의 9개 면 모두에서 5일장이 열렸고, 소천면 내에서는 석포리, 임기리, 분천리에까지 공설시장이 설치되었다. 인구가 4분의 1 수준으로 줄어든 현재 봉화군의 5일장은 봉화상설시장(2일, 7일)과 억지춘양시장(4일, 9일) 두 개뿐이다.

제련소가 있는 석포리 인구 감소 적어

석포면	1976년		1983년		2017년	
	세대	인구	세대	인구	세대	인구
석포1리	248	1,224	280	1,320	458	1,094
석포2리	309	1,474	189	822	197	348
석포3리	328	1,207	148	735	96	179
석포4리	271	1,497	261	1,133	130	209
석포리	1,156	5,402	878	4,010	881	1,830
대현1리	253	1,332	177	822	54	105
대현2리	240	1,213	169	785	96	195
대현3리	350	1,731	239	1,153		
대현리	843	4,276	585	2,760	150	300
승부리	76	457	87	454	48	85
석포면	2,075	10,135	1,550	7,225	1,079	2,251

석포면 리별 세대수와 인구. 1976년 이전에는 리별 인구 통계가 작성되지 않은 것으로 보인다. 출처 : 『봉화군지』(1978), 『봉화통계연보』

석포면 인구를 살펴보면, 2017년 말 기준으로 1,079세대 2,251명이다. 봉화군 10개 읍면 중 세대수로는 재산면, 상운면에 이어 세 번째로 작고, 인구수로는 재산면, 상운면, 법전면에 이어 네 번째로 작다. 석포면의 인구는 1976년 1만여 명에서 2017년 2,200여 명(1976년의 22%)으로 감소했다.

석포면의 리별 인구를 살펴보면, 석포리 인구가 881세대 1,830명으로 석포면 인구의 대부분(81.3%)을 차지하고 있다. 세 개 리의 인구는 모두

대현리 연화광산 부근에 있는 월암아파트. 연화광업소 사원아파트로 1989년에 건설되었다. 광산 주변 사택에 살던 광부들이 아파트로 이주했으나 불과 4년 뒤인 1993년 연화광산이 휴광하면서 이곳은 폐허가 되었다. 나무나 시멘트블록 등으로 만들어진 사택도 대부분 사라졌다. ⓒ 손영호

감소했는데, 그중 가장 많이 감소한 곳은 대현리이다. 1976년 4천여 명에서 2017년 300명(1976년의 7%)으로 크게 감소했다. 연화광산이 폐광하면서 광산노동자가 대거 떠난 것이 주요 원인이었던 것으로 보인다.

인구감소가 가장 적은 곳은 석포리이다. 1976년 5,400여 명이던 인구가 2017년 1,800여 명(1976년의 34%)으로 감소했다. 석포제련소의 성장으로 고용 인원이 늘어나면서 인구감소가 상대적으로 적었던 것으로 보인다.

석포리 내에서도 석포1리와 나머지 2 · 3 · 4리 사이에 큰 차이가 있다. 석포 2 · 3 · 4리의 인구는 1976년의 14~24% 수준으로 크게 감소했으나

석포1리의 인구는 1976년의 90% 수준이 유지되고 있다. 세대수에 있어서도 석포 2·3·4리는 감소했으나 석포1리는 1976년 248세대에서 2017년 458세대로 오히려 두 배 수준으로 증가했다.

석포1리의 인구감소가 적은 것은 석포리천을 따라 15개 동의 석포제련소 사원아파트가 들어섰기 때문이다. 산업화에 따른 이농과 연화광산의 폐광으로 석포면 전체 인구는 크게 감소했지만, 석포제련소 고용 인원으로 인해 석포1리의 세대수가 두 배로 증가하는 기현상이 나타난 것이다.

영풍이 발간한 『(주)영풍 석포제련소 통합환경영향조사 및 환경개선계획』(2017.8)에 따르면 석포제련소에 고용된 인원은 730명이다.("근무

2018년 10월 석포마을. 석포1리에 속하는 석포리천을 따라 4~5층짜리 석포제련소 사원아파트 15개 동이 들어서 있다. 1970년 석포제련소가 가동되면서 논이었던 곳에 사택 등이 들어섰고, 1980년대부터는 사원아파트로 바뀌기 시작했다. ⓒ 구글어스

인원 380명, 협력사 직원 250명, 현장노동자 100명") 이는 석포리 인구의 40%, 석포면 인구의 32%에 해당한다.*

석포제련소에 고용된 노동자와 그 가족 외에도, 석포마을에서 식당이나 자영업을 하는 상점들이 제련소에서 일하는 사람들을 주고객으로 하고 있다는 점을 고려하면, 석포제련소가 마을주민의 생계에 미치는 영향력은 상당할 것으로 짐작된다.

작은 공장촌이 된 석포, 농업기반은 훼손돼

석포의 인구변화 특징은 농업인구의 구성에도 반영되었다. 봉화군에서 농가세대 비중이 가장 낮은 곳이 석포면이다. 2015년 기준으로 봉화군 전체 세대에서 농가가 35.9%(5,896세대)인데 석포면의 농가는 15.3%(163세대)에 불과하다. 논밭이 있던 자리에 석포제련소와 사원아파트가 들어서면서 농사를 짓던 주민들이 이사를 가거나 업종 전환을 한 것으로 보인다.

석포제련소 가동 이후 농사가 어려워 주민이 떠나고 제련소 공장이 추가로 들어서기도 했다. 지금의 석포제련소 3공장(굴티공장) 부지는 원래 15가구가 넘게 사는 굴티(굴현)마을이었다. 주민들은 "이 일대에는 벌이나 나비도 없어서 과일 농사도 안 된다"(〈내일신문〉 2000.5.10.)거나 "심하게 나쁠 때는 소나무가 빨갛게 탓고요, 풀도 다 죽고", "나무가 다 죽어버리니까 농사야 할 말 있어요?"(MBC시사매거진2580 제423회 '죽음

* 태백에서 출퇴근하는 사람도 많아서 비중은 더 줄어들 것으로 보인다. 또한 2019년 영풍 사업보고서에는 임원 26명, 직원 667명, 소속 외 근로자(협력업체) 505명으로 되어 있는데, 서울 본사 등 영풍에 소속된 모든 인원이 포함된 것으로 보인다.

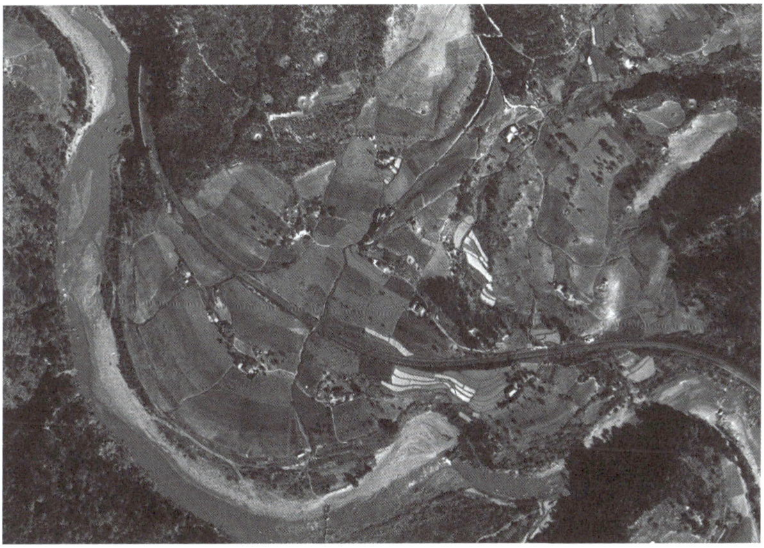

1968년 3월 굴티마을. 대부분 밭이고 다락논이 일부 있는 것으로 보인다. 마을 가운데 논밭 사이로 영동선이 지난다. ⓒ 국토지리정보원

2018년 11월 굴티공장(석포제련소 3공장). 공장 뒷산에 고사한 나무들이 버려져 있다. 굴티마을 주민이 떠난 자리에 3공장이 들어섰다. ⓒ 장영식

의 그림자', 2003.2.16.)라며 어려움을 호소했다. 결국 굴티마을 주민 대부분은 땅과 집을 영풍에 팔고 고향을 떠났으며 2005년 그 자리에 석포제련소 3공장이 들어섰다.

석포제련소의 건설과 확대는 석포에서의 농지 축소와 농업인구 감소를 가속화시켰다. 석포마을은 산골 속의 작은 공장촌으로 변했고, 자연의 순리에 따라 농사를 지으며 살던 주민의 삶도 제련소에 의존하는 방향으로 바뀌어 갔다. 더 나아가 제련소 부지와 주변 땅이 중금속에 오염됨으로써 석포의 농업기반과 생태적 지속가능성이 훼손되는 결과가 초래되었다.

이런 현상을 어떻게 볼 것인가? 산골마을 석포에서 농업인구가 감소하고 제련소 노동자가 늘어나는 것이 바람직한 현상인가? 천혜의 자연환경이 파괴되는 것을 감수하며 제련소에 의존하는 삶이 질적으로 나아진 것이라 할 수 있는가? (2020.05.25)

산채와 고랭지 채소의 고장 석포

임야가 5분의 4인 봉화의 땅은 돌이 많고 척박하다. 특히 임야가 94%나 되는 석포면은 농사를 짓기에 매우 열악한 조건에 처해 있다. 일반적으로 돌이 많은 땅은 경작이 어렵다. 반면 산으로 둘러싸여 일조량이 부족한 단점을 돌의 보온 효과가 보완하기도 한다.

봉화에서는 씨를 뿌리고 김만 매었다가 결실이 되면 거두어들이는 원시농업이 오랫동안 답습되었다. 현대에 와서 저수지와 같은 수리시설이 설치되어 전천후 농업이 가능하게 되었지만 석포면에만 유일하게 수리시설과 수리답이 없다.

석포에는 임야가 많은 만큼 경지가 적다. 2017년 말 기준으로 봉화군 전체에서 논이 3.6%, 밭이 7.3%인 반면 석포면에는 논이 0.04%(6만㎡), 밭이 2.7%(399만㎡)에 불과하다. 통계에는 매우 적으나마 논이 있는 것으로 되어 있지만 벼가 재배되지는 않는다. 1980년대 중반 석포면에서도 12ha의 논에서 벼가 재배되어 48톤의 쌀이 생산되었으나 그 뒤 서서히 감소하였고 2015년부터는 쌀 생산이 중단된 것으로 나타나 있다.

석포에서의 벼 재배는 대부분 석포리천과 석개천 주변의 다락논에서 이루어졌다. 산악지대에 위치해 수리답이 불가능한 석포이지만 그나마 벼 재배가 가능했던 곳은 두 개의 하천 주변에 형성된 석포리의 작은 평야와 낙동강가의 일부 땅이었다. 벼가 많이 재배되던 시절 석포마을은 '참나무 장작불로 이밥 해먹는 동네' 라 불리기도 했다.

고랭지 작물 많이 재배되고 산채도 자생

해발 500m 내외 또는 그 이상 되는 곳에 위치한 석포의 밭에서는 (준)고랭지 작물이 많이 재배된다. 2017년 봉화군 잡곡의 40%가 석포에서 생산되었는데, 대부분 옥수수(180톤)였다. 서류와 두류도 봉화군 전체

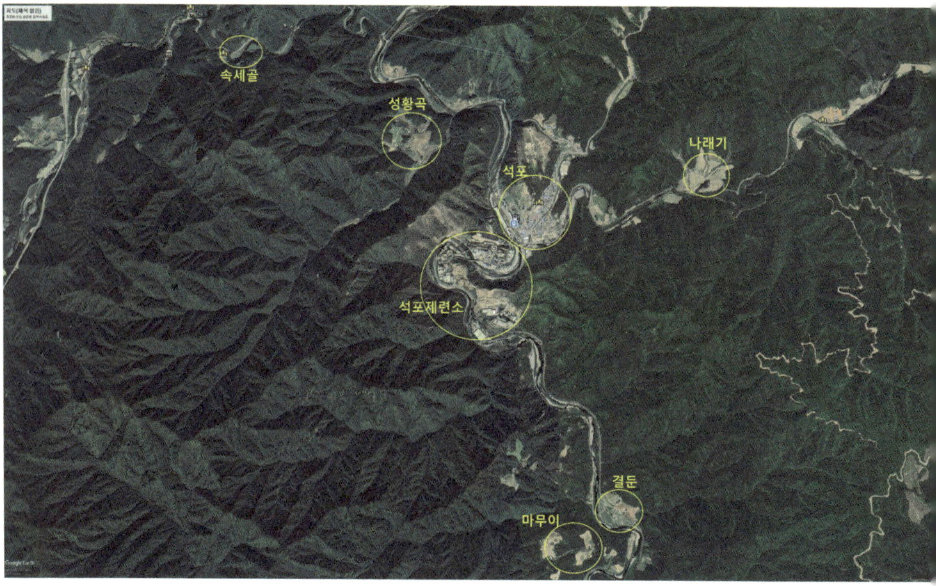

석포제련소 주변에는 석포마을 외에도 고랭지 작물이나 약초, 과일 등을 재배하는 마을이 있다. 나래기, 성황곡(성황골), 속세골, 결둔, 마무이 등이 그런 마을이다. ⓒ 구글어스

생산량의 9% 정도 되었는데, 서류의 대부분은 감자이며 두류의 주요 작물은 팥이다.

석포에서 가장 많이 재배되는 작물은 고랭지 채소이다. 특히 배추, 양배추, 무의 생산량이 많다. 2017년 석포면의 배추 생산량은 9,500여 톤으로 봉화군 전체 생산량의 45%를 차지했다. 양배추는 270톤으로 봉화군 전체 생산량의 68%, 무는 1천여 톤으로 봉화군 전체 생산량의 29%를 차지했다.

석포에는 약용식물이 재배되고 산나물도 자생한다. 봉화군청 홈페이지에 따르면, 석포1리의 나래기마을, 승부리의 결둔과 승부 마을 등에서는 당귀와 같은 약용식물이 재배되며, 반야와 샘터 마을 주변에는 두릅, 더덕 같은 산채(산나물)도 자생한다. 약용식물이나 산나물에 관한 읍면별 통계자료가 없어서 석포면의 생산량을 알 수는 없지만, 봉화군 전체 생산현황을 통해 어떤 작물이 재배되는지 간접적으로나마 유추해 볼 수 있다.

산림청이 발간한 『2018 임산물 생산조사』(2019.8)에 따르면, 2018년 봉화군의 임산물 생산액은 약 155억 원이다. 주요 임산물(작물)을 살펴보면, 약용식물은 당귀(38억원), 천궁(20억원), 오미자(16억원), 오갈피(8억원), 산양삼(6억원), 하수오(3억원), 마(2억원) 등이고, 산나물은 도라지(13억원), 고사리(3억원), 취나물(2억원), 두릅(6천만원) 등이다. 그 외 장작(14억원), 생표고(6억원), 송이(6억원) 등도 많이 생산되었다.

봉화의 당귀와 천궁 생산량은 전국에서 두 번째로 많다. 당귀는 전국 생산량의 17%, 천궁은 6%를 차지했다. 봉화에서 재배된 당귀와 천궁은 품질이 우수한 것으로 평가받는다고 한다. 상대적으로 많이 알려진 송이는 전국 생산량의 2%를 넘지 않는 것으로 조사되었다.

석포면의 농작물과 임산물 생산 현황을 종합해보면, 고랭지 채소가 많이 재배되고, 약용식물과 산나물은 생산은 되지만 비중이 높지는 않은 것으로 보인다. 산채가 자생하고 고랭지 채소가 많이 재배된다는 점에서 산채와 고랭지 채소의 고장이라는 석포의 이미지는 유지되고 있는 것으로 보인다.

농가소득 저하되고 제련소 의존도 높아가

광산과 제련소가 들어서기 전 석포는 산골 마을이었다. 외지에서 난(難)을 피해 들어온 사람들이 화전을 일구거나 내와 강 주변에 논밭을 일구었다. 산이 험하고 땅이 척박해서 삶은 고달팠을 것이다.

석포제련소 1공장 뒷산 너머에 있는 성황곡(성황골) 마을. 10여 가구가 배추, 무, 대추 등을 재배해서 높은 소득을 올리고 있다고 한다. ⓒ 다음지도

하지만 주민들은 자신의 처지를 숙명으로 여기고 자연에 순응하며 살았을 것이다. 아침에 일어나면 천기(天氣)를 살피고, 맑은 공기와 깨끗한 물이 당연하듯이 문명의 이기(利器)가 없는 불편함이나 고된 농사도 당연하게 여겼을 것이다. 가뭄이 들거나 물난리가 나도 땅의 정직함을 믿고 묵묵히 견뎠을 것이며, 자연의 섭리를 잘 알기에 유순했고 가난의 아픔을 함께 나누었기에 순박했을 것이다. 살림이 어려워도 들에서 밥 먹을 때는 "고시네"(고수레의 경북 방언)를 하고 길손에게는 밥 한 상을 대접하며 정을 나누었을 것이다.

박정희 정부 시절 광산과 제련소가 들어서면서 석포는 변해갔다. 자연 법칙에 순응하며 살던 주민들의 삶도 변해갔을 것이다. 하지만 산업화 초기 석포 주민의 영풍 의존도는 높지 않았던 것으로 보인다. 1978년에 발간된 『봉화군지』는 소천면 주민들의 생활을 다음과 같이 기록하고 있다.(당시 석포리는 소천면에 속해 있었다)

> 본 면 관내에는 연화광업소, 영풍제련소와 옥방광산, 장군광산, 동화지탄 공업주식회사 공장이 유치 건설되어 지방 실업자의 고용증대가 이루어지고 있다. 지방이 산간지대에 위치한 관계로 특용작물과 고랭지 채소 재배가 성행하여 수도작 농촌 지역보다 오히려 많은 소득을 올리고 있어 호당 140만 원 소득이 앞당겨 실현되어 가고 있는 실정에 있다.

석포에 광산과 제련소가 들어서면서 실업자의 고용증대가 있었지만, 농사짓는 주민들은 특용작물과 고랭지 채소 재배를 통해 높은 소득을 올리고 있었음을 알 수 있다. 하지만 이후 제조업 위주의 산업화 정책과 외국 농산물의 수입 등에 따른 농가소득 저하가 계속되면서 석포의 농업은 축소되었다. 제련소 시설이 확대되고 고용 인원이 늘어나면서 석포의 제련소 의존도도 높아갔다.

석포의 미래상 과거에서 찾아야

사람은 자연 없이는 살 수 없다. 맑은 물과 깨끗한 공기를 마시고 오염되지 않은 농산물을 먹는 것은 인간에게 가장 큰 행복일 것이다. 하지만 오늘날 전 지구적인 기후위기와 생태계 위기로 인간의 생존은 점점 더 위협받고 있다.

앞으로 코로나19와 같은 전염병이 더욱 자주 발생할 것이라고 한다. 전염병이 심해져 물자의 국가 간 거래가 제한되면, 식량자급률이 낮은 우리나라는 어려움에 처할 것이다.* 농업 인구가 늘어나고 농사가 안정적으로 이루어질 수 있도록 농민기본소득과 같은 제도적인 밑받침이 절실히 필요하다.

산업화로 농촌이 붕괴되는 속에서 석포마을은 산골 속의 작은 도시로 남았지만 상처를 많이 입었다. 석포의 낙동강은 식수는커녕 농업용수로도 사용하기 어렵고 물고기와 저서생물이 살 수 없는 상태이다. 제련소 주변에서는 오염물질의 배출로 농사가 지장을 받으며 산림이 고사하고 생태계가 파괴되고 있다.

석포의 주인은 산이요 자연이다. 영풍의 광산과 제련소로 인해 훼손되기는 했지만 석포의 자연이 주인의 지위를 잃은 것은 아니다. 석포가 가진 자연환경은 하늘이 준 선물이다. 석포의 풍부한 산림자원을 활용하고 석포의 기후와 토양조건에 적합한 농업을 육성한다면 석포의 미래는 달라질 것이다.

석포의 미래상은 과거에서 찾아야 한다. 50년 전, 100년 전의 모습으로

---

* 2019년 기준으로 우리나라의 식량자급률은 45.2%, 가축사료를 포함한 곡물자급률은 21.7%이다.

석포의 관문 육송정삼거리에 있는 석포리 표지석. 왼쪽에 보이는 대현교 아래로 낙동강이 흐르고 있다. 다리를 건너 오른쪽으로 강을 따라 4km쯤 내려가면 영풍 석포제련소가 나타난다. ⓒ 정수근

되돌아갈 수는 없지만 과거 삶의 양식을 미래 삶의 방향으로 삼을 수는 있다. 석포리 표지석에 새겨져 있는 "산채 및 고랭지 채소 생산의 고장"이라는 문구가 석포의 방향을 제시하고 있지 않은가.

영풍 석포제련소로 인해 발생된 환경오염 문제를 해결하고 석포의 미래를 다시 설계하는 것은 쉬운 일이 아니다. 영남의 낙동강이 시작되는 석포에 사는 주민과 낙동강 수계에 사는 영남의 주민이 함께 뜻을 모아 그 길을 열어가야 할 것이다. (2020.05.25)

일제강점기 미쓰비시 연화광산

영풍문고로 널리 알려진 영풍그룹은 재벌순위 28위의 기업집단이다(2020년 자산총액 기준). 1949년 영풍기업사라는 이름의 작은 상사(商

영풍이 1960년대에 개발을 시작한 연화광산은 석포제련소에서 북서쪽으로 8km 가량 떨어진 연화산(연화봉) 자락에 있었다. 연화산(蓮花山)이라는 이름의 유래는 확인되지 않지만 산 정상부가 연꽃봉오리 모양이어서 붙여진 것으로 추측된다. ⓒ 구글어스

社)로 출발한 영풍이 오늘날 재벌그룹으로 성장할 수 있었던 것은 아연제련소를 통한 대규모의 자본 축적이 있었기 때문이다.

1970년 석포제련소 가동을 시작으로 제련업에 진출한 영풍은 1978년 고려아연 온산제련소를 완공하면서 국내 아연시장을 독점하게 되었다. 현재 고려아연과 석포제련소는 세계 1위와 4위의 아연제련업체이며, 영풍그룹의 세계 아연시장 점유율은 10%(세계 1위), 국내 아연시장 점유율은 90%에 이른다(2019년 기준 고려아연 54%, 석포제련소 36%).

영풍그룹이 성장하는 과정에서 주력기업 역할을 한 영풍 석포제련소는 봉화군 석포면의 깊은 산골짜기에 있어서 오랫동안 일반인에게 알려지지 않았다. 2014년 환경단체의 조사와 이후 환경부의 조사 등을 통해 광범위한 환경오염 사실이 밝혀지면서 세간의 주목을 받게 되었다. 2018년에는 민관협의체인 낙동강상류환경관리협의회가 구성되어 석포제련소에서 안동댐에 이르는 낙동강 상류 환경오염의 원인과 해결방안을 찾고 있다.

현재 낙동강 상류 환경오염의 주요인으로 석포제련소가 지목되고 있다. 석포제련소 부지와 주변 마을, 임야 등에서 토양오염, 지하수와 하천오염, 대기오염과 산림고사 등이 확인되었다. 석포제련소에서 안동호에 이르는 낙동강변과 안동호 바닥의 오염퇴적토, 안동호의 물고기 폐사 등도 석포제련소와 관련이 있는 것으로 지적받고 있다.

낙동강 상류 환경오염에 석포제련소가 책임이 있다는 사실이 확인되고 있지만, 영풍이 일으킨 환경오염과 관련해서 그간의 조사에서 간과되고 있는 중요한 사실이 하나 있다. 영풍에 의한 환경오염이 석포제련소에서 처음으로 나타난 것이 아니라 그전에도 있었다는 점이다. 영풍은 석포제련소를 설립하기 10년 전부터 연화광산을 개발했고 그 과정에서 심각한 환경오염을 일으켰다.

경북 봉화군 석포면 대현리에 있었던 연화광산. 1965년 선광장 뒤쪽 산에서 바라본 모습이다. 앞쪽에 보이는 광차는 싣고 온 광석을 아래로 쏟아 부은 다음 갱으로 되돌아간다. 낙동강 지류인 송정리천이 선광장 앞을 지나며, 선광장 아래로 사무실, 식당 등이 있고 멀리 송정리천 건너에는 사택(월암사택)이 보인다. ⓒ 국가기록원

연화광산은 일제강점기에 미쓰비시(三菱)가 개발하다 해방 후 국유화되었고, 1960년 12월 국유광업권 공매를 통해 영풍(영풍광업)의 소유가 되었다. 영풍은 연화광산에서 채굴한 아연과 납을 일본으로 수출하면서 굴지의 광산업체로 성장했고, 이후 석포에 아연제련소를 설립하여 제련업으로 진출했다. 1998년 연화광산이 폐광되고 광업부문이 정리되면서 영풍의 주 업종은 제련업이 되었다.

영풍이 연화광산을 개발한 30여 년 동안 엄청난 환경오염이 있었지만 제대로 밝혀지지 않은 채 오늘에 이르고 있다. 연화광산이 폐광되면서

그 존재는 잊혔고 연화광산으로 인한 환경오염도 묻혔다. 하지만 연화광산으로 인한 광해(광업 활동으로 인하여 생기는 피해)는 지금도 계속되고 있으며 광해방지사업에 많은 국민 세금이 투입되고 있다.

연화광산 폐수로 송정리천 열목어 절멸

1960년대는 환경관련 법제도가 미비하고 환경오염에 대한 단속이 거의 이루어지지 않던 시절이었다. 1961년부터 연화광산이 개발되면서 낙동강 지류인 송정리천이 광산 폐수로 심각하게 오염되었다.

연화산 골짜기 한티마을에서 태어나 11살이 되던 1968년까지 그곳에서 살았던 이상식 영풍제련소봉화군대책위원회(봉화군대책위) 대표는 당시 상황을 잘 알고 있었다. 어린 시절 광산 갱내를 놀이터 삼아 다녔다는 이상식 대표는 광산 폐수가 그대로 강으로 흘러 들어간 것을 기억한다고 말했다.

> "폐슬러지를 매립하지 않고 일단 물에 침전시켜요 ... 동그란 시멘트 구조물(침전조)로 ... 거기에 쏟아 부어 놓으면 (슬러지는) 바닥에 가라앉고 물은 넘어서 강가로 나가고 이게 계속되는데, 그거는 눈 가리고 아웅이지. 시설을 해 놨다 이런 수준이지, 그대로 슬러지가 강물로 다 갔죠."

채굴된 원광석에는 여러 가지 광물이 섞여 있는데 그중에서 특정 광물을 분리하는 과정을 선광(選鑛)이라 한다. 당시 연화광산 선광장은 아연과 납을 분리한 후 찌꺼기(광미)가 섞인 폐수를 파이프를 통해 침전조로 보내고, 침전조에서 찌꺼기를 가라앉힌 후 맑은 윗물(상등수)을 강으로 내보내는 구조로 되어 있었다. 하지만 실제로는 찌꺼기가 섞인 폐수가

1971년 연화광산 선광장 주변 모습. 선광장과 침전조 사이로 송정리천이 흐른다. 선광장에서 나온 폐수는 침전조를 거쳐 송정리천으로 흘러 들어갔다. 송정리천은 3.5km를 흘러 육송정삼거리에서 낙동강에 합류한다. ⓒ 국토지리정보원

그대로 송정리천으로 흘러 들어갔다.

이상식 대표는 침전조 안에 시커먼 물이 빙빙 돌고 있었고 근처를 지나면 독한 냄새가 났다고 한다. 독한 냄새가 난 것은 폐수에 섞인 화학물질 때문이다. 선광은 원광석을 갈아서 물에 섞은 후 시약(부선제)을 사용해 납과 아연을 부유(浮遊)시켜 분리하는 방식으로 이루어지는데(부유선광법/부선법), 사용된 시약에는 청산가리의 성분인 맹독성의 시안(싸이나) 등이 함유되어 있었다고 한다. 당시 연화광산 폐수가 어떤 결과를 초래했는지에 관해 〈동아일보〉(1971.2.26.)는 다음과 같이 보도했다.

아연광업소의 아연물이 넘쳐흘러, 강바닥은 아연광의 폐수 때문에 잿빛으로 물들어 열목어는 절멸. 지난 51년 이곳 열목어 보호 관리를 위임 맡은 현이진 씨(70)는 "몇 해 전에는 경찰서장 등 높은 사람들이 찾아와 열목어를 잡아달라고 부탁이 들어올 때는 제일 곤란했다"면서 "최근에는 각처에서 수산 학술단체들까지 몰려오는 바람에 대답조차 하기 싫어졌다"고 말하고 있다.

광산 폐수로 인한 송정리천 열목어의 절멸은 연화광산 환경오염의 한 예에 불과하다. 그 외에도 폐석과 광미의 계곡 매립, 시설을 처리하지 않고 폐광한 사실, 침출수와 갱내수 문제, 갱의 함몰 등 여러 가지 광해가 발생했고 지금도 계속되고 있다.

영풍이 연화광산을 개발하면서 일으켰던 환경오염은 이후 석포제련소 운영과정에서도 나타났다. 주목해야 할 점은 이러한 환경오염 관행이 해방 이후 산업화 과정에서 처음으로 나타난 것이 아니라 일제강점기 일본기업의 광산 · 제련소 운영과정에서부터 비롯되었다는 사실이다.

일제강점기 미쓰비시가 연화광산 개발

연화광산이 언제 발견되었는지는 분명하지 않다. 1970년대 대한광업진흥공사가 발간한 『광산평가조서』에 따르면 1924년 이윤용 외 2인 명의로 광업권이 등록되었다. 광업권 등록 당시 어떤 광물을 대상으로 했는지 확인되지는 않지만 1930년 즈음 비소와 망간을 목적으로 가행(광물을 캐는 작업을 진행함)되었다는 기록이 있다.

비소를 채굴했다는 사실은 이상식 대표의 경험으로도 확인된다. 이 대표는 어린 시절 연화산에서 비상(砒霜)*을 구웠던 굴과 허연 흔적이 있

일제강점기 미쓰비시연화광산이 있었던 연화산. 원 안은 1960년대 영풍이 연화광산을 개발할 당시 폐석(버럭)을 매립한 곳이다. 인근에 미쓰비시가 만든 수평갱과 수직갱이 남아 있다고 한다. 일대가 모 종교단체 소유지여서 올라가 보지는 못했다. ⓒ 손영호

는 것을 보았고, 풀을 먹이기 위해 데려간 소가 허연 부분을 먹고 그 자리에서 죽는 것을 보았다고 한다.

미쓰비시가 연화광산을 인수한 것은 1935년 4월이었는데 이는 식민지 수탈의 일환으로 이루어진 것이었다. 일제는 조선의 풍부한 광물을 차지하기 위해 일본에서 전문기사를 데려와 세밀한 광산조사를 했고, 미쓰비시, 미쓰이(三井), 스미도모(住友) 등 일본 대재벌로 하여금 조선의 광산을 매수케 했다. 그 결과 금광, 철광 등 조선의 주요 광산 대부분이

---

* 비상은 왕조 시대에 사약의 주재료로 사용되었는데, 비석(砒石, 비소가 함유된 흰색 가루)에 열을 가해 승화시켜 추출한 결정체가 비상이다.

일본 재벌의 소유가 되었다.

1931년 만주사변 이후 일제의 중국대륙 침략이 본격화되면서 니켈, 코발트, 아연, 알루미늄 등 군수 광물을 위한 광산개발도 확대되었다. 미쓰비시의 연화광산 인수는 그 과정에서 이루어진 것으로 보인다.

미쓰비시는 아연과 납을 채굴할 목적으로 연화광산 개발에 착수했지만 본격적인 생산에는 이르지 못하고 중지했다고 한다.* 당시 미쓰비시가 금광과 철광 개발에 주력하면서 연화광산 개발에 여력이 미치지 못했던 것으로 보인다.

미쓰비시연화광산, 소규모 개발에 그쳐

미쓰비시가 연화광산을 매수할 당시 소천면 대현리(지금의 석포면 대현리)는 태백산록의 보잘것 없는 마을이었다. 주민의 생활도 어려웠을 것으로 짐작되는데, 특히 1931년에는 참혹한 흉년이 들어 화전민들이 굶주림에 시달렸다고 한다.

> 금년도 농작물의 감수는 산중이 더욱 우심한 바, 경북 봉화군 소천면 일대에 거주하는 화전민은 농작물이 전멸 상태인데다가 그들의 유일한 대용식물인 감저(감자), 옥수수, 도토리까지도 얻어 볼 수 없는 참혹한 흉년이다. 피해민 435호의 인구 1,696명은 목전에 닥친 엄동을 지날 길이 막연하여 기아선상에서 유리표박하는 중이다.(〈동아일보〉 1931.11.29.)

살기 힘든 산골짜기 마을 소천에 그즈음 도로가 개통되어 교통이 편리

* 월 100톤 정도의 광석을 처리했다는 기록이 있다.

연화산에 있는 바위절개지. 송정리천 이점교에서 광미댐으로 올라가는 길목에 있다. 일제강점기 미쓰비시가 광산개발에 필요한 신작로를 내기 위해 요새처럼 막고 있던 계곡의 바위를 절개했다고 한다. ⓒ 손영호

해진 데다 미쓰비시가 연화광산까지 개발하게 되자 주민들은 소천이 비약적 발전을 할 것으로 기대했다. 소천번영회가 조직되어 발전축하식이 열리고 5일 동안 각희(씨름)대회, 연주회, 운동회 등 각종 행사가 열렸다.(〈동아일보〉 1935.5.9.)

미쓰비시의 연화광산 개발이 주민의 삶에 구체적으로 어떤 영향을 미쳤는지는 확인되지 않는다. 연화광산에서 본격적인 채굴이 이루어지지 않았고 일제강점기 미쓰비시의 주요 광산 목록에도 연화광산이 없는 것으로 봐서, 소천 주민이 기대했던 만큼의 변화는 없었던 것으로 짐작된다.

일제강점기 광산·제련소로 환경파괴 극심

일제의 식민지 수탈 과정에서 이루어진 조선에서의 광산 개발은 심각한 환경오염을 초래했다. 1930년대 말 조선에 습식제련소와 건식제련소를 합해 885개의 제련소가 있었고 4,392개의 가행 광산이 있었는데, 흘러나오는 오수와 매연으로 하천의 물고기가 전멸하고 과수원과 농작물의 수확이 감소하는 등 피해가 막심했다고 한다. 당시의 심각한 상황을 〈동아일보〉(1939.2.21.)는 다음과 같이 보도했다.

> 대개 광산작업은 하천 부근에서 실시하고 있어 하천 물을 많이 사용하고 있느니만치, 광산 채광 제련 하고 나오는 배수는 흑토가 많아서 하천 일대가 흑토이화(黑土泥化)하는 관계로, 하천 어족은 물론 각 동물 식물까지 전멸시키고 마는 것이 보통이다.
> 예컨대 압록강 지류의 중요지대인 삭주천과 초산군 충용강에 열목어와 장어 은어 등 어족이 많이 번식하고 있는데, 이것이 광산 개발로 인하여 일년 동안 전부 이토화하고 있고, 또 충용강 연안 광산에서는 청산가리의 독약을 사용하는 관계로 그 독약이 하천어족을 독살시키고 있어서, 근래 양(兩) 천은 이토화 독약화로 어족은 일미도 볼 수 없게 되었다 한다.

광산 폐수로 인한 피해는 봉화에서도 나타났다. 미쓰비시가 연화광산을 인수하기 1년 전인 1934년, 봉화군 법전면 풍정리에 있는 송본(松本)광산에서 폐수로 인해 심각한 피해가 나타났으며, 마을 주민들이 광산회사와 경북도에 탄원서와 진정서를 내기도 했다.*

* 송본광산에서 어떤 광물이 채굴되었는지는 확인되지 않지만, 법전면에 금을 주로 캐는 붓든광산, 법전광산, 풍정광산 등이 있었던 것으로 봐서 송본광산도 금광이었을 것으로 추측된다.

송본광산의 대리 정상좌길(井上佐吉) 씨는 작년에 도광기(광석을 부수는 기계) 십오 마력을 사용하여 청산가리(=싸이나수)로 광석을 빼어온 바, 연사황토갈수(鉛砂黃土渴水)가 흘러 하류의 연계답인 법전면 풍정리, 명호면 도천리의 양 동리 삼백여 두락(마지기)은 가을의 실수확을 본바 5할 감수를 보는 생활상 일대 위협을 얻게 되며, 심지어 지질이 농화하여 불모지가 되어 가고, 금년도도 벌써 종묘기가 임박함에 농사일을 착수치 못하고, 더욱 우심한 것은 의복의 빨래도 할 수 없어 헤매이며 음료수까지 일대곤란을 받게 되므로...(〈동아일보〉 1935.4.8.)

일제강점기에 광산과 제련소로 인해 심각한 환경파괴가 나타난 것으로 봐서, 미쓰비시연화광산이 본격적으로 개발되었다면 연화산 일대와 송정리천도 일찍부터 심각하게 오염되었을 것이다. 미쓰비시연화광산이 소규모 개발에 그치면서 소천의 비약적 발전을 기대한 주민들은 실망했을지 모르지만 심각한 환경파괴는 피할 수 있었다. 하지만 1960년대 영풍이 연화광산을 대규모로 개발하면서 일제강점기에 나타났던 환경파괴 현상이 연화광산에서도 그대로 나타났다.

영풍 환경오염 문제 해결은 식민지 유산 청산 과정의 하나

식민지 조선에서 그리고 해방 후 한국의 근대화 과정에서 나타난 환경오염의 연원을 거슬러 올라가면, 1868년 메이지 유신 이후 일본의 근대화 과정에서 나타난 환경오염에 이른다. 일본의 근대화 과정에서 발생한 대표적인 광산 환경오염 사건으로는, 일본 최대의 구리광산이었던 아시오 광산의 광독(鑛毒) 사건, 미쓰이금속의 가미오카 광업소가 유발한 이타이이타이병(카드뮴 중독)을 들 수 있다.

2019년 10월 연화광산 선광장. 1960년대 영풍이 만들었던 것으로 보이는 콘크리트 구조물이 흉물로 남은 채 수풀에 가려져 있다. ⓒ 손영호

일본 근대화 초기, 무분별한 광산개발이 심각한 환경오염을 초래하자 거센 저항이 일어나기도 했다. 특히 아시오 광산으로 인해 피해를 입은 주민들은 광산 개발을 중지시키기 위해 싸웠고, 정치인이었던 다나카 쇼조(田中正造 1841~1913)는 주민들과 함께 싸우면서 생의 후반 22년을 바치기도 했다. 하지만 시대의 흐름이었던 서구식 근대화의 물결을 막지는 못했다.

역사적으로 볼 때 일본의 근대화 과정에서 나타난 환경오염이 일제강점기 식민지 조선에 옮겨졌고, 해방 후 식민지 유산의 청산 과정 없이 일본이 추구했던 서구식 근대화가 한국에 도입되면서 동일한 유형의 환경오염이 재현되었다.

영풍이 연화광산과 석포제련소를 운영하는 과정에서 일으킨 환경오염은 식민지 유산의 하나라 할 수 있다. 그런 의미에서 영풍의 환경오염 문제를 해결하는 것은 근대화 과정에서 상실된 자연성을 회복하는 일임과 동시에 일제 식민지 유산을 청산하는 과정의 하나라고 한다면 과장일까. (2020.06.10)

영풍의 연화광산과 폐갱

영풍그룹은 1949년에 설립된 영풍기업사로부터 출발했다. 황해도 출신의 동향인이었던 고 최기호, 고 장병희 두 창업주가 설립한 영풍기업사는 철광석과 농산물을 수출하는 무역회사였다. 한국전쟁으로 잠시 주춤했으나 영풍해운(1952년), 영풍상사(1962년)로 상호가 바뀌는 가운데 성장을 거듭했고 1963년에는 수출상사 실적 5위를 차지하기도 했다.*

무역상사로 성공을 거둔 영풍은 광업으로 진출해 1959년 칠성광업을 설립했다. 이듬해 국유광업권 공매를 통해 연화광산을 인수하여 개발에 착수했고, 1962년 월 3천 톤 처리 규모의 선광장을 준공해 납과 아연 정광(精鑛)을 생산하기 시작했다.**

1963년 칠성광업이 영풍광업으로 바뀌고 연화광산의 개발 속도는 빨라졌다. 탐광과 시추를 통해 발견된 광맥을 따라 대규모 굴진(굴 모양을 이루면서 땅을 파 들어감)이 행해지면서 광석 채굴량이 급증했다. 선광

---

* 이후 영풍상사는 1970년 석포제련소를 설립하고 1978년 ㈜영풍으로 상호를 변경해서 오늘에 이르고 있다.

** 원광석을 선광 처리하여 광물 함유량을 50% 내외로 높인 광석을 정광이라 한다. 연화광산 원광석에는 납과 아연이 평균 10% 내외 또는 그 이하로 함유되어 있었다고 한다.

개발 초기인 1965년 연화광산 모습. 영풍이 개발하면서 우리나라 최대의 납 · 아연 광산으로 성장했다. ⓒ 국가기록원

장 시설도 급속히 확대되었는데 1965년 월 1만 톤 처리 규모로 늘어났고 1977년에는 월 6만 톤 처리 규모로 최대에 이르렀다.*

연화광산, 한국 최대 납 · 아연 광산으로 성장

영풍이 개발에 박차를 가하면서 연화광산은 우리나라 최대의 납 · 아연 광산으로 성장했다. 납 · 아연 누적생산량 순위를 보면 연화광산이 1

* 일제강점기 미쓰비시가 연화광산을 개발할 당시 월 100톤을 처리했다는 기록이 있다. 미쓰비시는 별도의 선광시설 없이 함유율이 높은 노천광 상태의 아연을 채굴한 것으로 추측된다.

위인데, 납 생산량은 약 50만 톤으로 전체 생산량의 57.1%, 아연 생산량은 97만여 톤으로 전체 생산량의 42.6%를 차지했다. 영풍이 개발한 제2 연화광산(삼척시 가곡면 풍곡리)도 아연 생산량 2위, 납 생산량 5위를 차지했다. 두 광산의 생산량을 합하면 납과 아연 모두 점유율이 70% 내외가 된다.

◇ 누적 생산량 상위 광산의 점유율

(단위 : 톤, Pb 50%, Zn 50% 기준)

납광석				아연광석			
순위	광산명	생산량	점유율	순위	광산명	생산량(톤)	점유율(%)
1	연화	508,008	57.1	1	연화	975,204	42.6
2	장군	141,326	15.9	2	제2연화	617,552	27.0
3	울진	61,921	7.0	3	장군	263,949	11.5
4	삼보	47,576	5.3	4	울진	161,280	7.0
5	제2연화	30,354	3.4	5	삼보	112,345	4.9
6	시흥	18,228	2.0	6	신예미	64,002	2.8
7	옥령	9,440	1.1	7	시흥	11,470	0.5

납 · 아연 누적 생산량 순위. 연화광산이 납과 아연 생산량 모두에서 압도적인 1위를 차지했다. 출처 : 지식경제부, 『한국광업백년사』, 2012

연화, 제2연화를 중심으로 한 광산개발을 통해 영풍은 엄청난 이윤을 얻었다. 한 예로 1972년 영풍광업은 광업계에서 가장 많은 수익을 남겼는데, 당기순이익이 약 4억 8,600만 원으로 전년 대비 무려 300%나 증가했다. 1960~70년대 광산개발을 통해 영풍은 굴지의 광산업체가 되었다.

연화광산에서 생산된 아연 정광은 초기에는 전부 일본으로 수출되었다. 국내에 아연제련시설이 없었기 때문이다. 1965년 동신화학 아연제련소가 설립되면서 연화광산의 아연 정광 일부가 동신화학에 공급되었고 나머지는 일본으로 수출되었다.

1970년 석포에 아연제련소를 설립하면서 영풍은 채광 → 선광 → 제련으로 이어지는 아연괴 완제품 생산을 위한 일련의 시설을 모두 갖추게 되었다. 이후 계속된 채굴량 증가를 기반으로 또 하나의 아연제련소인 고려아연 온산제련소를 설립했다.

연화광산에서 생산된 아연 정광을 영풍이 자체 제련하게 되면서 아연 정광을 공급받기 어렵게 된 동신화학 아연제련소는 경영에 어려움을 겪었고 결국 문을 닫았다. 국내 아연 시장을 독점하게 된 영풍은 승승장구를 거듭했다.

1993년 연화광산이 휴광하면서 석포제련소와 고려아연은 대부분의 아연 정광을 외국에서 수입하게 되었다. 이후 두 업체는 제련시설을 확대하고 연화광산 생산량보다 훨씬 많은 양의 아연 정광을 수입했다. 현재 영풍그룹은 아연 매출 세계 1위(10%)를 차지하고 있다.

연화광산에서 생산된 납 정광 역시 초기에는 전부 일본으로 수출되었다. 구리제련소로 출발한 장항제련소(충남 서천군 장항읍)가 1965년 납 제련을 시작하면서 연화광산의 납 정광 일부가 장항제련소로 보내졌고 나머지는 일본으로 수출되었다.

1936년에 설립된 장항제련소는 1989년까지 용광로를 가동하여 구리·납·주석을 제련했는데, 주변 농경지가 비소, 카드뮴, 납 등의 중금속에 심각하게 오염되었다는 사실이 확인되면서 현재 대규모의 정화작업이 진행되고 있다. 오랜 세월 봉화군 석포면 연화산에 잠들어 있던 광물이 근대화의 미명 하에 장항으로 옮겨가 농토를 병들게 하는 오염원이 된 셈이다.

일본 기술자, 연화광산 개발에 참여

연화광산 개발 과정에는 일본 기술자도 참여했다. 개발 초기부터 참여했는지는 확인되지 않지만 1965년 한일기본조약 체결 이후 일본의 기술자들이 영풍의 초청으로 입국해서 연화광산 조사에 참여하는 등의 지원을 한 것은 확인된다.

1965년 연화광산 갱내 모습. 광부가 착암기를 사용하여 바위에 구멍을 뚫고 있다. 구멍에 폭약을 넣고 폭파한 후 부서진 광석을 광차에 싣고 갱 밖으로 운반한다.* ⓒ 국가기록원

* 연화광산 개발 초기 착암기 등 대부분의 장비는 일본에서 수입되었다고 한다. 이후 영풍은 영풍빗트공업(영풍기계공업)을 설립하여 일본 고하(古河)광업과의 기술제휴를 통해 착암기를 생산했고 한국형 착암기도 개발했다.

언론에 보도된 외국인 입국 동향을 보면, 1966년 일본광업협회 소속 11명의 광업시찰단이 대한광업회 초청으로 입국해 2주일 간 체류했는데, 명단에는 도호아연(東邦亞鉛) 기술자 니시하라 모토오(西原元男)가 포함되어 있었다. 같은 해 일본 기술자 하나사키 카즈오(鼻崎和夫)가 영풍광업 초청으로 입국해 150일 간 체류했다. 이듬해에도 사사쿠라 마사오(笹倉正夫)가 입국해 6개월 간 체류했으며, 그 외에도 시다 마사아키(紫田昌明), 오오히가시 모리히데오(大東森秀夫), 코바야시 세이노스케(小林誠之助) 등의 일본 기술자가 영풍광업 초청으로 입국해 약 한 달 간 체류했다.

일본 기술자들은 한국의 광산을 시찰하고 정보를 주고받았던 것으로 보인다. 특히 도호아연의 니시하라 모토오는 영풍광업 기술자와 함께 연화광산을 세밀하게 조사했으며 연화광산의 광상과 구조에 관한 논문을 남기기도 했다. 니시하라 모토오의 논문*에는 1967년 입국해 6개월 간 체류한 사사쿠라 마사오가 영풍광업 고문으로 기록되어 있다.

영풍은 영풍해운(영풍상사)을 통해 철광석과 연화광산의 납·아연 등을 수출하는 과정에서 일본의 광산·제련 회사와 연결되었고 특히 도호아연과 밀접한 관계를 맺게 된 것으로 보인다. 도호아연은 이후 영풍 석포제련소 건설 과정에서 일체의 기술을 지원했다.

연화산이 고향인 이상식 영풍제련소봉화군대책위원회(봉화군대책위) 대표가 아버지로부터 전해들은 말에 따르면, 일제강점기 미쓰비시는 연화산에 아연이 대규모로 매장되어 있다는 사실을 파악하고서도 채굴하지 못한 것을 아쉬워했고, 8.15해방 후 일본으로 쫓겨 가면서 50년 뒤에 다시 오겠다는 말을 남겼다고 한다.

---

* 西原元男, 「韓國慶尙北道蓮花鑛山における造構運動と鑛化作用の關係」, 1970

미쓰비시의 바람처럼 역사가 전개되지는 않았지만, 구식민지 체제가 끝나고 20여 년 만에, 박정희 정권이 내세운 '조국 근대화' 의 구호 아래 도호아연 기술자가 연화광산을 조사하고 개발하는데 참여했고 석포제련소 건설 과정에서도 기술 지도를 하게 되었다.

영풍이 재벌기업으로 성장하는 과정에서 일본의 근대화 과정에서 축적된 광산·제련 기술이 큰 역할을 했음을 짐작할 수 있다. 일본 기술자들이 전해준 기술이 구체적으로 어떤 것이었는지는 알 수 없지만, 연화광산과 석포제련소 운영을 통해 나타난 결과가 영풍 자본의 성장과 석포 자연의 파괴라는 사실은 분명하다.

수평갱과 수직갱, 거미줄처럼 연화산 파고 들어

연화광산 개발은 수평갱에서 시작하여 광맥을 따라 더 멀리 더 깊이 파고들어가는 방식으로 이루어졌다. 영풍은 연화산 중턱에 대절갱(1963년)과 중앙갱(1968년)이라 이름 붙인 두 개의 수평갱을 만들고, 두 갱을 기점으로 갱도를 연장하고 수직갱(수갱)도 만들었다. 맨 먼저 만들어진 대절갱은 '0번갱' 으로도 불리었다.

니시하라 모토오의 논문*에 따르면, 1968년 말 당시 연화산(해발 1,053m)의 갱도는 대절갱(해발 637m)을 기준(0m)으로 해서 상부는 265m까지 하부는 -180m까지 만들어졌다. 하부의 수평갱은 60m 간격으로 되어 있는데 심도가 점점 깊어져 1970년대 후반에는 -600m까지 내려갔다.

* 西原元男, 「연화광산蓮花鑛山의광상鑛床과성인成因에대對하여」, 대한자원환경지질학회, 『자원환경지질』 Vol.2 No.1, 1969

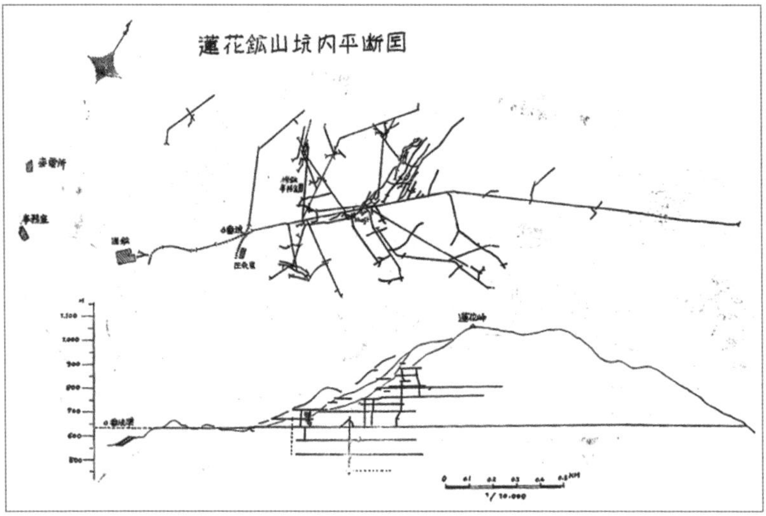

1968년 당시 연화광산 갱내 평단도. 수평갱과 수직갱이 거미줄처럼 얽혀 있다. 출처 : 西原元男, 「연화광산의 광상과 성인에 대하여」, 1969

연화광산은 본산지구(연화산), 동점지구(태백시 동점동), 태백지구(태백시 장성동) 세 지구로 나뉘어 개발되었다. 본산지구가 먼저 개발되었고 규모도 가장 컸는데, -600m 레벨에서 광맥의 하한이 드러나면서 광량이 크게 줄어들자 동점지구와 태백지구 개발로 이어졌다.

광석 운반은 초기에는 수갱을 통해 권양기(hoist)로 지상으로 끌어올린 후 축전차나 디젤 기관차로 선광장까지 옮기는 방식으로 이루어졌다. 1977년 B.C(벨트 컨베이어) 사갱(2,720m)이 완공된 후에는 -600m 레벨에 광석을 모아서 파쇄한 후 벨트 컨베이어를 이용해 바로 선광장으로 옮겼다.

연화광산은 세 지구로 나뉘어 개발되었다. 연화산에 있는 본산지구가 먼저 개발되었고 이어서 동점지구와 태백지구가 차례로 개발되었다. ⓒ 구글어스

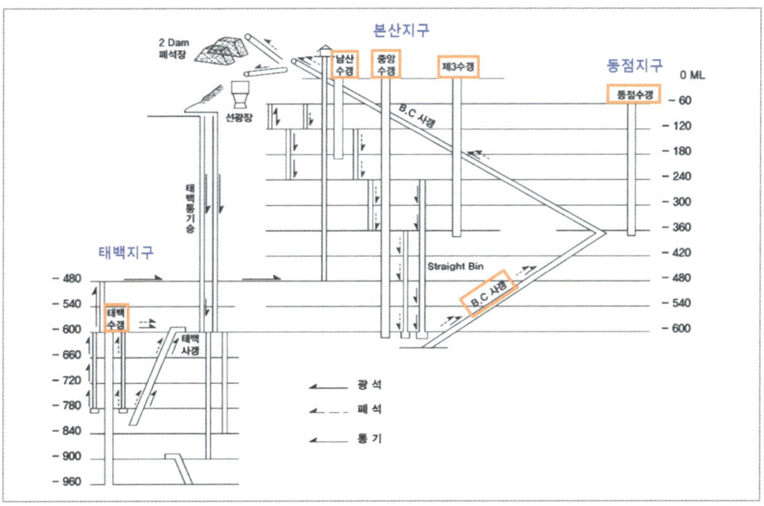

연화광산 운반계통도. 남산수갱(1969년), 중앙수갱(1975년), B.C(벨트 컨베이어) 사갱(1977년), 동점수갱(1982년), 태백수갱(1987년) 순으로 준공되었다. 출처 : 지식경제부, 『한국광업백년사』, 2012

재해 일어나면 폐갱 붕괴될 수 있어

영풍이 30여 년 동안 연화광산을 개발하는 과정에서 연화산은 무분별하게 파헤쳐졌다. 봉화문화원 홈페이지에 따르면, 연화봉 산록에는 호랑이가 살았다고 전해지는 약 500m 길이의 평천(坪川)동굴이 있었는데, 연화광산 개발로 동굴이 파손되어 200m 정도만 남았으며 그나마 길이 험해 찾는 사람이 거의 없다고 한다.

1998년 연화광산이 폐광된 후 땅 위의 광산 건물은 일부만 남고 많은 부분이 사라졌다. 하지만 몇 겹으로 얽힌 거미줄처럼 복잡하게 만들어진 땅속의 갱도는 길이와 깊이를 알 수 없는 미로의 상태로 여전히 남아

연화광산이 있었던 연화산 중턱. 현재 이 일대는 사유지이며 경작과 동물사육이 이루어지고 있다. 지표면 아래에는 연화광산의 폐갱이 거미줄처럼 얽혀 있다. ⓒ 손영호

있다.

연화광산이 있었던 연화산 중턱의 땅 일부가 현재 종교단체 소유로 되어 있고 그곳에서 경작과 동물사육이 이루어지고 있다. 땅을 파고 건물을 짓는 것과 같은 개발이 이루어지는 것은 아니지만 그렇다고 안전하다고 할 수는 없다.

현재 대절갱 높이(해발 637m)보다 아래에 있는 폐갱에 지하수가 차면서 대절갱과 중앙갱 입구를 통해 갱내수가 흘러나오고 있다. 대설생 높이보다 위쪽에 있는 폐갱도는 비어 있는 것으로 추측된다. 만약 지진이나 산사태와 같은 자연재해가 일어나면 동공(洞空) 상태의 폐갱이 붕괴될 수도 있다.

붕괴 예방하려면 갱내 현황도 있어야

이상식 봉화군대책위 대표는 현재 진행되고 있는 영풍 석포제련소의 환경오염 문제도 중요하지만 연화광산으로 인한 환경오염도 언제 끝날지 모르는 중요한 문제라고 지적했다. 군의원 시절(2014~2018) 연화광산 갱내 현황도를 구하기 위해 노력했지만 구할 수 없었다며 아쉬워하기도 했다.

> "전혀 없어요. 이게 '연화 갱내 개략도' 잖아요. '갱내 현황도' 가 필요해요. 현황도에는 몇 미터 들어가서 어디로 커브 틀고, 어디가 수직갱이고, 어디에 얼마만큼의 뭐가 있고... 이런 것들이 있어야 파악을 하고 대비를 할 수 있는데 전혀 없어요."

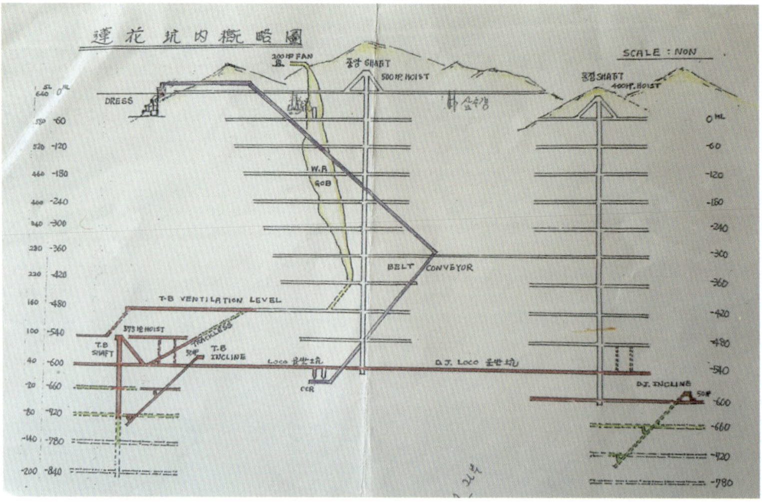

이상식 봉화군대책위 대표가 어렵게 구했다는 연화광산 갱내 개략도. 가운데 해마 모양을 한 부분이 연화산의 아연 광체이다. ⓒ 손영호

이상식 대표는 폐갱으로 인해 연화산이 붕괴되는 것을 막으려면 갱내 구조를 자세히 기록한 현황도가 필요한데 관련 행정기관에 없었다고 한다. 영풍은 연화광산을 개발해 엄청난 이윤을 남겼지만, 개발가치가 사라지자 파괴한 자연을 복구하기 위한 근거도 남기지 않은 채 철수했다.

연화산의 속을 채우고 있던 수백만 톤의 광물이 착암기와 폭약에 의해 파헤쳐져, 납과 아연은 산업화의 원소이자 영풍 자본의 영양소가 되었으며, 나머지는 폐석과 폐광미가 되어 일부는 강에 버려졌고 나머지는 계곡에 묻혔다.

연화광산이 문을 닫은 지 20년이 넘었다. 연꽃봉오리를 닮은 연화산은 알맹이를 파먹히고 허깨비가 된 채 사람들의 관심으로부터 멀어졌다. 봉화군 석포면에 있는 연화산은 영원히 회복될 수 없는 상처를 입은 채 오늘도 말없이 서 있다. (2020.06.15)

연화광산 선광장과 갱내수 오염

영풍광업 연화광업소가 있었던 봉화군 석포면 대현리(大峴里). 지금은 150가구 300명의 주민이 하천과 계곡 주변에 흩어져 사는 작은 산촌

휴광 5년 전인 1988년 10월 연화광산과 주변 모습. 선광장 건물과 광미적치장, 송정리천 가의 사택(원 안) 등이 보인다. ⓒ 국토지리정보원

이지만, 한때는 800여 가구 4천 명이 넘는 주민이 살던 큰 광산촌이었다.

연화광산이 한창 개발될 당시 대현리에는 슈퍼, 식당, 술집들이 늘어서 있었고 광산 주변은 전국에서 온 노동자들로 흥청거렸다고 한다. 1993년 연화광산이 휴광하고 광산 노동자들이 떠나면서 대현리는 광산 개발 전의 작은 마을로 되돌아갔다.

현재 연화광업소 터에는 사무실, 식당, 창고 등으로 사용되던 일부 건물이 남아 있다. 주변의 사택은 대부분 사라졌고 선광장과 광미적치장도 숲으로 덮여 있다. 개발이 멈추고 산업화의 깃발이 내려진 이후 연화광업소의 예전 모습은 잊혀져가고 있다.

연화광업소는 봉화 ~ 태백 간 31번 국도의 대현교차로에서 석포제련

폐광 20년 후인 2018년 10월 연화광산과 주변 모습. 사택은 사라졌고 선광장과 광미적치장 자리는 숲으로 덮였다. ⓒ 구글어스

소로 가는 길인 청옥로 변에 있었다. 송정리천과 나란히 이어지는 청옥로를 따라가면 청산과 옥계수가 어우러진 산골 풍경이 펼쳐진다. 하지만 광산으로 가는 길목인 드르네교를 건너 연화산 숲으로 들어가면 개발이 남긴 깊은 상흔을 만나게 된다.

휴·폐광 시 오염예방조치 하지 않아

해방 후, 특히 박정희 정부 하에서 급속한 산업화 정책이 추진되면서 광산 개발이 본격적으로 이루어졌다. 하지만 개발 과정에서뿐만 아니라 휴·폐광 과정에서 오염예방조치가 제대로 취해지지 않으면서 1990년대 들어 광해가 심각한 문제로 제기되기 시작했다. 연화광산이 휴광하

2019년 2월 연화광업소. 사무실, 식당, 창고 등으로 사용되던 일부 건물이 남아 있다. 왼쪽에 보이는 드르네교 아래로 송정리천이 흐른다. ⓒ 손영호

고 2년 뒤 〈연합뉴스〉(1995.9.21.)는 다음과 같이 보도했다.

> 경북도내 휴 · 폐업한 광산의 상당수가 갱구나 폐광석을 그대로 방치하는 등 원상복구가 되지 않아 중금속이 섞인 광산 폐수의 유출 등으로 수질 및 토양 오염은 물론 주변 환경까지 훼손시키고 있다.
> 이들 휴 · 폐 광산의 상당수가 갱내 구조물이나 시약으로 쓰던 청산가리 등 독극물이 함유된 폐기물을 방치한 채 갱 입구만 가리는 형식적인 사후 조치에 그쳐 갱도나 광재의 퇴적장 등에서 중금속이 섞인 산성 갱내수가 유출되고 있는 실정이다.

영풍은 30여 년 간(1961~1993) 연화광산을 개발하면서 엄청난 이윤을 남겼지만 개발가치가 사라지자 오염예방조치를 제대로 하지 않은 채 철수했다. 〈연합뉴스〉는 연화광산에 대해서도 다음과 같이 보도했다.

> 석포면 대현리 연화광업소도 지난 93년 9월 1일 휴광한 뒤 갱도를 막고 나무를 심는 등 복구 중에 있으나, 아연찌꺼기가 곳곳에 남아 있어 비가 올 경우 인근 하천과 농경지를 오염시킬 우려가 높다.

오염을 방지하려면 폐광할 때 조치를 해야 하지만 현실은 그렇지 않았다. 대구지방환경청 관계자는 "광산업주들이 폐광 때 갱도 안을 석회석으로 채우거나 침전장치를 설치하는 등 완벽한 오염예방 조치를 해야 하는 데도 비용 등을 이유로 이를 회피하고 있다"고 말했다.

연화광산 선광장, 중금속에 오염된 채 방치

광산개발은 지하 환경에서 안정된 상태로 있던 중금속을 지표 환경에

2019년 10월 연화광업소 선광장. 상부 건물은 사라지고 하부 콘크리트 구조물만 남아 있다. ⓒ 손영호

숲으로 가려진 선광장 터에는 산등성이를 따라 계단 모양으로 만들어진 콘크리트 구조물이 흉한 모습으로 방치되어 있다. ⓒ 손영호

노출시키기 때문에 환경오염을 유발하게 된다. 2019년 10월 연화광산 선광장을 방문했을 때 상부 건물은 사라지고 하부 콘크리트 구조물만 남아 있었는데 육안으로도 오염이 심한 상태로 보였다.

환경부의 『폐금속광산 토양오염 개황조사』(2005.12)에 따르면, 연화광산 선광장 인근 토양을 조사한 결과 수소이온농도(pH)가 2.26으로 강산성이었으며, 토양오염 우려기준 300㎎/㎏을 초과한 380.40㎎/㎏의 아연이 검출되었다.

이후 2009년에 실시된 정밀조사에서는 갱구로부터 4km 이내의 농지, 임야 등에서 우려기준(300)을 56배 초과한 아연(1만 6,732)과 우려기준(100)을 58배 초과한 납(5,820)이 검출되었다. 오염 지점이 어디인지, 정밀조사에 선광장이 포함되었는지 여부는 밝혀져 있지 않지만 연화광산 주변의 토양오염이 심각한 수준이라는 것을 알 수 있다.

『2018년 한국광해관리공단 통계연보』에 따르면, 2013년과 2014년에 연화광산 토양개량복원 사업이 실시되었다. 하지만 선광장 콘크리트 구조물과 주변이 흉한 모습으로 방치되어 있는 것으로 봐서 선광장 터에 대한 조사나 복원사업은 이루어지지 않은 것으로 보인다.

폐갱에서 갱내수 쉼 없이 흘러 나와

연화광산의 수없이 얽힌 갱 중에서 지상으로 통하는 갱*은 대절갱과 중앙갱 두 개다. 1970년대 중반까지 채굴된 광석은 수직갱을 통해 운반된 뒤 두 갱을 통해 선광장으로 옮겨졌다. 이후 채굴 심도가 점점 깊어져

* '갱'은 '항'으로도 불리는데, '구덩이 갱(坑)'이 '구들 항'으로도 읽히기 때문인 것으로 보인다.

1965년 연화광산 대절갱에서 광석을 실은 광차가 나오고 있다. 운전자가 탄 축전차(축전기식 전기기관차)가 광차를 끌고 있다. ⓒ 국가기록원

-600m 레벨까지 내려가면서 지하에서 광석을 실어 선광장까지 바로 운반하는 벨트 컨베이어 사갱 시설이 설치되었다.

연화광산에서 채굴이 확대되면서 석포제련소의 규모도 커져갔다. 하지만 급속한 채굴로 인해 아연 광석도 빠르게 고갈되어 갔다. 이후 영풍은 연화산 너머에 있는 태백시 동점동과 장성동 두 곳에서 아연광석 채굴을 시도했지만 곧이어 매장량의 한계가 드러났고 결국 1993년 채굴이 중단되었다. 연화광산이 폐광되면서 아연광석 운반통로였던 대절갱과 중앙갱 입구는 콘크리트와 철문으로 막혔다.

2019년 4월 이상식 영풍제련소봉화군대책위원회 대표의 안내를 받아

2019년 4월 연화광산 대절갱. 수풀에 가려진 대절갱 입구가 콘크리트와 철문으로 막혀 있고 그 아래로 갱내수가 흘러나오고 있다. 이상식 영풍제련소봉화군대책위원회 대표가 안내하고 있다. © 손영호

대절갱과 중앙갱을 찾았다. 두 갱은 수풀에 가려져 있었고 갱 입구 아래로 갱내수가 쉼 없이 흘러나오고 있었다. 두 갱의 해발 높이보다 낮은 하부 갱도에 물이 차면서 갱내수가 흘러나오는 것이다.

주변에 갱내수(침출수) 수질 검사 지점을 알리는 한국광해관리공단의 안내판이 설치되어 있었지만, 갱이 언제 어떤 용도로 만들어진 것이고 갱 내부가 어떤 상태인지에 대한 설명은 없었다. 관리가 제대로 이루어지고 있는 것으로 보기는 어려웠다.

현재 연화광산의 지하 갱은 주변 지하수와 연결되었고, 갱내수가 지하 수맥을 따라 흐를 것으로 짐작된다. 그리고 갱내수 일부는 대절갱과 중

연화광산 중앙갱. 인근에 있는 대절갱과 마찬가지로 갱 입구가 막혀 있고 그 아래로 갱내수가 흘러나오고 있다. ⓒ 손영호

앙갱을 통해 지상으로 흘러 나와 송정리천을 거쳐 낙동강으로 흘러들고 있다.

광산시설 땅 속에 묻은 채 폐광

대절갱 내부를 확인하기 위해 갱 안으로 들어갔다. 대절갱 내부 바닥에는 폐석이 깔려 있고 폐석 아래에는 레일과 철근 등이 묻혀 있었다. 이상식 대표는 영풍이 폐광을 하면서 갱내 시설을 처리하지 않았다고 말한다.

대절갱 내부. 바닥에 폐석이 깔려 있고 레일, 철근 등이 묻혀 있다. ⓒ 손영호

대절갱 내부. 갱내수가 흘러나오고 내부 구조도 알 수 없어 안으로 들어가기가 어려웠다. ⓒ 손영호

"광산을 철수할 때, 독일 같으면 갱내에 들어 있던 물자들을 다 끄집어내잖아요. (영풍은) 하나도 안 끄집어냈어요. 심지어 들리는 이야기에 의하면 청산가리를 드럼통 째 구입한 거를 거기다가 들이 부어버렸다고 해요. 그게 지하수맥에 어떤 영향을 줄지 아무도 몰라요."

이상식 대표는 갱내에서 사용되던 벨트 컨베이어, 배터리, 모터 등이 갱 안에 그대로 묻혔고, 모두 철 성분이어서 지하수와 접촉하면 부식이 되고 화학반응이 일어나 지하수가 오염될 것이라고 한다.

연화광산이 폐광되면서 갱내 시설이 어떻게 처리되었는지, 갱내에 얼마나 많은 시설이 묻혔는지 구체적으로 알 수는 없다. 다만 『광산평가조서』(한국광업진흥공사, 1977)에 나와 있는 연화광산 시설명세를 통해 갱

부 문	품명(명칭)	규 격	단위	수 량	단 가
	레 일	9 Kg	톤	170.8	222,000
		〃	〃	39	222,000
		〃	〃	44.2	222,000
		15 Kg	〃	13.2	202,000
		〃	〃	70.5	202,000
		〃	〃	38.1	202,000
		〃	〃	46.5	202,000

연화광산 시설명세의 일부. 9kg과 15kg짜리 레일이 기록되어 있다. 출처 : 한국광업진흥공사, 『광산평가조서』, 1977

내에서 사용된 시설 규모를 짐작해 볼 수 있다.

시설명세 중 채광 부문을 살펴보면 다음과 같다. 벨트 컨베이어 2,448미터, 레일 1,761톤(9kg, 15kg), 파이프 7만 4,513미터(3~12인치), 광차 537대(철제 1톤), 록카쇼벨(Rocker Shovel, 굴진 중 폐석을 광차에 싣는 적재기) 53대, 축전차 29대(3~5.5톤), 권양기 8대(30~500마력), 공기압축기 16대, 시추기 29대, 선풍기 23대 등등.

연화광산이 우리나라 최대의 납·아연 광산이었던 만큼 광산시설도 큰 규모였던 것으로 보인다. 만약 영풍이 대규모의 갱내 시설을 처리하지 않고 땅속에 둔 채 폐광했다면, 갱내에 물이 찬 현재 금속 성분의 부식 등이 일어나고 그로 인해 갱내수가 오염되고 있을 것으로 짐작된다.

갱내수 오염 제대로 조사하고 대책 세워야

일반적으로 광산 개발이 끝난 후 지하수나 지표수가 폐갱에 유입되면 중금속이 용해될 수 있다. 황철석(FeS_2)과 같은 황화광물이 산소나 물과 반응하면 산성 갱내수가 만들어지는데, 그로 인해 중금속이 용해되어 주변 지하수와 지표수, 토양 등을 오염시킨다.

2005년 환경부의 개황조사에 따르면, 연화광산 갱내수를 두 차례 검사한 결과 오염물질 배출허용기준(청정지역)을 2.7배와 3.1배 초과한 아연이 검출되었다. 납이나 카드뮴 같은 다른 중금속은 검출되지 않았고 수소이온농도(pH)도 7.34로 기준 이내였다.

하지만 당시 채수 위치(경도, 위도)를 보면 대절갱과 중앙갱 입구가 아니라 그곳에서 600m 가량 떨어진 선광장 부근의 숲으로 되어 있다. 그곳은 갱내수가 지나는 곳도 아니다. 갱내수의 수량이 하루 1.2㎥로 매우 적게 기록되어 있는 것으로 봐서 선광장 인근에 고여 있거나 천천히 흐르는 작은 개울을 조사한 것으로 짐작된다.

이후 실시된 폐금속광산 주변 토양 · 수질 정밀조사(2009년)에서 연화광산은 시급히 복원이 필요한 1등급 판정을 받았다. 수질 조사항목은 수소이온농도(pH)와 납, 아연, 카드뮴, 비소, 6가크롬, 시안 등의 중금속이었다.

세부조사결과가 공개되지 않아 연화광산 갱내수의 오염도를 구체적으로 알 수는 없지만, 1등급 판정 기준이 '폐석, 광미, 갱내수 등의 다양한 오염원이 존재하고, 토양 · 수질 · 저질토 등에서 복합오염을 나타내고 있으며 고농도'인 것으로 봐서 연화광산 갱내수의 오염도 심각할 것으로 짐작된다.

한 가지 의아한 것은 정밀조사에서 확인된 갱내수의 양이 개황조사에서와 같이 하루 1.2㎥로 되어 있다는 점이다. 정밀조사를 할 때 직접 현장에 가서 갱내수를 조사한 것이 아니라 개황조사의 결과를 그대로 옮겨 적은 것으로 보인다.

현재 연화광산 갱내에서는 황화광물에 의한 산성갱내수의 형성과 광산시설로 인한 오염이 복합적으로 발생하고 있으며, 오염된 갱내수가 주변 지하수와 낙동강에 영향을 끼치고 있을 것으로 짐작된다. 연화광산 갱내수가 어떤 상태이고 주변 생태계에 어떤 영향을 끼치고 있는지에 대해 면밀한 조사가 이루어져야 할 것이다.

연화광산의 오염관행, 영풍 석포제련소에서 재현돼

연화광산이 문을 닫은 지 20여 년이 지난 현재, 영풍그룹의 주력 기업인 영풍 석포제련소에서 지하수의 중금속 오염이 심각하게 나타나고 있다. 2019년 4월 환경부의 점검 결과, 석포제련소 공장 내부에서 52곳의 무허가 지하수 관정이 적발되었다. 그중 33곳의 지하수를 분석한 결과 공업용수 기준(0.02mg/L)을 최대 3만 7,650배 초과한 카드뮴이 검출되었다.

대구지방환경청의 조치명령이 내려졌지만, 2019년 11월부터 네 차례 실시된 석포제련소의 자체 조사 결과 지하수의 카드뮴 오염은 더욱 심각하게 나타났다. 공장부지 내에서 지하수 생활용수 기준(0.01mg/L)을 최대 33만 2,650배 초과한 카드뮴이 검출되었고, 인근 하천변에서도 최대 1만 6,870배 초과한 카드뮴이 검출되었다.

환경부는 석포제련소 내부의 중금속 지하수가 낙동강에 유출되는 것으로 판단했다. 영풍에서는 보도자료를 통해 정화명령을 성실히 이행하고 있다고 했지만, 지하수에서 고농도의 카드뮴이 계속 검출되는 원인이 무엇인지에 대해서는 밝히지 않았다.

20여 년 전에 폐광된 연화광산의 갱내수와 함께 석포제련소의 카드뮴 오염 지하수가 낙동강으로 흘러들고 있다. 청산하지 못한 역사가 되풀이되듯 연화광산의 오염관행이 영풍 석포제련소에서 재현되고 있다. 영남인의 식수원 낙동강 최상류에서 일어나고 있는 영풍그룹의 환경오염은 언제 끝날 수 있을까. (2020.06.24)

연화광산 대현리 광미적치장

산악지대에 자리한 봉화는 예부터 인적이 적은 고장이었다. 봉화의 주민은 “거의가 외지에서 산수비결(山水秘訣)에 따라 난을 두려워 피난해

연화산 중턱에 있는 '한양조씨 태련공파 5위 제단비'와 제단. 위쪽 묘에는 한양조씨 10세손 태련공 조신완과 부인이 합장되어 있다. 연화산이 고향인 이상식 영풍제련소봉화군대책위 대표가 안내하고 있다. ⓒ 손영호

온 입주자들"이었다.(『봉화군지』,1978)

연화광산이 있었던 석포면 대현리 연화산에도 난을 피해 숨어든 외지인이 있었다. 조선 중종 때 조광조가 국정 개혁을 주장하다 역적으로 몰려 사약을 받자(1519년 기묘사화), 조광조의 사종(십촌) 조신완이 멸족의 화를 면하고자 부친·형제들과 함께 영주로 피신했다 다시 연화산에 은거했다.

후손이 세운 제단비에 따르면, 조신완은 "구름도 쉬어가고 비조(飛鳥)도 날아들기 힘겨운 태산준령 험준한 산협"에 모옥(茅屋)을 짓고 둔거했다. 조신완과 자손들은 4대에 걸쳐 100년 간 "필설로 표현할 수 없는 고난과 통한 그리고 굴절의 세월"을 보냈고 이후 안동시 서후면 저전리로 옮겨가 집성촌을 이루었다.

조신완과 자손들이 숨어 살았던 곳은 '한티'라 불리는 연화산 골짜기였다. 본래 한티는 산으로 둘러싸여 사람이 드나들기 힘든 요새 같은 곳이었다. 일제강점기 미쓰비시가 연화광산 개발을 위해 산을 절개하고 신작로를 내면서 천혜의 방벽은 허물어졌다. 이후 영풍광업이 연화광산을 본격적으로 개발하면서 한티는 본래의 모습을 완전히 잃어버렸다.

연화산 골짜기를 광미적치장으로 만들어

이상식 영풍제련소봉화군대책위원회 대표는 한티마을에서 태어나 11살이 되던 1968년 여름까지 그곳에서 살았다. 한티 사람들은 땅에서 솟아나는 샘물을 마시고 계곡에서 맨손으로 버들치를 잡았다고 한다.

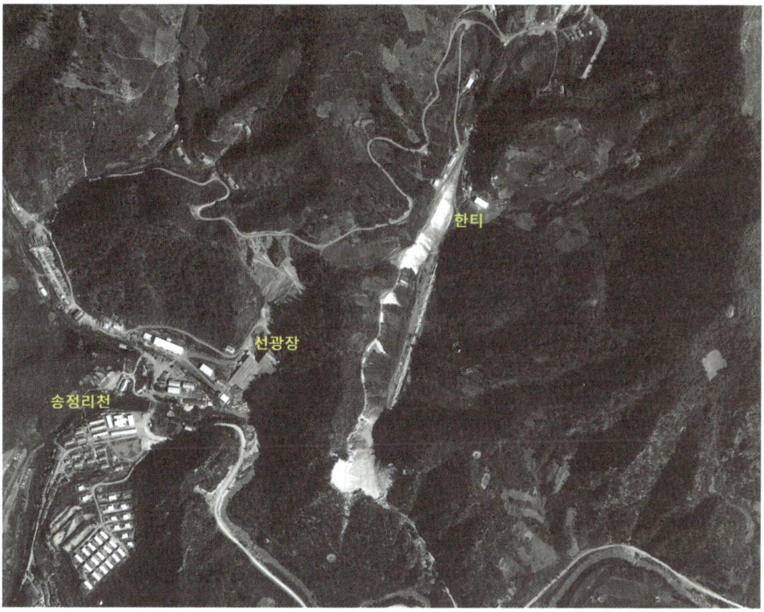

1968년 3월 연화광산과 한티. 골짜기에 광미적치장을 만드는 작업이 1968년경부터 진행되었다고 한다. ⓒ 국토지리정보원

1960년대 영풍광업이 연화광산을 개발하면서 수맥이 끊어져 샘물이 마르자, 한티 주민들은 땅을 팔고 떠날 수밖에 없었다. 30가구 정도의 원주민(광산노동자도 포함)이 쫓겨난 후 한티 골짜기는 광산폐기물인 폐석과 광미(광물찌꺼기)의 매립지가 되었다.

연화광산 개발 초기 광미는 송정리천에 버려졌다. 원광석에서 납과 아연을 분리하는 선광 과정에는 청산가리(시안화칼륨)와 같은 시약이 사용되었다. 맹독성의 시안이 섞인 광미가 송정리천에 흘러들면서 열목어를 비롯한 물고기가 절멸했다.

연화광산의 개발 규모가 커지고 폐석과 광미의 양이 늘어나자 영풍광업은 연화산 골짜기를 광미적치장(광미장)으로 만들었다. 1968년경부터 배수관을 설치하고 계곡 입구를 폐석으로 막아 광미댐을 만든 뒤 광미를 적치하기 시작했고, 몇 년 사이에 계곡은 광미로 가득찼다.

차수시설 없이 폐석 · 광미 묻어…
광미 유출사고 일어나기도

광산개발 과정에서 나오는 폐석(경석 또는 버럭이라고도 함)과 광미

1971년 11월 연화광산과 대현리 광미적치장. 광미가 매립되면서 한티 골짜기는 저수지처럼 변했다. ⓒ 국토지리정보원

에는 적은 양이기는 하지만 중금속이 함유되어 있다. 폐석과 광미를 매립할 경우 빗물에 의해 중금속이 용출될 수 있다. 광미에 포함되어 있는 독성 화학물질도 녹아나올 수 있다.

중금속과 독성 물질로 인한 피해를 예방하려면 차수시설을 해야 한다. 보통 하부와 사면에 차수시설을 한 다음 폐석과 광미를 매립하고, 매립이 끝나면 상부에 차수시설을 하고 복토와 식재를 한다.

폐기물의 양이 많고 넓은 지역에 적치할 경우에는 하부 차수시설을 하지 않고 사면과 상부 차수시설만 하는 방법이 채용되기도 한다. 하지만

휴광 5년 전인 1988년 10월 연화광산과 대현리 광미적치장. 광미가 가득 차면서 'V'자 모양이던 계곡이 평평해졌다. ⓒ 국토지리정보원

그럴 경우 하부 지질구조가 단층이나 절리가 없는 곳이어야 하고, 사면 차수 하부가 불투수층 깊이까지 닿게 하여 침출수가 이동하지 않도록 해야 한다. 이상식 대표의 말에 따르면, 대현리 광미적치장의 경우 차수 시설을 하지 않았다. 관련 기록이 확인되지 않아 광미적치장 조성과정을 구체적으로 알 수는 없지만, 위성사진으로는 하부와 사면 차수시설뿐만 아니라 상부 차수시설도 하지 않은 것으로 보인다.

광미는 물과 화학물질이 섞인 진흙 상태의 광물찌꺼기이다. 광미는 마르면 단단하게 굳지만 물기가 스며들면 다시 물렁해지기 때문에 비가 오면 재해 발생 요인이 된다. 특히 차수시설을 하지 않은 광미적치장은 더 위험하다.

실제로 대현리 광미적치장에서 광미유출 사고가 일어나기도 했다. 1972년 8월, 집중호우로 연화광산과 제2연화광산(삼척시 가곡면)에서 1억여 원의 피해가 발생했다. 구체적인 피해 현황은 확인되지 않지만 복구를 위해 광업진흥공사가 5천여만 원의 융자금을 지원했다고 한다.(〈매일경제〉 1972.9.22.)

정부와 지자체에서 복원사업 실시

1990년대 들어 휴 · 폐 광산으로 인한 환경오염이 사회 문제로 부각되자 1995년부터 정부와 지방자치단체에서 폐금속광산 복원사업을 실시했다. 연화광산에서도 우수배제시설 설치, 복토와 식재 등의 복원사업이 이루어졌다.

빗물이 광미에 스며드는 것을 예방하기 위해 광미적치장 상부 오른쪽에 우수배제시설(콘크리트 U형)이 설치되었다. 복토와 식재는 계곡 앞

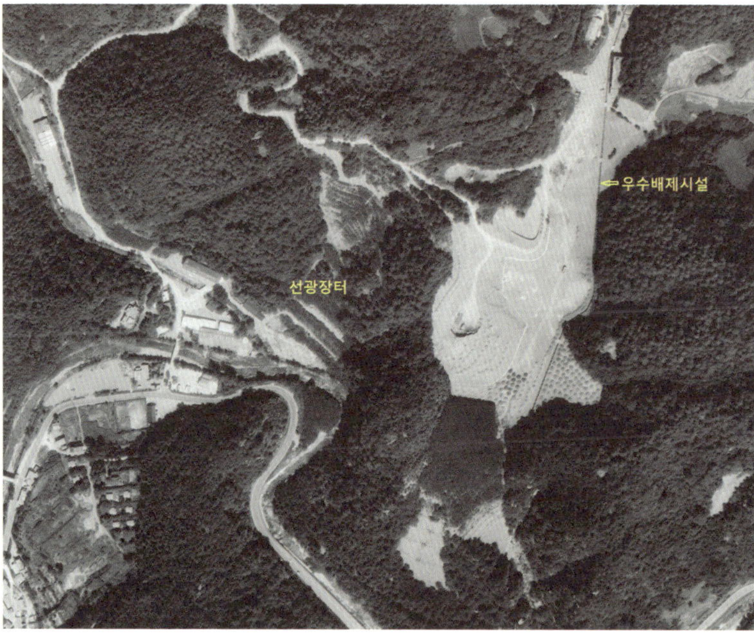

휴광 4년 후인 1997년 9월 대현리 광미적치장. 우수배제시설이 설치되었고 적치장 앞쪽에는 복토와 식재가 이루어진 것으로 보인다. ⓒ 국토지리정보원

쪽에서부터 시작되었고 이후 광미적치장의 많은 부분이 숲으로 덮였다.

현재 대현리 광미적치장은 겉으로 봐서는 광미가 매립된 곳이라는 것을 알기 어려울 정도로 숲에 가려져 있다. 하지만 1960년대 말부터 2000년 전후까지 30년 넘게 광미가 외부에 노출되어 있었기 때문에 그로 인한 환경오염이 상당했을 것으로 짐작된다.

빗물에 유실된 광미와 유해 침출수가 송정리천에 흘러들었을 것이다. 송정리천은 연화광산에서 3km를 흘러 낙동강에 합류하는 낙동강 최상류 지천이다. 연화광산의 광미와 침출수는 낙동강 생태계에도 심대한 영향을 끼쳤을 것이다.

폐광 20년 후인 2018년 10월 대현리 광미적치장. 광미댐아래 배수관으로 침출수가 흘러나와 송정리천에 유입된다. ⓒ 구글어스

광미댐 하부 배수관에서 침출수 흘러나와

현재 대현리 광미적치장 앞쪽에는 옹벽이 설치되어 있다. 폐석과 광미가 유실되지 않도록 광미댐이 있는 계곡 입구쪽에 돌망태를 계단모양으로 쌓아 올린 것이다. 정부와 지방자치단체에서 2002년 11월부터 2003년 12월까지 실시한 복구사업을 통해 만들어졌는데, 2억 8,100만원의 예산이 들었다고 한다.(〈중앙일보〉 2005.2.27.)

하지만 2004년 환경부의 사후관리 실태조사 결과, 옹벽 일부가 붕괴되어 폐광석이 하천으로 유실되었고 또 추가 유실 우려가 있는 것으로 확

2019년 4월 대현리 광미댐. 계곡 앞쪽에 돌망태 옹벽이 설치되어 있고 아래 배수관을 통해 침출수가 흘러나오고 있다. ⓒ 손영호

인되었다. 이듬해에 광해방지사업 예산이 편성되어 보강작업이 이루어졌다고 한다.

2019년 4월 광미댐을 방문했을 때 옹벽 아래 배수관에서 침출수가 흘러나오고 있었다. 물에서 화학물질 냄새가 났는데, 이상식 대표는 어린 시절 선광장 부근에서 맡았던 냄새와 같다고 했다. 침출수 조사에 관한 정보가 공개되지 않아 오염 정도를 알 수는 없지만 유해물질이 섞여 나오는 것으로 보인다.

'오염자 부담 원칙'에 따라 영풍그룹에 광해방지 책임 물어야

환경부 조사에 따르면 연화광산에는 폐석 400만㎥, 광미 200만㎥가 매립되어 있다. 다른 폐금속광산과 비교해 볼 때 매우 많은 양이며 전국에서 손꼽힐 정도이다. 연화광산이 우리나라 최대의 납 · 아연 광산이었던 만큼 폐석과 광미도 많았던 것으로 보인다.

2006년 '광산피해의 방지 및 복구에 관한 법률(광산피해방지법)' 이 시행됨에 따라 광해관리공단이 설립되어 광해방지사업이 실시되고 있다. 연화광산에서도 광해방지사업이 실시되고 있는데, 2007년에서 2018년까지 광미유실방지, 오염수질개선, 토양개량복원에 약 96억 원의 국민 세금이 투입되었다(같은 시기 제2연화광산에서는 281억 9,200만 원이 투입되었다).

(단위 : 백만원)

광산구분 Mine Dividing	시도 cities and provinces	군 county	광산명 Coal Name	유형 Type	2007	2008	2009	2010	2011	2012	2013	2014	2015	2016	2017	2018	계 Total
폐금속	경북	봉화	연화	광미유실방지	-	-	-	-	-	-	-	3	740	604	445	185	1,977
폐금속	경북	봉화	연화	오염수질개선	1	-	50	7	2	122	6	1,086	301	719	2,650	2,532	7,476
폐금속	경북	봉화	연화	토양개량복원	-	-	-	-	-	-	107	46	-	-	-	-	153
폐금속	강원	삼척	제2연화	산림토지복구	-	-	21	327	135	-	-	-	-	-	-	-	483
폐금속	강원	삼척	제2연화	광미유실방지	1,622	6,200	5,135	3,938	-	-	-	-	-	-	-	-	16,895
폐금속	강원	삼척	제2연화	토양개량복원	168	90	-	-	-	-	-	-	-	-	-	-	258
폐금속	강원	삼척	제2연화	오염수질개선	-	-	-	38	8	161	3	0	103	1,774	2,601	3,477	8,165
폐금속	강원	삼척	제2연화	지반침하방지	-	-	-	-	94	219	62	-	-	-	-	-	375
폐금속	강원	삼척	제2연화	폐시설물철거	-	-	-	-	392	-	-	-	-	-	-	-	392
폐금속	강원	삼척	제2연화	사후관리운영	-	-	-	-	-	7	35	32	99	115	932	404	1,624

연화 · 제2연화 광산 광해방지사업. 출처 : 『2018년 한국광해관리공단 통계연보』

연화광산 대현리 광미적치장. 오른쪽에 우수배제시설과 압기실(공기를 압축해서 갱내로 보내는 시설)로 사용되던 건물이 보인다. ⓒ 손영호

영풍은 연화광산을 개발해 남긴 이윤으로 석포제련소와 고려아연을 설립했고 오늘날 재벌그룹으로 성장했다. 하지만 폐광 후 연화광산에서 발생되는 광해는 국민 세금으로 관리되고 있다.

더 큰 문제는 광해방지사업이 언제까지 계속될지 알 수 없다는 점이다. 돌망태 옹벽에 문제가 생기면 다시 복구해야 할 것이고 침출수도 언제까지 흘러나올지 알 수 없다. 폐석과 광미가 연화산 골짜기에 묻혀 있는 한 사후관리는 계속될 수밖에 없을 것이다. 그밖에 오염 갱내수 발생, 폐갱으로 인한 지반침하 등이 연화광산에서 진행되고 있거나 예상되는 광해이다.

이 모든 문제는 영풍이 재벌그룹으로 성장하는 과정에서 일으킨 자연 파괴의 결과이다. 연화광산이 폐광되고 영풍광업(영풍산업)이 소멸되면서 오염원인자가 사라진 것처럼 여겨지고 있다. 재벌그룹이 남긴 환경오염 뒤처리에 국민 세금이 사용되는 것은 용납하기 어렵다.

연화광산으로 인한 광해는 오래 계속될 것이며, 그로 인한 피해는 석포와 영남 주민을 비롯해 낙동강을 터전으로 살아가는 모든 생명에게 돌아갈 것이다. '오염자 부담 원칙' 을 적용해 영풍그룹에 사후 책임을 묻는 것이 정의에 부합하는 일일 것이다. (2020.07.03)

연화광산 태백 고수골 광미적치장 (1)

> 연화봉 계곡 고수골 일대에서 중금속 중독으로 추정되는 생태계 파괴 현상이 나타나 환경청이 긴급 조사에 나섰다고 한다. 물이 겨울에도 얼지 않고 물고기가 멸종됐으며, 이 물을 먹은 닭 · 소 등 가축류가 떼 지어 병사하고, 이 물을 농용수로 사용할 경우 수확이 주는 등 심상치 않은 오염 중독 현상이 일어나고 있다는 것이다.(〈동아일보〉 1980.5.29.)

1980년 5월, 환경청은 태백시 동점동(당시 삼척군 장성읍) 고수골 일대에서 중금속 중독으로 추정되는 생태계 파괴 현상이 나타났다고 밝혔다. 언론들은 중금속에 의한 생태계 파괴 현상이 두드러지게 나타난 것은 우리나라에서 처음 있는 일이라고 보도했다.

고수골 생태계가 파괴된 것은 연화광산의 광산폐수 때문이었다. 당시 영풍광업은 고수골에 광미적치장(광미장)을 만들고 연화광산에서 나온 폐석과 광미를 매립하고 있었다. 광미에는 중금속과 맹독성의 청산가리(시안화칼륨) 등이 포함되어 있었는데 그로 인해 심각한 오염이 나타난 것이다. 고수골 광미장은 낙동강에서 2km 밖에 떨어져 있지 않아 폐수가 낙동강에도 유입되었을 것으로 추측된다.

환경청은 종합 환경오염 실태조사반을 편성해서 연화광산에 급파했다. 생태계 파괴여부를 중점 조사하는 한편, 인근 2백여 가구 주민을 대

1981년 4월 태백시 동점동 고수골 일대. 영풍광업이 폐석으로 계곡 입구를 막고 광미를 매립하면서 주변 생태계가 심각하게 파괴되었다. ⓒ 국토지리정보원

상으로 정밀신체검사를 실시하고 광산의 공해처리시설을 점검토록 했다고 한다.

한 달 뒤 환경청은 낙동강 상류 5개 대형 폐수배출업체에 대해 공해방지시설 개선명령을 내렸다. 5개 업체에는 당시 영풍그룹의 주력 기업이었던 영풍광업과 영풍 석포제련소가 포함되었다. 나머지 3개는 한국티타늄 석포공장, 쌍용양회 문경공장, 구미공단이었다.

하지만 환경청 실태조사반의 고수골 생태계 파괴에 관한 조사결과는 확인되지 않는다. 당시 우리나라 공해대책이 그랬듯이 조사결과를 공표하지 않고 덮어버린 것으로 보인다. 제대로 된 대책이 마련되지 않으면서 고수골 일대의 생태계 파괴는 이후에도 계속되었다.

영풍광업, 꽃밭 만든다며 고수골 땅 매입

연화광산이 있었던 연화산은 경북 봉화와 강원도 태백의 경계를 이루는 산이다. 차도와 철로가 놓이기 전, 연화산 자락의 곳재는 경상도와 강원도를 오가는 교통의 요로였다. 지금은 곳재 아래에 31번 국도 연화터널이 뚫려 있다.

곳재라는 이름은 옛날(고려시대로 주정) 고개 밑에 나라에서 곡식이

연화광산 광미장이 들어서기 전인 1968년 3월 고수골 일대. 곳재밑 마을과 미늘골에 열 가구 정도가 살았다고 한다. ⓒ 국토지리정보원

나 병장기를 저장해 두는 곳집이 있었던 데서 연유한다. 곳재 아래 긴 골짜기도 곳골(庫谷) 또는 곳실골(庫室谷)이라 불리다 지금은 고싯골 또는 고수골로 불린다.

예전 곳재 아래에는 곳재밑이라는 이름의 마을이 있었다. 곳재밑 아래쪽에 있는 사군다리 마을이 고향인 A씨(75세)에 따르면 곳재밑과 근처 미늘골에 열 가구 가량의 주민이 살았다. 주민들은 골짜기 샘에서 나오는 자연수를 마셨으며, 콩 · 옥수수 · 메밀 등 밭작물을 주로 재배했고 논농사도 일부 지었다.

A씨는 어린 시절 모내기를 하다 모가 모자라 어머니와 함께 리어카를 끌고 연화산 너머 석포면 석포리에 다녀오기도 했다. 지금의 영풍 석포제련소 1공장 터와 그 주변이 예전에는 논밭이었는데 그곳까지 가서 모를 실어왔다. 새벽에 출발해서 한밤중에 돌아오는 멀고 힘든 길이었다고 한다.

고수골 주변은 물이 깨끗해서 여름밤에 관솔불을 물웅덩이에 비추면 가재가 바글바글했다. 마을 사람들은 큰 가재를 주워 와서 끓여 먹곤 했다. 1급수에 사는 버들치, 뚜구리(동사리) 등도 많아서 주민들이 함께 고기를 잡아 매운탕을 끓여 먹기도 했다. 반딧불이가 지천으로 날아다녔고 주변 산에는 버섯도 많았다.

1970년을 전후해서 영풍광업은 대리인을 내세워 꽃밭을 만든다며 고수골 일대의 땅을 매입했다. 시세보다 높은 가격을 제시한데다 당시 박정희 군사정부 하에서 거부하기 어려운 분위기가 있어서 주민들은 땅을 팔고 이주를 할 수밖에 없었다. 원주민이 떠난 후 곳재밑 마을은 폐석과 광미로 메워졌고 주변 자연환경은 파괴되었다.

대현리 광미장에 이어 고수골에 두 번째 광미장 만들어

영풍광업은 1961년부터 연화광산을 개발했다. 채굴은 석포면 대현리의 연화산 중턱에서부터 시작되었고 사무실과 선광장 등 대부분의 시설도 대현리에 있었다.

연화광산 휴광 5년 전인 1988년 10월 대현리 광미장과 고수골 광미장. 연화산을 관통하는 중앙갱을 통해 폐석과 광미가 고수골로 운반되었다. ⓒ 국토지리정보원

개발 초기 영풍광업은 낙동강 지류인 송정리천에 광미를 흘려보냈다. 개발이 확대되면서 폐석과 광미가 많아지자 1968년경부터 대현리 연화산 골짜기에 광미장을 만들었다. 대현리 광미장이 채워지자 1970년대 초 연화산 너머 고수골에 두 번째 광미장을 만들기 시작했다.

폐석과 광미는 연화산을 관통하는 중앙갱을 통해 운반되었다. 폐석은 광차로 운반되었고 광미는 중앙갱 안에 설치된 파이프를 통해 운반되었다. 고수골 광미 매립은 1974년경부터 연화광산이 휴광한 1993년경까지 20년 동안 계속되었다.

A씨는 군대 가기 전에 대현리 광미장을 만드는 현장에서 일용 노동자로 일했다. 제대 후 1970년대 중반에는 연화광업소에 채용되어 측량과 시추 일을 하면서 고수골 광미장 조성 과정을 직접 봤다.

A씨에 따르면 광미장을 만들 때 먼저 폐석으로 계곡 입구에 광미댐을 만든 후 광미를 매립했다. 공사는 부실했다고 한다. 광미댐을 완성한 후에 광미를 매립한 것이 아니라, 일정 높이의 광미댐을 만들고 광미를 채워가면서 광미댐도 높여갔기 때문이다.

현장 방문과 위성사진 등으로 판단해 볼 때 고수골 광미댐 높이는 100m 가량 되고 길이는 200m가 넘는다. 고수골 광미장의 면적은 대현리 광미장의 3배 가량 되어 보인다. 자료가 확인되지는 않지만 매립된 폐석과 광미의 양도 매우 많을 것으로 추정된다.

2019년 11월 태백시 동점동 큰구무골 중앙갱. 연화광산의 폐석과 광미가 이 갱을 통해 운반되어 고수골에 매립되었다. 폐광 후 갱 입구는 레일과 철근으로 막혔다. 앞쪽의 콘크리트 벽은 계곡물을 갱으로 유도하기 위해 만든 것이다. 자갈과 흙이 갱 입구 절반 높이쯤 쌓여 있는 것으로 봐서 관리가 제대로 이루어지지 않는 것으로 보인다. ⓒ 손영호

부실공사로 폐석 붕괴사고 두 번 일어나

1990년 집중호우로 고수골 광미장에서 폐석 붕괴사고가 일어났다. 계곡을 평지로 만들기 위해 큰구무골 입구에 쌓아 놓은 폐석이 무너진 것이다. 흘러내린 폐석은 하천을 메웠고 불어난 빗물은 마을을 덮쳤다. 당시 A씨네를 포함해서 광미댐 아랫마을에 살던 주민들은 침수로 큰 피해를 입었다. 보상을 요구했지만 영풍광업은 천재라고 하면서 보상을 하지 않았다고 한다.

2008년 태풍 갈매기가 오면서 큰 비가 내렸고 큰구무골 폐석은 또다시 무너져 내렸다. 다행히 1990년 같은 피해는 없었다. 당시 흘러내린 폐석을 다시 실어 올렸는데, 2019년 방문했을 때 폐석이 드러난 땅이 그대로 있었다.

2008년 폐석 붕괴사고 후 주민들은 행정관청에 피해방지대책을 요구했다. 다음해 태백국유림관리소에서 약 1억 3,000만 원을 들여 재해예방 공사를 했다. 계곡 물길을 중앙갱으로 유도하는 콘크리트 벽이 설치되고 계곡에는 사방댐이 설치되었다.

현재 비가 올 경우 계곡물이 중앙갱을 통해 석포면 대현리로 흘러가게 되어 있다. 하지만 2019년 방문했을 때 중앙갱 입구에 자갈과 흙 등이 절반 높이쯤 쌓여 있었다. 관리가 제대로 되지 않는 것으로 보였다.

2019년 4월 태백시 동점동 큰구무골 일대. 앞쪽 평지는 2008년 집중호우로 무너져 내린 폐석을 다시 실어 올려 놓은 곳이다. ⓒ 손영호

큰구무골 사방댐. 2008년 폐석 붕괴사고 후 주민들의 요구로 설치되었다. ⓒ 손영호

차수시설 하지 않아 식수 오염되고 주민 건강피해 발생

대현리 광미장과 마찬가지로 고수골 광미장에도 차수시설이 설치되지 않았다. 곳재밑 주민들이 식수원으로 사용하던 계곡의 샘도 막지 않은 채 그 위에 광미가 매립되었다. 동점동 일대는 석회암 지대여서 지하에 동공이 많고, 샘도 지하수로를 통해 연결되어 있다고 한다. 매립된 광미가 주변 지하수와 하천에 영향을 끼칠 수밖에 없었다.

고수골 광미장이 조성될 당시 광미댐 아래 주민들의 식수원은 물내이골 석굴에서 나오는 샘물이었다. 물내이골은 고수골 입구에서 오른쪽으로 갈라지는 골짜기인데, 골짜기 안쪽에 있는 김녕김씨 종가집 밑의 석굴에서 맑은 물이 나왔다. 물내이골은 '물 나오는 골'을 뜻하며 무래이골 또는 수한촌(水寒村)으로도 불린다.

고수골에 광미가 매립되자 물내이골 석굴의 맑은 물은 광미장 하부와 연결된 주변 샘물과 섞였다. 그로 인해 마을 사람들이 식수와 농업용수로 사용하던 냇물이 광미로 오염되었다. 폐석을 쌓아서 만든 광미댐 하부에는 배수관이 설치되어 있었는데, 그곳에서 시커먼 폐수가 나오고 심한 악취가 나기도 났다. 고수골 오염과 관련해 〈연합뉴스〉(1995.8.28.)는 다음과 같이 보도했다.

> 고수골 호수는 시커멓게 물든 '죽음의 호수'였다. 태백지역 산악인 김부래씨(45, 태백시 화전2동)는 "당시 고수골 광미침전지는 연화광업소의 광산폐수 배출관으로부터 계속 시커먼 폐수가 쏟아져 나오고 화학약품 냄새가 진동해 가까이 다가가기도 힘들 정도였다"고 말했다.
> 수한촌 주민들은 "물이 맑아 무래이골이라고 불리던 수한촌이 25년 전께부터 샘물에서도 시커먼 물이 나올 정도로 오염돼 버렸다"며 "그러나 수돗물이 들어온 5년 전까지는 어쩔 수 없이 샘물을 먹어왔다"고 말했다.

식수가 오염되었을 뿐만 아니라 마른 광미가루가 날려 피해가 발생하기도 했다. 특히 건조한 봄철에는 안개가 낀 것처럼 검은 가루가 마을을 온통 뒤덮고 쾨쾨한 냄새가 진동했다. 주변 산의 풀과 나무가 고사하고 반딧불이와 버섯도 사라졌다. 광미로 인한 오염은 주민 건강에도 영향을 끼쳤다.

> 주민 김순남씨(70)는 "온몸이 가렵고 팔 다리는 만지지도 못할 정도로 아프다"며 "23세인 손녀는 원인도 모르는 병에 걸려 한쪽 팔과 다리가 기형이 됐다"고 주장했다.(〈연합뉴스〉 1995.8.23.)

수한촌 임복녀씨(58)는 "온 몸이 바늘로 찔리는 것처럼 아프다"며 "공해에 시달리던 이웃들이 하나둘씩 마을을 떠났으며 피해보상 등 여건만 허락한다면 지금이라도 이곳을 떠나고 싶다"고 호소했다.(〈연합뉴스〉 1995.8.28.)

고수골 광미장이 들어서기 전 수한촌에는 7가구 30여 명의 주민이 살았다. 연합뉴스 보도 당시 수한촌 주민은 3가구 6명으로 줄었고, 현재 수한촌에는 3가구 4명이 거주하고 있다. A씨는 주변 주민들 중에 암으로 죽은 사람이 많은데 그 원인이 광미 때문일 것이라고 말한다.

역학조사 없이 연화광산 폐광돼

고수골 일대 주민들이 식수오염과 신체통증을 호소하고 1995년 그 사실이 언론에 보도되자 태백시는 수질검사를 했다. 광미침전지 최종방류구(광미댐 하부 배수관)에서 시료를 채취해서 강원도 보건환경연구원에 검사를 의뢰했는데, 결과는 1급수에 해당한다는 판정이 나왔다.(〈연합뉴스〉 1995.08.28.)

납·아연 광산의 광미장 침출수가 1급수라는 검사결과는 믿기 어려운 것이었다. 주민들의 호소로 볼 때 역학조사와 대책마련이 필요한 상황이었지만 결국 아무것도 이루어지지 않은 채 고수골 오염 문제는 묻혔다.

1980년 고수골 생태계 파괴 현상이 확인되고 영풍광업에 공해방지시설 개선명령이 내려졌지만 상황이 달라지지 않았듯이, 1995년 식수오염과 주민건강피해 사실이 알려졌지만 역학조사가 이루어지지 않은 채 또

2001년 고수골 광미장 위에 모터스포츠 레저단지가 들어섰다. 2019년 11월 레저단지 뒤편 고수골 쪽에서 바라본 모습이다. ⓒ 손영호

다시 유야무야되었다.

1998년 연화광산이 폐광되고 3년 뒤 고수골 광미장에는 모터스포츠 레저단지가 들어섰다. 30년 간 이어진 주민들의 고통과 호소는 광미더미와 함께 서킷(경주코스) 아래에 묻혔다. 하지만 고수골 광미장으로 인한 오염과 위험은 지금도 계속되고 있다. (2020.07.20)

연화광산 태백 고수골 광미적치장 (2)

2020년 7월 4~5일 태백스피드웨이에서 국내 최장수 모터스포츠 대회인 '코리아스피드레이싱' 개막전이 열렸다. 코로나19 예방을 위해 무관중으로 치러진 대회에는 10개 클래스(배기량에 따른 등급)에 70개 팀

태백시 동점동에 있는 모터스포츠 경기장 '태백스피드웨이'. ⓒ 손영호

200여 명의 선수가 참가했다. 8월과 9월에는 같은 장소에서 2~4라운드가 열린다고 한다.

태백스피드웨이에서는 2019년에도 '넥센타이어 스피드레이싱' 2라운드와 4라운드가 열렸다. 어린이날에 개최된 2라운드에는 전국 15개 자동차 동호회의 차량 1,000여 대가 경기장을 찾았고, 고즈넉한 동네 태백은 스포츠카가 뿜어내는 요란한 배기음으로 떠들썩했다.

특히 2라운드 대회가 지역축제인 '태백 모터스포츠 페스티벌'로 펼쳐지면서, 대회 전날부터 숙박업소와 음식점 등 태백 곳곳이 사람들로 북적거렸고, 대회 당일에는 가족단위 관람객이 경기장을 가득 채웠다. 류태호 태백시장도 참석해서 "모터스포츠는 태백의 새로운 성장 동력이다"라는 인사말을 했다.(〈중앙일보〉 2019.5.6.)

사람들이 태백스피드웨이를 찾은 것은 자동차 경주와 휴식을 즐기기 위해서였을 것이다. 행사가 진행된 곳이 예전에 어떤 장소였고, 인적이 드문 태백 산골짜기에 어떻게 자동차 경주장이 들어서게 되었는지에 대해 관심을 가진 사람은 별로 없었을 것이다.

태백스피드웨이가 들어선 곳은 원래 고수골이라 불리던 골짜기였다. 영풍광업이 연화광산 개발 과정에서 폐석과 광미(광물찌꺼기)를 매립하면서 골짜기가 평지로 바뀌었고, 그 위에 모터스포츠 경기장이 들어선 것이다.

연화광산 폐광하면서 고수골 광미장 태백시에 기부채납해

영풍광업은 연화광산 개발 과정에서 폐석과 광미를 매립하는 두 개의

연화광산 폐광 1년 전인 1997년 9월 고수골 광미적치장. 4년 뒤 이곳에 모터스포츠 레저 단지가 들어섰다. ⓒ 국토지리정보원

광미장(광미적치장, 광미침전지)을 만들었다. 하나는 봉화군 석포면 '대현리 광미장' 이고 다른 하나는 태백시 동점동 '고수골 광미장' 이다.

광미는 묽은 진흙 상태로 광미장에 보내진다. 이후 침전이 이루어져 광미장 뒤쪽에 폐수가 형성되고 광미는 건조되어 굳는다. 광미 폐수는 주변 지하수와 하천에 흘러들어 수질오염을 일으키고, 굳은 광미에서 미세한 광미가루가 날려 주변 토양을 오염시키기도 한다.

연화광산 개발 과정에서 주변 생태계는 심각하게 파괴되었다. 특히 고수골 광미장 인근 마을에서 광미 폐수로 식수원이 오염되고 광미가루가 날려 주민들이 고통을 겪었다. 1993년 연화광산이 휴광한 후에도 광미장으로 인한 오염과 위험은 계속되었다.

연화광산 휴·폐광 과정에서 대현리에 있는 광산 터와 시설은 종교단체에 매각되어 사용되고 있다. 하지만 개발 당시의 갱도과 광미장 등이 그대로 남아있어서 광해발생 위험이 늘 있는 상태이다. 그동안 광해관리공단은 대현리 광미장에서 토양개량복원, 광미유실방지 등의 광해방지사업을 실시했다.

고수골 광미장은 대현리 광미장과는 다른 방식으로 처리되었다. 영풍광업(1992년 영풍산업으로 상호변경)은 고수골 광미장을 매각하지 않고 태백시에 기부채납 했다. 구체적인 과정은 확인되지 않지만, 일각에선 고수골 광미장 인근에서 식수원 오염과 주민건강피해가 나타나자 책임을 면하기 위한 방편으로 광미장을 태백시에 넘긴 것이 아니냐는 추측도 제기된다.

모터스포츠 레저단지로 바뀌면서 광미장 관리 주체 사라져

1996년 정부는 고수골 광미장 일대를 폐광지역진흥지구로 지정했다. 침체된 지역 경기를 활성화하고 민자 유치를 촉진하기 위한 조치였다. 당시 태백시는 탄광촌이었던 태백을 고원관광휴양도시, 체육도시로 바꾸기 위해 여러 가지 개발 사업을 진행하고 있었다.

고수골 광미장에는 모터스포츠 레저단지 건설이 추진되었다. 한국모터사이클연맹 회장이 대표로 있던 엠제이드림월드가 민자사업자로 지정되었고, 2000년 '환매특약부 매매' 방식으로 광미장의 소유권이 이전되었다. 엠제이드림월드는 광미장 위에 복토를 한 후 국내 최초의 국제

2019년 4월 태백스피드웨이 서킷(경주코스). 직선 코스는 900m, 서킷 한 바퀴는 2.5km이며 코스 폭은 13~17m이다. ⓒ 손영호

규격 오토바이 경기장인 '태백준용서킷' 을 개장했다.

이후 개발업체의 경영난 등으로 모터스포츠 레저단지의 소유권이 두 차례 이전되었고 운영주체도 변경되었다. 레저단지 이름도 '태백준용서킷' 에서 '태백레이싱파크' , '태백스피드웨이' 로 변경되었고 지금은 자동차 경주대회가 열리고 있다.

고수골 광미장에 모터스포츠 레저단지가 들어서면서 광미장 관리 문제가 나타났다. 대현리 광미장이 원래대로 남아 있는 것과는 달리, 고수골 광미장이 레저단지로 바뀌면서 광미장의 외형이 사라진 것이다. 레저단지가 들어선 이후 지금까지 광해관리공단, 원주지방환경청, 태백시 등 어느 곳에서도 고수골 광미장에 대해 책임 있는 관리를 하지 않고 있다.

레저단지 하부에 광미 400만t 묻힌 것으로 추정돼

고수골 광미장에 복토가 이루어지고 모터스포츠 레저단지가 들어서면서 그전처럼 광미가루가 날리지는 않게 되었다. 하지만 20년 간 광미장이 조성되는 과정에서 주변 토양은 중금속에 오염되었다. 환경부가 2000~2001년에 정밀조사한 결과에 따르면, 고수골 광미장 주변 표토에서 비소가 토양오염 대책기준(50㎎/kg)보다 약 4배(196.50) 높게 나타났고, 심토에서도 평균치를 크게 웃도는 것으로 나타났다.(〈강원도민일보〉 2001.5.11.)

환경부가 조사한 지점이 어디이고 이후 오염 대책이 마련되었는지 여부는 확인되지 않는다. 하부에 묻힌 광미에 대한 조사가 이루어졌는지

2019년 4월 태백스피드웨이 내부. 경기장 트랙과 관람석 등을 제외한 나머지 땅은 흙으로 덮여 있다. ⓒ 손영호

도 확인되지 않는다. 광미장을 관리하는 행정기관이 없다 보니 정기적인 조사나 대책 마련이 이루어지지 않았던 것으로 보인다.

현재 모터스포츠 레저단지는 경기장 트랙과 관람석 등을 제외한 나머지 땅이 흙으로 덮여 있다. 흙땅을 통해 빗물이 광미에 스며들면 광미가 물렁해져 지반이 불안정해질 수 있으며, 침출수가 발생해 지하수와 하천을 오염시킬 수 있다.

레저단지 하부에 묻힌 폐석과 광미의 양은 얼마나 될까? 태백시의 개발사업 고시에 따르면 모터스포츠 레저단지의 넓이는 24만 7,132㎡(7만 4,757평)이다. 대현리 광미장의 3배 가량 되고, 영풍 석포제련소 1공장에 있는 침전저류조(약 8,800평)의 8.5배나 되는 매우 큰 규모이다. 폐석과 광미의 양에 관한 구체적인 자료는 확인되지 않지만 〈강원도민일보〉(2001.5.11.)가 '400만t의 아연 슬러지'가 매립되었다는 보도를 한 적이 있다.

2005년 환경부의 『폐금속광산 토양오염 개황조사』에는 연화광산에 폐석 400만㎥, 광미 200만㎥가 매립된 것으로 되어 있다. 하지만 대현리 광미장만 언급되어 있고 고수골 광미장에 관한 언급은 없다. 환경부 조사에 두 개의 광미장이 모두 포함되었는지, 각각의 광미장에 매립된 폐석과 광미의 양이 얼마인지는 확인되지 않는다.

도수터널 · 비상수로 통해 광미폐수 흘러

1970년대 중반 연화광업소에 채용되어 측량과 시추 일을 한 A씨에 따르면, 고수골 광미장 조성 과정에서 광미장 하부에 도수터널이 설치되

고수골 모터스포츠 레저단지. 하부에는 도수터널(①→②)이, 외곽으로는 비상수로(①→④)가 설치되어 있다. ⓒ 구글어스

었고 외곽으로는 비상수로가 설치되었다.

먼저 고수골을 따라 길이 약 1.3km의 도수터널이 설치되었다. 도수터널은 ∩형 콘크리트 도수관으로 만들어졌다(폭 1m80cm, 높이 2m 가량). 도수관 상부에는 일정 간격으로 구멍이 나 있어 침출수가 관 내부로 흘러들게 되어 있었다. 도수관 내부에는 약 10m 간격으로 철제 H빔이 설치되었는데 폐석과 광미의 하중을 견디게 하기 위한 보강조치였다.

하지만 도수터널이 완공된 후 기능을 제대로 하지 못할 수 있다는 우려가 제기됐다. 나뭇가지, 자갈 등이 빗물에 쓸려 도수터널에 유입되면 내부에 설치된 H빔에 걸려 도수관이 막힌다는 것이다. 해결책으로 빗물을 유도하는 별도의 우회 비상수로가 설치되었다. 비상수로는 도수터널처럼 콘크리트 관으로 만들어진 것이 아니라 주변 석회동굴에 연결하는 방식으로 만들어졌다.

이후 고수골에 광미가 매립되면서 폐수가 도수터널을 통해 하천에 유입되었을 뿐만 아니라, 비상수로를 통해 석회동굴에도 유입되었다. 1995년 석회동굴이 발견되어 태백시가 조사를 했는데, 당시 동굴 안에 직접 들어간 A씨에 따르면 동굴 크기가 기차터널 만하며 동굴이 구문소 방향으로 이어져 있었다고 한다. 석회동굴 발견 사실을 보도한 〈연합뉴스〉(1995.08.18.)는 지하수 오염에 관해서도 지적했다.

> 연화광업소측이 이 석회동굴 아래에 콘크리트벽을 쌓아 계곡의 물을 그대로 동굴 속으로 유입되게 만들어 놓아, 20여 년 동안 중금속에 오염된 고수골 물이 아무런 대책 없이 땅속으로 유입, 지하수마저 심각하게 오염시키고 있다는 지적을 받고 있다.

낙동강이 시작되는 구문소에는 구문안들(구문소 안쪽 마을) 주민들이 식수원으로 사용하던 '용천' 이 있다. 고수골에 광미장이 들어서면서 용천 샘물에서 악취가 나고 중금속 가루가 섞여 나와 식수로 사용할 수 없게 되었다. 광미 폐수로 인해 용천이 오염된 것으로 추측된다.

도수터널 · 비상수로 관리되지 않고 오염 침출수 계속 나와

2019년 A씨와 함께 고수골 광미장 위쪽을 방문했을 때, 비상수로 입구와 도수터널 입구는 자갈과 흙 등으로 거의 막혀 있었다. 오랫동안 관리가 이루어지지 않은 것으로 보였다. A씨는 빗물이 빠지지 않아 광미에 침투하면 광미장이 붕괴될 수도 있다며 걱정했다.

2019년 11월 광미장 위쪽에 있는 비상수로 입구. 자갈과 흙 등으로 거의 막혀 있다. ⓒ 손영호

이후 A씨는 태백시에 자갈과 흙을 치워줄 것을 요구했고, 구문소동에서 임시 준설작업을 했다고 한다. 현재 A씨는 광미장 아랫마을인 구문안들에 살고 있다. 만약 광미장이 붕괴하면 광미가 마을을 덮칠 뿐만 아니라 2km밖에 떨어지지 않은 낙동강에도 유입될 것이라고 한다.

현재 고수골 광미장 앞쪽에 있는 광미댐 아래에는 도수터널 출구가 노출되어 있다. 2019년 두 차례 방문했을 때 도수터널 출구에서 물이 흘러나오고 있었다. 비가 오지 않아 계곡 쪽의 도수터널 입구에 물이 유입되지 않는데도 출구에서는 물이 나오고 있었다.

A씨는 광미장 하부의 샘을 막지 않은 채 광미를 매립했기 때문에 샘물이 도수관에 유입되어 흘러나오는 것이라고 했다. 도수관 내부에 설치된 철제 H빔에 녹이 생겨 녹물이 섞여 나온다고도 했다. 도수터널 출구 앞쪽에 모인 물은 육안으로도 오염된 상태로 보였다. 광미에 포함되어

광미댐 하부에 있는 두 개의 도수관. 오른쪽에 있는 ∩관이 도수터널 출구이다. 왼쪽 도수관은 근처 큰구무골의 계곡물이 나오는 곳이다. 오른쪽의 침출수는 육안으로도 오염된 상태임을 알 수 있다. ⓒ 손영호

있는 중금속과 녹 등으로 인해 오염되었을 것으로 추정된다.

도수터널 침출수에 대한 관리는 오랫동안 이루어지지 않은 것으로 보인다. 수질조사 여부를 확인한 결과, 원주환경청에서 2017년 6월부터 2019년 12월까지 수질조사를 했고, 태백시와 광해관리공단이 합동으로 2018년부터 연 1회 수질조사를 하는 것으로 확인되었다. 2017년 6월 이전 수질조사 기록이 없는데다, 최근 조사결과도 공개되지 않거나 일부만 공개되어 오염 정도를 파악하기는 어렵다.

고수골 광미장에 대한 책임 있는 관리 필요해

고수골 광미장 침출수는 2km 가량을 흘러 구문소 바로 아래에서 낙동

강에 유입된다. 현재 침출수에서 광미장 조성 당시처럼 심한 악취가 나는 것은 아니지만, 일정 정도 오염된 상태임은 분명해 보인다. A씨는 침출수가 유입되는 개천에서 수중생물을 거의 못 봤다고 한다.

도수터널의 안전성도 문제다. 도수터널은 1970년대 초반에 만들어졌다. 50년이 다 되어 가는 콘크리트 도수관이 현재 어떤 상태인지 알 수 없다. 비상수로 역시 마찬가지다. 도수터널과 비상수로에 대한 정기적인 점검과 관리가 필요하다. A씨는 빗물이 원활하게 배수될 수 있도록 광미장 상부 외곽에 별도의 우수배제시설(콘크리트 U관)을 설치해 줄 것을 요구하고 있다.

고수골 광미장과 관련해서 가장 큰 문제는 관리 주체가 없다는 점이다. 최근 A씨는 광미장 관리 책임소재를 밝히기 위해 국민권익위원회에

고수골 광미장에서 나오는 침출수는 2km 가량을 흘러 낙동강에 유입된다. © 구글어스

진정을 했다. 광해관리공단과 태백시가 협의를 진행하고 있다고 한다. 광미장 관리가 국민 세금이 투입되는 일이다 보니 행정기관이 서로 책임을 미루는 것은 아닌지 우려된다.*

고수골 광미장은 영풍광업이 남긴 유산이다. 1959년 설립된 영풍광업은 연화광산을 개발하면서 굴지의 광산업체가 되었다. 광산 개발을 통해 축적된 자본을 바탕으로 영풍 석포제련소와 고려아연이 설립되었고 재벌 영풍그룹이 탄생했다. 하지만 연화광산이 폐광된 후 고수골 광미장은 누구도 책임지지 않은 채 방치되어 있다.

고수골 광미장의 폐수와 침출수는 50년 가까이 낙동강에 흘러들었을 것으로 짐작된다. 400만t 규모로 추정되는 폐석과 광미가 묻혀 있는 한 앞으로도 계속 오염 침출수가 나올 것이다. 뿐만 아니라 광미장 인근 주민들은 광미장 붕괴 위험을 늘 안고 살아야 한다. 고수골 광미장으로 인한 오염과 위험을 언제까지 두고 볼 것인가. (2020.07.31)

---

* 국민권익위원회는 민원(2BA-2004-0122867, 폐광산 광해시설 관리기관 지정)에 대해 2020년 7월 6일 광해관리공단에 관리책임이 있다는 내용의 결정을 내렸다. 이에 광해관리공단은 재심의를 요청하였고 9월 28일 국민권익위원회는 원 결정을 유지한다는 결정을 내렸다. 국민권익위원회는 '광업법' 에 따른 광해방지시설 관리 의무가 적법하게 승계 또는 이전되었다고 보기 어렵고, 설사 합의각서 또는 계약서에 의해 광해방지 의무가 이전되었다 하더라도 민간업체 사이에 5차례에 걸쳐 복잡하게 이전되었고 그 이행을 담보할 법적 근거도 없다고 밝혔다. 또한 광해관리공단의 주장대로 관리의무가 적법하게 이전되었다면 광해관리공단을 비롯한 관계기관이 그 관리의무를 가진 자를 찾아 적법하게 관리토록 행정조치를 하는 것이 타당하고, 만일 관리의무를 이행할 자가 없다면 '광산피해의 방지 및 복구에 관한 법률' 제12조의 규정에 따라 "광해방지의무자가 직접 시행할 수 없는 경우에 해당" 되는 것으로 볼 수 있으므로, 광해관리공단이 같은 법 제7조에 따라 강원도 및 태백시 등과 적극 협력하여 광해방지 기본계획을 수립 · 시행하여 주민 피해 해소에 적극 대처함이 적절한 것으로 판단된다고 밝혔다.

제2연화광산과 광해

제2연화광산은 영풍광업이 1969~1986년에 개발한 금속광산이다. 주요 광종은 아연과 납이었고, 구리 · 은 · 철도 소규모로 채굴되었다. 제2연화광산은 연화광산과 함께 1970년대 영풍광업의 주력 광산이었으며,

제2연화광산이 있었던 삼척시 가곡면 풍곡리 일대(2019년 10월). ⓒ 구글어스

연화광산에 이어 국내 아연생산량 2위를 차지할 정도로 규모가 컸다.

제2연화광산은 삼척시 가곡면 풍곡리에 있었다. 강원도 최남단에 위치한 가곡면 풍곡리는 봉화군 석포면과 인접해 있다. 영풍 석포제련소가 있는 석포마을에서 북동쪽으로 이어지는 910번 지방도를 따라 올라가면, 태백산맥 등마루이자 봉화군과 삼척시의 경계인 석개재(해발 920m)에 다다른다. 석개재 너머 태백산맥 동쪽 사면에 자리한 산촌이 가곡면 풍곡리이다.

마을 이름에서 알 수 있듯이 풍곡리(豊谷里)에는 계곡이 많다. 그중 하나가 휴양지로 비교적 널리 알려진 덕풍계곡이다. 자연경관이 수려한 덕풍계곡은 트레킹 명소로도 이름이 나 있다. 덕풍계곡의 맑은 물은 가곡천을 이루어 동쪽으로 흐르며, 가곡천은 가곡면과 원덕읍을 거쳐 동해로 흘러든다.

제2연화광산은 가곡천 상류에 있었다. 덕풍계곡 입구에서 남서쪽으로 이어지는 소하천을 거슬러 오르면 또 하나의 계곡이 펼쳐진다. 지금은 폐쇄된 가곡자연휴양림 앞을 지나 길게 이어지는 계곡 주변에 제2연화광산이 있었다. 광산이 있었던 계곡의 물이 덕풍계곡의 물과 합류해서 가곡천을 이룬다.

태백산맥 골짜기에 콘트리트 사방댐 설치

2019년 4월, 제2연화광산의 흔적을 확인하기 위해 가곡천 상류를 거슬러 올랐다. 계곡 아래쪽에 수질정화시설이 있는 것을 제외하고는, 가곡자연휴양림에 이르기까지 여느 산골짜기와 다른 점을 발견하기 어려웠다.

가곡천 상류 계곡에 설치된 사방댐. ⓒ 손영호

가곡자연휴양림을 지나자 계곡을 따라 여러 개의 사방댐이 설치된 것이 눈에 띄었다. 인적이 드문 태백산맥 골짜기에 콘크리트 사방댐이 줄줄이 들어선 것은 뜻밖이었다. 2002년과 2003년에 태풍으로 광미와 폐광석이 대규모로 유실되는 광해가 발생했는데, 사방댐은 그 뒤에 만들어졌다.

사방댐 안쪽에 물이 고인 곳에서는 바닥이 붉은 빛깔을 띤 곳도 있었다. 유실된 광미에 섞인 철 성분 때문에 나타난 현상으로 보였다. 폐광석으로 보이는 돌들이 계곡을 따라 흩어져 있는 것도 보였다.

가곡천 상류에 제2연화광산 흔적 많이 남아

가곡자연휴양림 위쪽에 있는 선광장 터를 지나자, 계곡 왼쪽 산허리를 따라 낡은 콘크리트 구조물이 드문드문 눈에 띄었다. 광석운반용 레일을 떠받치기 위해 만들어진 것이었다. 광산 개발이 끝난 지 30년이 넘었지만 콘크리트 더미들이 마치 원래 산의 일부였던 것처럼 방치되어 있었다.

수직갱이 함몰되면서 생긴 것으로 보이는 지반침하지도 있었다. 둘레에 쳐진 철망 바깥에서 보는데도 마치 빨려 들어갈 것처럼 아찔했다. 광해관리공단에 따르면 제2연화광산에는 지반침하지가 두 군데 있다. 하지만 주변 산 속에 갱도가 거미줄처럼 얽혀 있어서 지반침하가 더 일어

광석운반용 레일을 떠받치던 콘크리트 구조물. © 손영호

제2연화광산 지반침하지. 현장에서 보면 아찔할 정도로 깊다. ⓒ 손영호

날 가능성을 배제할 수 없다.

지반침하지 주변에 금곡갱 · 선곡갱 · 월곡갱이라는 이름이 붙은 갱이 있었다. 계곡을 오르는 도중에 이름과 용도를 알 수 없는 갱들도 눈에 띄었다. 광해관리공단에 따르면 제2연화광산에는 폐갱구가 15개 있다.

선곡갱과 금곡갱의 입구는 철문으로 막혀 있고, '안전제일' 이라고 쓴 안내판이 붙어 있었다. 오래 전에 폐광된 갱의 모습은 아니었다. 근처에는 그리 낡지 않은 컨테이너도 몇 개 있었다. 그 중 하나는 '대한광업 가곡광산' 이라는 이름이 붙은 사무실이었다. 컨테이너 출입문은 모두 잠겨 있고 인적이 끊긴 지 꽤 오래되어 보였다.

제2연화광산은 1996년 광업권이 소멸되었지만, 광물가격이 오르면서 2008년 '가곡광산' 이라는 이름으로 재개발이 추진되었다. 하지만 2014

해발 400m에 위치한 선곡갱. 주변에 금곡갱, 월곡갱 등이 있다. © 손영호

년 가곡광산 개발 사업이 부적정하게 추진되었다는 감사원의 지적이 있었는데, 그 뒤 개발이 중단된 것으로 보인다.

풍곡리 골짜기에 두 개의 대규모 광미장 들어서

연화광산과 마찬가지로 제2연화광산에서도 두 개의 광미장(광미적치장)이 조성되었다. 하나는 선광장 터 왼쪽 계곡에 있는 '댐골광미장'이고, 다른 하나는 댐골 맞은 편 산 너머에 있는 '직내골광미장'이다. 두 개의 광미장 외에 선광장 위쪽, 계곡이 양쪽으로 갈라지는 곳에 폐광석 적치장도 만들어졌다.

제2연화광산 직내골광미장. 상부에 나무가 심어져 있고, 오른쪽 철망 안쪽에 우수배제시설(콘크리트 U형)이 설치되어 있다. ⓒ 손영호

2007년 광해관리공단이 밝힌 바에 따르면 제2연화광산에 광미 300만m³, 폐석 30만m³가 묻혀 있다. 2002년과 2003년 두 차례의 태풍으로 광미와 폐석이 유실되었음을 고려해 보면, 그 전에는 양이 더 많았을 것으로 추정된다.

광해관리공단이 2019년 3월에 공지한 '광물찌꺼기 저장시설 부지 현황' 에 따르면, 제2연화광산 두 개의 광미장 면적은 18만 2,386m²이다.(직내골광미장 12만 2,403m², 댐골광미장 5만 9,983m²) 부지 명단에 있는 57개 광산 중 제2연화광산의 광미장이 가장 넓다.

하지만 부지 명단에 연화광산의 광미장은 포함돼 있지 않다. 연화광산 고수골광미장의 넓이는 24만 7,132m²이고, 대현리광미장의 넓이는 고수골광미장의 3분의 1가량 된다. 연화광산 두 개 광미장의 넓이가 제2연화광산 두 개 광미장 넓이의 2배 가까이 될 것으로 추정된다. 결국 영풍광업이 개발한 연화광산과 제2연화광산의 광미장이 규모 면에서 1, 2위를 차지하고 있는 셈이다.

광산개발은 한때 풍요를 가져다줬지만 자연환경 파괴해

가곡면 풍곡리는 원래 산간 오지마을이었지만 광산이 개발되면서 급변했다. 제2연화광산을 위시해서 6개의 광산이 있었던 1980년대, 풍곡리는 인구 3,000명이 넘는 농촌형 광산도시였다. 당시 '개들도 만 원짜리를 입에 물고 다닌다' 는 말이 있을 정도로 풍족했다고 한다.

휴광 6년 전인 1981년 5월 제2연화광산 일대. 계곡을 따라 사택 · 사무실 · 선광장 등이 들어서 있고, 광미장 두 개와 폐광석적치장이 조성되어 있다. ⓒ 국토지리정보원

1980년대 후반 광산들이 문을 닫고 2000년대 초 태풍피해가 잇따라 발생하면서 풍곡리는 다시 산골의 작은 마을이 되었다. 2018년 말 기준으로 풍곡리에는 126세대 223명이 거주하고 있다.

광산개발은 한때 풍요를 가져다줬지만 자연환경 파괴라는 깊은 상처를 남겼다. 특히 제2연화광산으로 인한 광해는 심각했다. 주민들이 식수로 사용하던 계곡수가 오염되었다. 하류의 가곡천도 물고기가 살 수 없는 강으로 변했다.(〈동아일보〉 1979.6.14.)

1990년대 들어 폐광산의 환경오염 문제가 부각되면서 제2연화광산은 더욱 주목을 받았다. 강원대 환경연구소 임재명 교수팀이 1991년에 진행한 연구에 따르면, 제2연화광산 광재댐(광미댐)에서 흘러나오는 방류수의 수질을 조사한 결과 환경기준의 8.2배나 되는 납이 검출되었다.(〈한겨레신문〉 1992.3.17.)

또한 국제환경노동문화원의 이진국 박사팀이 1993년부터 2년간 조사한 '전국광해현황보고서'에 따르면, 제2연화광산 인근 하천 퇴적토양에서 카드뮴이 국내 평균 자연함유량(0.135ppm)의 최대 64배(8.697ppm), 평균 22배(3.0ppm)나 검출됐다.(〈경향신문〉 1995.8.30.)

태풍으로 광미 · 폐광석 유실되면서 가곡천 상류 큰 피해 발생

제2연화광산이 문을 닫은 후 산림청은 폐광지 일대에 자연휴양림을 조성했다. 폐광지 복구와 산림휴양공간 확충을 위해서였다. 1991년 선광장 아래쪽 계곡 일대가 국립가곡자연휴양림으로 지정됐다. 기존 광산시설에 대한 보수를 통해 숙박시설, 야영장, 체력단련장 등이 만들어졌

태풍으로 유실된 제2연화광산 댐골광미장(왼쪽)과 폐광석적치장. 출처 : 환경부, 『폐금속광산 토양오염실태 개황조사』, 2005.12

고 1994년 휴양림이 개장했다. 1일 수용인원 1,000~1,200명에 이르는 규모였다.

하지만 자연휴양림은 오래가지 못했다. 2002년 태풍 '루사'와 2003년 태풍 '매미'의 상륙으로 집중호우가 내리면서 휴양림 위쪽에 있는 댐골 광미장과 폐광석적치장이 붕괴했다. 유실된 광미와 폐광석이 계곡을 휩쓸면서 휴양관과 매표소를 제외한 대부분의 휴양림 시설이 파괴되었다.* 휴양림 아래에 있는 마을도 큰 피해를 입었고 가곡천도 심각하게 오염되었다.

녹색연합의 「태풍 '루사' 수해피해지역 조사보고서」에 따르면, 휴양림 아래 삼거리에 있는 집들이 침수되었는데 무너진 폐석이 지붕까지 덮을 정도로 피해가 컸다. 본래 가곡자연휴양림 일대는 산양이 서식하는 깊은 계곡으로 큰 비가 와도 토석이 거의 흘러내리지 않는 계곡이었다. 하지만 광해방지사업이 졸속으로 추진되고 폐광지 복구가 형식적으로 이루어지면서 참변을 낳았다고 한다.

* 큰 피해를 입은 가곡자연휴양림은 운영이 중단된 채로 있다가 2013년 휴양림 지정이 해제되었다.

태풍으로 인한 피해를 복구하는 작업이 진행되었다. 댐골광미장 복구와 사방댐 설치 공사 등이 이루어졌다. 하지만 공사는 부실했다. 환경부에서 광미장 옹벽 균열로 보수가 시급하다는 지적을 할 정도였다.

집중호우로 광미장 또다시 붕괴

2009년 7월 댐골광미장 복구공사 현장에서 붕괴사고가 또다시 일어났다. 가곡면에 102㎜의 집중호우가 내렸는데, 빗물이 계곡에 몰리면서 임시 배수로와 광미장 경사면이 무너졌다. 아연 등 중금속이 함유된 광미 3,000~5,000여t(추정)이 유입되면서 하류 가곡천은 가루 물감을 풀어놓은 것처럼 온통 짙은 회색으로 변했다. (〈강원도민일보〉 2009.7.11.)

삼척시의회의 조사에 따르면, 붕괴사고가 일어난 것은 강수량과 유속에 대한 사전검토가 부족했기 때문이었다. 이후 한쪽에만 설치되어 있던 광미장 배수로를 양쪽으로 만드는 공사가 진행되었다. 하지만 배수로가 추가되었다고 해서 댐골광미장의 광해가 사라진 것은 아니었다. 중금속과 유해 화학물질이 함유된 광미가 묻혀 있기 때문이다.

2016년 12월 MBC강원영동이 방송한 '보이지 않는 공포, 폐금속 광산'에 따르면, 댐골광미장에서 토양오염 우려기준보다 143배 높은 비소와 12배 높은 카드뮴이 검출되었다. 검사항목이 비소와 카드뮴 두 가지뿐이어서 다른 중금속의 함유 여부를 구체적으로 알 수는 없지만, 적지 않은 양의 다른 중금속도 포함되어 있을 것으로 추측된다. 광미에 함유된 중금속과 화학물질은 침출수의 형태로 하류 하천에 지속적으로 영향을 미치게 된다.

광미 침출수와 갱내수로 하천 오염돼

직내골광미장에서도 광해가 나타났다. 직내골광미장은 수질정화시설 뒤쪽 계곡을 따라 1km쯤 올라간 곳에 있다. 광미장에서 나오는 침출수와 광미장 아래쪽에 있는 폐갱에서 나오는 갱내수 두 가지가 광해발생의 원인이었다.

직내골광미장 조성 이후 오염 침출수가 흘러 나와 하류 하천이 오염되고 주변 마을 환경을 해치는 일이 계속되었다. 또한 광산 개발 당시 갱내수를 배출하기 위해 만든 갱이 직내골광미장 아래 계곡 가에 있었는데, 갱에서 다량의 오염갱내수가 흘러나와 하천으로 유입되었다.

2007년경부터 본격적인 광해방지사업이 실시되었지만 침출수와 갱내

직내골광미장에 설치된 우수배제시설. 바닥이 검붉게 변해 있다. ⓒ 손영호

수로 인한 광해는 계속되었다. 황갈색 침출수가 흘러 나와 광미장 아래 계곡에 침전물이 생기기도 하고, 하류의 하천 바닥이 검게 변하는 흑화 현상이 나타나기도 했다.

가곡면 주민들은 하천 오염으로 피서객과 관광객이 줄어들 것을 우려해 직내골에 수질정화시설을 설치해 줄 것을 지속적으로 요구했다. 주민들의 요구가 오랫동안 받아들여지지 않다가, 2019년 3월에 가서야 직내골 입구에 수질정화시설이 설치되었다. 주민들은 항구적인 오염방지책 마련, 주변 토양과 하천 퇴적토 정화, 주민건강영향 조사 등도 요구하고 있다.(〈전국매일신문〉 2019.9.9.)

직내골광미장 아래 계곡에 있는 갱. 다량의 갱내수가 흘러나오고 있다. ⓒ 손영호

광해와 광해방지사업, 언제 끝날지 알 수 없어

제2연화광산이 문을 닫은 지 30년이 넘었다. 그동안 많은 광해가 발생했고 앞으로도 광해가 발생할 것이다. 광미장에 빗물이 스며들면 침출수가 발생하고 지반이 불안정해지며 심할 경우 붕괴사고가 일어날 수 있다. 중금속이 섞인 갱내수가 지하수와 하천을 오염시킬 수도 있다. 광미장과 폐갱이 남아 있는 한 광해가 언제 끝날지 알 수 없다.

최근 기후변화가 전 지구적인 문제로 떠오르고 있다. 우리나라에서도 이례적으로 긴 장마와 집중호우로 산사태와 침수 등 많은 피해가 발생했다. 앞으로 이런 현상이 더 자주 나타나고, 강도도 더 세질 것이라고 한다. 폐광산이 더 위험해질 수밖에 없는 이유다.

그동안 제2연화광산 광해방지사업에 많은 비용이 들어갔다. 2007년부터 2018년까지 281억 9,200만 원이 투입돼 우수배제시설과 수질정화시설 설치, 광미유실과 지반침하 방지, 토양개량복원 등의 사업이 실시되었다. 앞으로도 광해방지사업이 계속될 것으로 보인다.

폐광산의 광해는 제2연화광산만의 문제는 아니다. 연화광산을 비롯해 전국의 많은 폐광산에서 광해가 발생하고 있다. 광해관리공단의 『3차 광해실태조사 총괄보고서』(2016.12)에 따르면, 우리나라의 광산 수는 5,544개인데 그중 휴폐광산이 4,843개(87%)이다. 휴폐광산 중 광해 발생이 확인된 곳은 2,167개이며, 그중 광해방지사업이 필요한 광산은 1,468개로 나타났다.

광해관리공단의 광해방지사업 추진실적을 보면, 1단계 기간(2007~2011년)에 654개 광산을 대상으로 3,916억 원이 투입되었고, 2단계 기간(2012~2016년)에 382개 광산을 대상으로 4,187억 원이 투입되었다. 현재 진행 중인 3단계 기간(2017~2021)에는 783개 광산에 6,250억 원의 사업비가 책정되었다.

하지만 3단계 기간에 책정된 사업비는 광해방지사업이 필요한 전체 광산에 소요될 추정사업비의 12.8%에 불과하다. 산업자원부의 '제3단계 광해방지기본계획(2017~2021)' 에 따르면, 광해방지사업이 필요한 휴폐광산 1,468개에 약 4조 9,000억 원의 비용이 소요될 것으로 추정되었다.(선순위 대상 783개 광산 2조 4,119억 원, 후순위 대상 685개 광산 2조 4,617억 원)

문제는 천문학적인 광해방지사업 비용 대부분이 국민 혈세로 충당되고 있다는 점이다. 1960~1980년대 급속한 산업화 과정에서 광산개발이 집중적으로 이루어졌지만 광해 문제는 도외시되었다. 1990년대 들어 광해 문제가 본격적으로 제기되면서 정부 차원의 광해방지사업이 실시되었다. 체계적인 광해방지사업은 2006년 5월 '광산피해의 방지 및 복구에 관한 법률' 이 제정되고, 산업자원부 산하에 광해관리공단이 출범하면서부터였다. 하지만 이미 대부분의 광산이 폐광되고 오염원인자인 광업권자가 사라진 뒤였다. 책임을 물을 대상이 사라지면서 광해 방지와 복구의 부담을 국민 모두가 지고 있는 것이다.

더 큰 문제는 광해가 언제 끝날지 알 수 없는 만큼 광해방지사업도 언제 끝날지 알 수 없다는 점, 그리고 광해방지사업을 하더라도 자연을 광산 개발 이전의 상태로 되돌릴 수 없다는 점이다. 경제성장이 지상과제이던 시절에 자연은 착취의 대상으로 취급되었다. 인간이 자연 생태계의 일부이며 건강한 생태계가 인간 생존의 기본 조건이라는 사실이 망각되면서, 광산 개발은 자연에게 회복될 수 없는 상처를 입혔다.

근대문명을 근본적으로 성찰하는 계기 되어야

광해는 상처 입은 자연이 인간에게 던지는 원망이요 분노일 것이다. 현재 진행되고 있는 광해방지사업은 상처 입은 자연을 보듬고 치유하는 과정의 하나라 할 수 있다. 하지만 광산개발로 파괴된 생태계를 본래의 모습으로 복구시키는 것이 불가능하기 때문에 광해방지사업으로는 진정한 치유가 이루어지기 어렵다.

한국의 산업화 과정에서 나타난 무분별한 광산개발과 그로 인한 자연생태계 파괴는 서구식 근대화를 아무런 비판 없이 도입한 결과라 할 수 있다. 광산개발이 초래한 생태계 파괴는 한국의 근대화 과정과 근대문명을 근본적으로 성찰하게 한다.

일본의 근대화 초기, 다나카 쇼조(田中正造 1841~1913)는 아시오 구리광산 광독 싸움을 통해 정치인에서 생명사상가 · 생태사상가로 거듭났다. 다나카 쇼조의 삶과 사상을 기록한 『참된 문명은 사람을 죽이지 아니하고』(고마쓰 히로시 지음, 오니시 히데나오 옮김, 2019)에 따르면, 다나카 쇼조는 사망하기 한 해 전이었던 1912년, 당시로서는 드물게 서구식 근대문명을 비판하며 다음과 같은 말을 남겼다.

> 참된 문명은 산을 황폐하게 하지 않고, 강을 더럽히지 않고, 마을을 부수지 않고, 사람을 죽이지 아니한다.

다나카 쇼조의 말은 자본주의적 산업화를 기반으로 한 근대문명이 근본적으로 어떤 문제점을 가진 것인지를 적확하게 지적하고 있다. 100여 년 전 서구식 근대화라는 시대의 대세 속에서 외로운 외침에 그칠 수밖에 없었던 다나카 쇼조의 주장은 오늘날 우리에게 매우 절실하게 다가

온다.

연화광산과 제2연화광산 개발과정에서 나타난 생태계 파괴와 폐광 이후 현재까지 계속되고 있는 광해를 통해, 영풍 자본의 성장과 한국의 근대화가 자연 약탈에 기초한 것임을 여실히 깨닫는다. 뭇 생명의 터전과 인간의 삶의 토대를 근본적으로 망가뜨리는 어리석은 짓을 더 이상 하지 말아야 한다. 자본의 이윤 추구와 인간의 욕망 충족을 위한 생태계 파괴, 이제는 멈추어야 한다. (2020.09.02)

잃어버린 곳, 잃어버린 사람들

김혜나

인간과 자연의 식민화 과정 비판
: 영풍석포제련소를 중심으로[1]

낙동강 상류에 위치한 아연공장인 영풍석포제련소는 설립 후 약 50년 간 심각한 환경오염과 주민, 노동자의 건강피해를 야기해 왔으며, 최근 들어 공장 폐쇄 주장을 둘러싼 갈등이 심화되면서 관련 문제들이 수면 위로 떠오르고 있다. 연화광산에서의 광업으로부터 이어져 온 제련소의 내력을 거슬러 올라가 보면, 일제강점기 전범기업 미쓰비시의 연화광산 개발이라는 사건과 마주하게 된다. 식민지기와 국가의 독립, 전 지구화의 굴곡을 거쳐 온 장소파괴의 역사는 구체적 현안들을 넘어 인간과 자연의 관계가 근본적 차원에서 변화해 온 과정을 함축하고 있다. 이 글에서는 석포제련소를 하나의 사례이자 통로로 얼굴을 드러내는 거대한 구조를 인간과 자연의 식민화라는 관점에서 이해하고자 한다. 이를 위해 식민주의에 대항하는 담론들의 의미와 한계에 대해 논의한 후, 인간중심적 (탈)식민화 개념을 재구성하기 위한 방안으로 정착형 식민주의와 토착성의 관점을 제안한다. 연화광산과 석포제련소의 여정

1) 이 글은 《경제와사회》 통권 제125호(2020.03)에 수록된 논문으로, 일부 문장과 표현이 수정되었습니다.

은 여러 '석포들'이 겪어야 했던 닮은 운명과 상호 중첩되면서, '식민 이후'에 더욱 일상화되고 지구화된 식민성을 폭로한다. 외부와 내부로 구분되는 식민주의의 도식적 경계를 허물고 정착형 식민주의의 관점에서 석포(들)의 현재적 역사가 지니는 중층성을 재해석함으로써, 토착적 삶의 귀환을 통한 존재와 장소의 탈식민화 가능성을 모색한다.

1. 석포의, 그러나 석포만의 것은 아닌 이야기

한 산골 마을이 있었다. 우뚝 솟은 산들 사이로 낙동강이 줄기를 이루기 시작하는 곳. 맞닿은 바위벽 사이의 틈이 사람 하나도 오롯이 허락하지 않던, 천연동굴을 곳곳에 숨기고 있던 신비로운 은둔의 땅이었다. 세속의 관심이 닿지 않던 내륙 벽지 봉화군의 연화봉에 아연광산을 개발하겠다고 나선 것은 일제강점기의 미쓰비시였다. 오랜 전설을 품은 바위벽이 무너지고 신작로가 생겼다. 상흔은 남았지만, 소나무 순과 칡기(칡) 가루를 끼니로 삼고 버들치와 자라를 벗 삼는 삶마저 잃어버리지는 않았다. 그러나 연화광업소가 들어선 후로는 비가 올 때면 '싸이나(청산가리) 물 내려온다'라는 외침과 함께 죽은 고기들이 물위로 떠올랐다. 양동이 그득히 고기를 담아 돌아가던 사람들은 물고기가 사라진 강을 마주하게 될 앞날을 꿈에도 상상하지 못했다.[2)]

1960년대 영풍광업의 전신이 설치한 연화광업소에 이어 1970년 영풍상사의 석포제련소가 생기고 나서는 강물 대신 폐수가 흐르고 물고기가

2) 여기까지의 내용은 2019년 2월 27일과 4월 20일 석포 방문 시에 석포가 고향이거나 인근에 거주하고 있는 영풍석포제련소 봉화군 대책위원회의 위원들이 들려준 이야기다.

멸종되었다(≪동아일보≫, 1971.2.26.; 1980.5.29.). 그러는 동안 석포리는 석포면이 되었다.[3] 기업도 국가도 '성장' 했다. 고요한 어둠을 간직했던 강산은 이제 밤에도 꺼질 줄 모르는 불빛과 연기로 채워졌다. 요란한 발전의 행진은 '침묵의 봄' 이 오는 소리를 묻어버리기에 충분했다. 광석이 고갈된 산을 떠나기는커녕 몸집을 불린 제련소[4]는 이제 외국에서 들여오는 광석을 제련해 세계 4위의 생산량을 자랑하고 있다.

매끈하고 빛나는 아연 뒤에는 이처럼 울퉁불퉁하고 지난한 역사가 있다. 당장 시급한 문제로 제기되고 있는 것은 제련소 설립 이후 50년 가까이 자행되어 온 환경범죄에 관한 것이다. 공장부지와 매립지의 불법 폐기물 매립, 낙동강 상류에서의 폐수유출과 중금속 오염, 대기오염물질 배출과 수치 조작 등 장기간에 걸친 전 방위적 환경파괴, 그리고 이와 연결된 문제로 주민과 노동자의 건강피해, 공장 폐쇄를 주장하는 주민/환경단체와 공장 유지를 주장하는 노동자/사측 사이의 갈등 등이 있다.

이와 같은 구체적 현안들을 넘어 시야를 확장해보면, 연화광산에서부터 시작된 개발의 역사는 시간적으로는 일제강점기 혹은 그 이전부터 오늘날까지 이어지며, 공간적으로는 지역과 국가를 넘어 전 지구적 차원의 변화와도 연결되어 있다. 여기서 환경과 인간사회의 문제는 서로 분리되지 않으며, 앞에서 제시한 문제들로만 국한되지도 않는다. 인간

---

3) 소천면에 속해 있던 석포리, 승부리, 대현리가 통합되어 석포면으로 분리되었다(1983년).

4) 봉화의 제1연화광산과 삼척의 제2연화광산은 각각 1998년과 1987년에 폐광되었다. 광산 폐광 후에도 수입 아연정광으로 운영을 지속하고 있는 석포제련소는 현재 세 개의 공장을 갖추고 있으며, 전체 면적은 약 49만 제곱미터에 이른다. 1970년에 제1공장, 1974년에 제2공장을 지었고, 2005년 제3공장 건설허가가 거부되자 불법건설 후 14억 600만원의 과징금을 납부하고 양성화했다(≪가톨릭뉴스≫, 2018.12.13.). 제3공장은 원광석에서 아연을 뽑아낸 뒤 남은 찌꺼기(슬러지)에서 금, 은, 구리를 추출하는 재처리공장이다(≪한국일보≫, 2014.8.27.).

과 자연의 관계는 더 넓고 심오한 차원에서 형성되고 변화되어 왔으며, 인간과 사회의 문제 또한 인식론, 정치학, 존재론 등의 다차원적 측면을 포함하는 중층성을 갖는다.

여기서는 석포를 하나의 통로로 그 모습을 드러내는 현재적 역사의 다양한 표정들을 '식민화' 라는 얼굴로 포괄해내고자 한다. 일제강점기 미쓰비시가 개발을 시작한 연화광산에서 역사적 시기로서의 식민주의(colonialism)는 장소파괴의 기원들 중 하나로서 중요한 의미를 갖는다. 식민화를 비유적 의미로 확대함으로써 실제적이고 구체적인 폭력을 추상화하는 것을 경계하는 Tuck과 Yang(2012: 21)의 주장은 시공간을 비교적 특정할 수 있는 전통적 식민주의 개념을 등지기 어려운 이유를 대변한다. 하지만 이들도 '식민적 현재' 를 부정하는 것은 아니다. 포섭, 배제, 강압, 주변화 등의 다양한 전략을 통해 다른(other), 먼(distant), 더 약한(weaker), 종속된(dependent) 사람, 지역, 영토에 대한 통제와 권위를 유지, 확대하는 식민화 과정의 기본적이고 공통적인 구조는 석포를 포함한 지구 곳곳에서 현재적 경험으로 실존한다.

나아가 인간과 자연을 분리하지 않고 인간과 자연이 함께 겪었던 일을 총체적으로 이해하기 위해서는 주로 인간중심적 맥락에서 논의되어 온 식민화 개념의 지평을 확대할 필요성이 제기된다. 환경과 식민주의의 관계에 천착한 연구들은 전 세계적으로 인간과 자연, 사회와 환경의 관계를 근본적으로 바꾼 계기를 식민지기로 보며, 그 유산이 현대까지 영향을 미칠 뿐 아니라 여전히 작동 중인 생태제국주의를 통해 확대 재생산되고 있다고 주장한다(Curtin, 2011; Mrozowski, 1999; Murphy, 2009; Philip, 2001). 토지, 대양, 대기에 대한 식민화가 이미 포화상태에 이름에 따라 이제는 생명 그 자체가 마지막 식민지로서 약탈당하고 있다는 Shiva(2016)의 주장과 '멀리 떨어진(away)' 토지에 대한 식민적 태도 위에서 플라스틱이 손쉽게 버려지는 현실을 '쓰레기 식민주의(waste colonialism)'로 설명하는 Rioboiron(2018)의 논의 속에서, 인간과 자연에 대한 식민화는 더욱 생생한 현재성을 획득하고 있다.

이처럼 식민화 개념은 실제로 존재했던 과거의 식민주의를 중요한 계기로 다루면서도 현재진행형인 식민성(coloniality)[5]으로 지평을 확대함으로써 과거와 현재, 실재와 은유 간의 대화를 가능케 한다. 식민화 과정은 정치, 경제, 사회, 문화, 심리, 지리, 환경 등 거의 모든 측면에서의 변화를 의미하며, 이는 복잡한 현상을 특정한 하나의 차원으로 환원하는 것을 지양하게 해 준다. 그것은 식민자와 피식민자를 구분하면서도 미묘한 상호작용을 통해 양측의 정체성이 중첩되고 변형되며 새로운 정체성이 형성되는 과정을 포착할 수 있도록 한다.[6] 인간과 자연의 상호구성적(constitutive) 경험과 영향을 통합적 시각으로 이해할 수 있게 만들며, 여러 사례를 관통하는 일반적 구조와 메커니즘을 밝히는 데도 도움이 된다.

다음에서는 영풍석포제련소의 사례를 통해 현대 사회의 물질적 기반이 되는 금속의 생산을 둘러싸고 인간과 자연이 식민화되어 온 역사에 다가가고자 한다. 그것을 독립적 사건이기보다는 식민화에 의한 자연(성) 상실이라는 거대한 구조의 한 사례로 다루고, 지나간 과거 또는 당면한 현재에 국한된 사건으로서가 아니라 역사의 연속성과 단절성 위에서 파악함으로써, 구체를 통해 보편에 의문을 제기하고자 한다. 그리고 그 상실의 과정을 생태적 시선으로 바라봄으로써, 인간과 자연을 포괄

---

5) Grosfoguel(2011)은 고전적 식민 상황을 '전 지구적 식민주의'로, 현재의 식민 상황을 '전 지구적 식민성'으로 구분한다.

6) Kortright(2003)은 식민화 과정이 식민 상황을 벗어나기 위해 식민자를 닮으려 하는 피식민자 측의 변화를 야기할 뿐 아니라, 식민자와 피식민자 모두에게 파괴의 문화를 주입하는 병리적 효과를 가진다는 점을 지적한다.

하는 탈식민적 세계를 지향하는 것이 이 글을 통해 추구하는 바이다.

2. 빨간 잉크를 찾아서

동독의 한 농담에서 어느 독일 노동자는 시베리아로 취직을 해서 친구와 자유로운 서신교환이 어려워지게 되자 편지의 내용이 진실일 때는 파란 잉크로, 거짓일 때는 빨간 잉크로 쓸 것을 약속한다. 얼마 후 도착한 편지에는 파란 잉크로 그곳은 모든 것이 만족스러운 파라다이스라는 내용이 적혀 있었다. 단, 빨간 잉크를 구할 수 없다는 사실을 제외하고. 지젝(Žižek)은 이 농담을 통해 "우리가 '자유롭다고 느끼는' 것은 우리의 부자유를 표현할 언어 그 자체가 결여되어 있기 때문"은 아닌지 질문을 던진다(Žižek, 2011: 11~12). 이 이야기는 어쩌면 '식민화'라는 개념이 우리 시대의 빨간 잉크일지도 모른다는 생각을 불러일으킨다.

식민주의가 끝났다는 인상은 제2차 세계대전 후 제국들로부터 식민지국들의 독립과 관계가 있다. 그러나 제국의 입장에서 식민주의의 종결로 간주되는 상황이 제3세계, 그리고 제국 내의 서벌턴(subaltern)의 관점에서는 지구적 · 국가적인 식민 상황의 지속에 불과했다. '식민 이후'를 둘러싼 연대기적 의미와 인식론적 의미 간의 긴장(이경원, 2003: 27)은 과거와 현재의 식민주의에 대한 이해를 논쟁적으로 만드는 요인이 된다.[7]

이와 같은 복잡한 식민 상황은 그 복잡성만큼 다양한 관점에서 해석되

7) 이러한 개념상의 문제는 주로 '포스트(post-)'라는 접두어와 관련되는데, '포스트'를 '이후'로 이해할 때는 식민주의의 종결 또는 유산을, '후기'의 의미로 사용할 때는 식민주의의 연속성을, '너머'나 '탈'로 해석할 때는 식민주의의 극복을 뜻하게 된다.

어왔다. 상충하면서도 중첩되는 (탈)식민의 의미들을 고려하면 배타적으로 구분할 수 있는 성격의 것은 아니지만, 논의를 위해 식민주의에 대한 반응을 크게 반식민적 접근(anticolonialism), 포스트식민적 접근(postcolonialism), 탈식민적 접근(decoloniality)으로 나누어 볼 수 있다.

먼저, 역사적 사건으로서의 반식민주의는 제국의 지배에 대한 식민지국들의 투쟁사와 관련된다. 19세기와 20세기에 걸쳐 세계 곳곳에서 일어난 반식민주의는 정치경제적 불복종에서부터 폭력적 저항에 이르기까지 독립과 민족 해방을 위해 식민 체제의 통제에 맞섰다(Morrissey, 2014). 반식민주의가 식민지국으로부터 제3세계로 이어지는 식민화의 역사적 궤적을 추적할 수 있도록 하고, 민족 단위를 넘어선 국제적 연대의 뿌리가 된다고 보는 입장도 있지만(Elam, 2017; Morrissey, 2014), 제국주의를 추동한 것 역시 민족주의 이데올로기였고, 민족국가가 식민주의의 담론과 실천을 반복하고 재생산한다는 점에서 비판받기도 한다(Al-Abbood, 2005: 219; Doran, 2019: 94~97; Grosfoguel, 2011). 이러한 이유로 아래에서 살펴볼 포스트식민적, 탈식민적 입장은 탈민족주의를 중요한 요소로 포함한다.

포스트식민주의는 유럽적 사고와 문화의 탈중심화를 지향한다는 점에서 포스트모더니즘이나 포스트구조주의와 지적 계보를 공유한다(Young, 2004: 48~52). 이러한 사상적 위치는 탈정치성과 탈역사성의 혐의를 받는 이유가 되기도 한다(Trees & Nyoongah, 1993; Eagleton, 1998). 이는 포스트식민주의가 서구의 바깥을 지향함에도 불구하고 여전히 서양 사상에 바탕을 두고 있다는 점과도 관계된다. 이러한 문제에 직면하여 Moore-Gilbert(1997: 5~33)는 포스트식민주의의 기원을 비서구의 반식민주의 문학을 지칭하는 '포스트식민 비평'에 두고, 포스트식민 비평을 유럽 이론과 통합한 포스트식민주의를 '포스트식민 이론'으로 재정립하고자 한다. 그럼에도 문학 이론에서 파생되었다는 태생적 한계로, 식민화의 문제를 주로 문화의 측면에서 바라본다는 점은 비판의 대상으로 남는다(Lazarus, 2011: 7~9).

이런 비판을 토대로 '포스트식민주의를 탈식민화' 할 것을 주장하는 근대성/식민성 이론은 여전히 '식민적 상처'와 함께 살아가는 이들의 입장에 설 것을 선언하고 있다(Grosfoguel, 2011). 이 이론은 식민성과 근대성의 상호구성적 관계를 폭로하기 위한 근대성/식민성(modernity/coloniality) 개념을 통해 식민성 없이는 근대성이 존재할 수 없(었)다는 점을 분명히 한다(Grosfoguel, 2011; Tlostanova & Mignolo, 2009: 132, 134). 그러므로 탈식민화는 전 지구적 식민성 내에 머무르기보다는 식민성의 파괴를 통해 다른 세계를 만드는 것이어야 하며, 이는 탈식민화(decolonizing)가 동시에 탈근대화(demodernizing)여야 함을 의미한다(Tlostanova & Mignolo, 2009: 143~145).

유럽의 식민주의를 참조점으로 구성된 위의 담론들은 한국에서의 탈식민 이론 형성에도 영향을 미쳤다. 유럽의 제국들과 달리 식민주의의 후발주자이자 아시아의 제국으로 이웃 국가들을 식민화했던 일본의 특수성, 그리고 포스트식민 사상들이 배태된 지리문화적 맥락과 차이가 있는 동아시아라는 배경은 (탈)식민 국가로서 한국에 대한 이해를 어렵게 만드는 동시에 추가적 분석을 요구한다(Paik, 2000: 74; Watson, 2007: 171~172).

한국에서 식민주의에 대한 논쟁은 1960~1980년대의 담론을 주도했던 내재적발전론, 1990년대 무렵 등장한 식민지근대화론, 2000년대 이후 탈근대주의와 탈민족주의 경향에 따른 식민지근대성론 등으로 그 흐름을 요약할 수 있다. 내재적발전론과 식민지근대화론은 그 표면적 차이에도 불구하고 근대화와 발전을 지향한다는 공통점을 공유한다. 둘 사이의 오랜 대립과 논쟁에 도전한 식민지근대성론은 앞에서 논의한 근대성/식민성 이론의 기본 가정, 즉 모든 근대성의 이면에는 식민성이 있다는 주장에서 출발하지만, 식민지에서의 미시적 일상들과 '식민지 인식의 회색지대'와 같은 개념을 통해 저항과 협력이 교차하는 지점, 복잡하고 미묘한 식민지의 사회상 등을 밝히는 데 관심을 둔다(윤해동, 2014; Shin & Robinson, 1999). '근대성 내부의 경계 지우기'로 인한 저항과 대안의 모호성은 식민지근대성론이 포스트주의와 연결되는 지점이기도 하다(황정아, 2016: 50). 식민지근대성론은 '민족주의'와 '근대화'(윤해동, 2014: 199)만으로 포착되지 않는 지점으로 나아가고자 했으나, "식민주의를 근대성으로 환원시키는 논리"로 인해 식민성이 근대성에 매몰될 수 있다는 문제가 제기된다(황정아, 2016: 47). 또한 "근대를 식민 기원(紀元)의 시간으로 규정"함으로써 근대를 특권화한다는 비판에 직면한다(김홍규, 2013: 16~20). 더불어 (유럽)제국과의 접촉이라는 획일적 기준으로 세계의 역사를 구분하는 것 자체가 이미 유럽 중심적 시각에서 비롯된다는 지적도 곱씹어 볼 필요가 있다(Ahmad, 1995: 9; McClintock, 1992: 86).

위의 시도들은 식민적 현재를 인식하고 그 영향과 변혁의 가능성을 모색하도록 해 주며, 인간 간의 식민화 과정을 이해하고 비판하는 데 유용성을 갖는다. 한편으로는 여전히 식민주의에 대한 논의를 근대성과 유럽중심성 속에 재위치시키는 딜레마에 처해 있다. 이 지점에서 포스트식민의 모태이자 출발점이 되었던 '문명의 변방'으로 되돌아갈 필요성이 제기된다(이경원, 2003: 41). 식민화 과정에서 가장 심각한 박탈을 겪은 것은 제1세계와 제3세계의 대립적 범주로부터도 배제된 '제4세계'의 구성원들이며, 그중에서도 특히 자연적인 삶의 방식을 유지하고 있는 원주민들이다(Shohot, 1992: 105). (탈)근대성과 유럽중심성이 근거하고 있는 인간중심성의 절대화된 기준을 넘어서면 이는 원주민과 분리할 수 없는 자연을 포함할 것이다. 인간에 국한된 식민화 개념만으로는 진정한 빨간 잉크를 얻을 수 없다는 인식을 바탕으로, 아래에서는 식민화 개념의 재구성 가능성을 모색하고자 한다.

인간과 자연의 관계를 고려하는 식민주의 담론에서 식민화는 단순히 다른 인간과 지역에 대한 지배, 통제, 착취를 넘어 추상적 공간의 생산과 이를 통해 인간이 토지와 자원[8], 공동체로부터 소외되고, 토지가 삶과 생명으로부터 소외되는 과정으로 그 의미가 확대된다(Corntassel, 2012: 88; la paperson, 2017; Murphy, 2009: 8). 이런 관점에서 자연을 상실하고 자연과의 관계를 잃어버린 현대 사회는 정착형 식민주의(settler colonialism)의 종착역에 비유될 수 있다.

인간 사회의 맥락에서 정착형 식민주의는 착취형 식민주의(exploitation colonialism)/외부적 식민주의(external colonialism)와 달리 식민자들이 식민화하려는 영토에 살고 있던 원주민을 쫓아내고, 죽이며, 문화생물학적으로 동화시킨 후 그곳에 정착하여 살아가는 식민주의의 유형을 뜻한다. 자연 속에서 고유한 삶의 방식을 영위하는 원주민 집단이 존재하지 않는 한국의 현실은 이미 정착형 식민주의의 토대 위에서 정치경제적 지배와 착취, 거주지의 파괴와 오염을 통한 추방 및 이주, 신체적 · 정신적 침해, 동화 및 포섭과 같은 인간의 식민화가 심화되는 과정으로 볼 수 있다. 한국적 경험을 제대로 이해하기 위해서는 기존의 식민담론과 자연을 포함한 정착형 식민주의의 담론을 모두 필요로

8) 여기서 자원은 일반적인 의미와 같이 이용, 착취, 매매의 대상이 되는 사물화된 상품으로서의 자연이 아니라, re-source의 어원(surgere)이 의미하듯 아지랑이처럼 계속해서 솟아나는 자연의 풍부함과 복원력을 나타내는 것으로 이해할 수 있다(Shiva, 1993: 206).

한다.

Whyte(2018: 134)는 정착형 식민주의와 생태, 환경 정의의 관계에 대한 연구를 바탕으로 "그 장소들의 식물, 동물, 물리적 실체, 생태계와 확립한 관계로부터 이미 경제적 활력, 문화적 번영, 정치적 자결권을 얻은 하나 이상의 다른 사회들이 거주하고 있는 육상, 수상, 대기의 장소들로 최소한 하나의 사회가 영구적으로 이주하려고 하는 복잡한 사회적 과정"으로 정착형 식민주의의 정의를 확장한다. 여기서 인간과 자연은 모두 식민화 과정에 포함되는데, Fischer-Kowalski와 Haberl(1998: 575~576)은 자연의 식민화를 "사회적 목적을 위한 유용성을 극대화하는 방식으로 자연적 시스템을 변형"하고 그것에 개입하는 것으로 정의하며, 이는 곧 자연자원을 이용하기 위한 인간 노동의 증가를 필요로 하는 등 인간의 식민화와 연결된다고 말한다.

인간과 자연을 포함한 토착적 존재와 세계에 대한 정착형 식민주의를 이해하는 데 있어 la paperson(2017)의 논의는 중요한 시사점을 제공한다. 그는 정착형 식민주의의 구조를 정착자(settler)-토착민(native)-노예(slave)의 삼각형으로 설명하는데, 이는 예컨대 미국의 맥락에서 백인-원주민-흑인의 정체성에 대응하는 것이 아니라 각각 공간(space), 세계(world), 시스템(system)에 대응된다. '정착자'는 예외적 권리가 주어지는 이상화된(idealized) 공간이며, '토착민'은 법과 권리 이전에, 그리고 바깥에 존재하는, 부정되고 제거되어야 할 세계를 의미한다. '노예'는 노동의 범주가 아니라, 존재를 교환, 대체, 저장, 폐기가 가능한 소유물(property)로 전환하는 존재론의 시스템으로, 정착형 식민주의의 질서를 구성한다. 그가 삼각형의 각 요소를 인격화된 정체성으로 정의하는 것을 경계하고 있다는 점에서 이를 보편화된 의미로 해석해본다면, 정착형 식민주의는 존재를 사물화하는 '시스템'을 통해 풍부한 관계의 '세계'를 추상적인 '공간'으로 전락시키는 과정으로 이해할 수 있다.

식민화의 대상을 자연으로까지 확대한다면 다른 동식물과 그들의 서식지를 제거, 파괴, 인간화하고 그 자리를 차지해온 인간의 오랜 활동 역시 정착형 식민주의로 부를 수 있을 것이다. 정착형 식민주의가 작동하기 위한 필수요소가 바로 토지라는 점에서 정착형 식민주의와 자연파괴는 불가분의 관계에 있다(Snelgrove, et al., 2014: 22). 그리고 그에 따른 "토지와의 토착적 관계 파괴는 근원적인 인식론적 · 존재론적 · 우주론적 폭력을 나타낸다"(Tuck & Yang, 2012: 5). 오랜 식민화 과정의 결과로 '정상화'된 정착형 식민주의에 익숙해진 대부분의 현대인은, 역사적 사건으로서의 식민 지배에 관여되었는지의 여부와 관계없이, 강제적 또는 자발적으로 자연에 대한 정착자로 존재해 왔다. 정착형 식민주의가 "사건이 아니라 구조"라는 명제는 여기서도 재확인된다(Wolfe, 2006: 388).

이제 서양의 자장으로부터도, 인간중심적 (탈)식민성으로부터도 거리를 두는 새로운 탈식민적 관점이 등장한다. 바로 인종, 종족, 민족, 문화와 구별되는 토착성(indigeneity)의 관점이다(Kauanui, 2016). 그것은 대지 속에서, 대지와 함께, 대지로서 살아가는 이들뿐 아니라 그들과 불가분의 관계에 있는 대지 자체를 포함한다.

이처럼 생태적 관점을 포함하여 식민주의의 개념을 재정의하는 것은 근대성과 발전주의의 비판에 초점을 두는 기존의 환경 담론과 비판의 대상을 부분적으로 공유하지만 다소 결을 달리한다. '식민화(colonization)'의 어원들을 추적해보면 대체로 경작이나 농사와 관련되며, Fischer-Kowalski와 Haberl(1998: 575)은 자연 생태계가 생산을 위한 농업 생태계나 건축공간으로 대체, 전환되는 과정을 식민화로 지칭한다. 또한 역사적 팽창의 한 유형으로서 경계지 식민화는 "농사를 짓기 위해 혹은 광물자원을 얻기 위해 경작 토지의 경계를 야생지까지 확장하는 것"을 의미한다(Osterhammel, 2006: 18). 이와 같은 식민화 개념의 기원은 정착형 식민주의와 토착성의 관점을 통해 효과적으로 포괄할 수 있다. 그 결과로 근대성에 따른 발전주의를 비판하는 환경 담론에 비해 더 넓은 시간적 스펙트럼에서 인간과 자연의 식민화 문제에 접근할 수 있으며, 근대화나 산업화 직전의 과거를 이상화하거나, 근대화의 개선을 유일한 대안으로 여기는 것을 경계할 수 있다. Bacon(2018: 3)이 비판하듯, 자연에 대한 책임있는 관리와 보호, 보존을 강조하는 환경주의 담론은 그 자체로 민족주의를 포함한 근대성의 산물일 뿐 아니라 자연으로부터의 분리와 소외를 나타내는 정착형 식민주의 이데올로기와 깊이 연관되어 있다. 이러한 관점은 자연의 착취와 파괴 뿐 아니라, 유용한 자원을 장기적으로 생산하기 위해 자연을 관리(conservation)해야 한다거나, 자연을 있는 그대로 유지(preservation)하자는 입장이 자연으로부터 인간을 분리하고 소외시키는 식민적 논리에서 비롯될 수 있다는 통찰을 제공한다(Bacon, 2018: 3; Murphy, 2009: 14~15). 나아가 인간과 문화의 외부에 존재하는 것으로서의 '환경' 개념 자체가 식민적 유산임을 드러냄으로써(Murphy, 2009: 17), 인간과 자연의 식민화 과정을 더욱 근본적이고 관계적으로 사유할 수 있도록 하며, 식민화의 기원과 범위를 더 긴 시간적 차원에서 성찰하게 한다. 이처럼 장기적인 역사적 · 환경적 관점을 취하는 연구들은 수만 년에서 수억 년에 이르는 시간 틀을 적용해, 인간이 여러 거대 포유류 중 하나에서 지구의 지배적 종으로 변모하는 과정과 정착자 사회에서의 생태제국주의를 이해할 수 있게 한다(Griffiths & Robin, 1997: 6~7). 이러한 접근은 근대화나 발전의 부정적 측면들에 대한 제거, 완화, 반대에만 머무르지 않고 그것 너머의 세계상을 그려보는 데도 도움을 준다.

정착형 식민주의의 맥락에서, 대지와 연결된 자로서 토착민은 식민화 과정에서 억압받고 비루해진 존재만을 대변하는 것이 아니라, 식민화 이전에 존재했던 세계와의 통합된 관계를 토대로 다른 세계로 나아갈 수 있는 존재를 상징한다. 이때 인간과 자연은 구분되지 않으며, 식민화 과정을 함께 겪고 함께 저항한다. 그러므로 토착민의 개념은 인간과 자연의 토착성으로 확대된다. 네루다가 말한 '대지의 항거' 에는 대지도 항거하는 존재이며, 서로 소외되지 않은 상태에서는 인간의 항거가 곧 대지의 항거이기도 하다는 의미가 담겨 있다.[9] 궁극적으로 탈식민화는 서로 분리되지 않는 '존재와 장소(being-and-place)' 로서 토착적 삶의 재생(regeneration)이라는 근원적이고 본질적인 문제로 확대된다(la paperson, 2017).

이와 같은 이론적 토대로부터 아래에서는 먼저 한국과 일본의 맥락에서 석포제련소의 역사 · 사회적 배경과 관련하여 벌어진 미시적 사건들과 그 배경이 되는 거시적 구조를 연결함으로써 식민지기와 포스트식민의 연속성을 드러내고, 식민화 과정에 따른 생태-사회적 관계의 변화를 입체적으로 이해하고자 한다.

3. 끝나지 않은 식민화와 석포들

1935년 5월의 동아일보 기사 두 건은 '보잘것없던' 봉화군 소천면에 삼릉재벌(미쓰비시)이 수백만 원을 투자해 아연광을 매수하고 '삼릉연화광산' 의 간판을 걸면서, 소천면이 '산중도읍' 으로 비약적 발전을 하

9) 네루다(Neruda)의 「내 사랑 아메리카」에서는 침략자들이 도착했을 때 "사람이 아니라 대지가 먼저 항거했으며 이후 침략자를 물리치기 위해 대지와 사람이 힘을 합쳤다"라고 표현한다(신정환, 2012: 91).

게 되었다는 '희소식'을 보도하고 있다(≪동아일보≫, 1935.5.9; 1935.5.16). 바로 한 달 전인 1935년 4월, 봉화군 법전면에서는 이미 송본광산에서 사용한 청산가리로 인해 농사일과 빨래는 물론 식수에까지 일대 곤란을 겪은 일이 있었다(≪동아일보≫, 1935.4.8).

위의 기사가 요란하게 전하듯, 연화광산의 개발은 일제강점기 후반 일본의 대표적 자이바츠(재벌)이자 전범 기업인 미쓰비시가 석포에 등장하는 장면으로부터 시작된다. 제국과 거대 자본의 결합에 의한 파괴의 마수가 봉화의 산골에까지 덮쳐온 것이다. 에도 시대의 농경적 삶의 방식을 버리고 급속한 근대화의 길을 선택한 메이지 정부의 대만정벌과 서남전쟁을 지원하면서 부를 축적하기 시작한 미쓰비시의 역사(이규태, 2013: 293~295, 299~300)는 식민지 조선에서도 그 팽창주의를 재현하고 있었다. 국가의 지원과 전쟁 상황은 미쓰비시를 포함한 자이바츠들이 일본에서 세력을 키울 때와 마찬가지로 조선의 광업을 장악하는 데도 필수적인 축으로 작용했다.

왕실의 소유로 민간의 개발이 제한되던 광산을 사유화함으로써 광업이 갖는 사회적 성격과 그에 따른 규제의 필요성을 회피하고, 토지 거주자와의 분쟁에서 자본의 광업권을 보호하며, 무분별한 광산 개발을 활성화하는 기반이 되었던 광업법(1906년)을 시작으로, 광상에 대한 과학적 조사와 각종 법적 · 제도적 장치들은 일제강점기 내내 일본 자본의 조선광업 진출을 유도하고 지원하기 위해 시행되었다(국가기록원, 2013: 19~27; 국사편찬위원회, 1989; 배석만, 2010; 한국광업협회, 2012: 45~51). 이러한 국가의 뒷받침을 바탕으로 미쓰비시는 국내외적 전쟁 상황과 정부의 지원금 및 장려정책에 따라 철광, 탄광, 금광 등 유리한 업종으로 지배권을 확대해 나갔다(국가기록원, 2013: 44~45, 64; 배석만, 2010: 339; 한국광업협회, 2012: 69). 연화광산 개발을 시작한 것[10]도

1930~1940년대 군수광물로서 아연의 중요성이 커진 것과 관계가 있었다(≪동아일보≫, 1937.9.25; 한국광업협회, 2012: 52~54).

제국과 자이바츠에게 황금기로 기억될 이 역사는 주민과 노동자, 자연의 관점에서 보면 재앙의 역사일 것이다. 주민들은 땅을 빼앗기고 쫓겨나거나, 토지와 물의 오염을 감수해야 했다(국사편찬위원회, 1989; 한국지질자원연구원, 2019: 20). 노동자는 채굴현장에 강제로 동원되거나 사고와 죽음의 위험, 노동착취와 저임금 속에서 '막장인생'을 강요받았다(국사편찬위원회, 1989; ≪동아일보≫, 1936.8.23). 찰나에 불과한 인간의 시간으로는 상상조차 할 수 없는 오랜 지질활동의 결과로 형성된 자연의 일부는 파헤쳐져 상품과 쓰레기를 동시에 생산하면서 물과 공기, 숲을 해치는 광독으로 돌아왔다.

더욱 개탄스러운 것은 이 재앙의 역사가 돌림노래처럼 근대와 식민의 시대를 떠돌았을 뿐 아니라 오늘날까지 메아리로 남아 있다는 것이다. 산업화 초기의 일본에서 광업의 중요성을 단적으로 보여주는 것은 공해가 곧 광업공해와 동의어였다는 사실이다(Yokokawa, et al., 2016: 62). 열강들이 조선의 광산개발에 뛰어들던 1870년대, 일본에서는 이후 악명 높은 광업공해가 발생한 아시오광산(아시오광독사건)과 가미오카광산(이타이이타이병)이 자이바츠들에 의해 개발되었다. 16세기부터 채굴이 시작되어 19세기에 폐광되었던 아시오광산은 근대화와 경제개발에 따라 구리 생산의 필요성이 높아지면서 후루카와에 의해 재개발된다. 구리의 생산량과 수출량이 증가할수록 산은 민둥산이 되어 무너져 내리고 물고기는 떼로 죽어나갔다(綿引弘 外, 2007: 430~431; University of Tsukuba, 2016: 12). 후루카와(古河)는 기업의 이름에 걸맞게도 '오랫동

10) 영풍광업 소속의 조사담당자들에 따르면 미쓰비시광업은 1935년 4월 연화광산 개발에 착수해 월 100톤의 광물을 처리했다(제영건 · 이은재, 1987: 274).

안' 유유히 흐르던 와타라세 강을 기억 속에만 존재하는 '옛날의' 강으로 만들어 버렸던 것이다. 한편 맑고 풍부한 진즈 강에 기대어 살아가던 사람들은 미쓰이가 가미오카 광산을 사들여 납과 아연을 제련하기 시작한 뒤 '이타이이타이'의 끔찍한 고통에 시달려야 했다. 그것이 악업의 응보로 걸리는 '업병'인 줄만 알았던 사람들에게 미쓰이는 집 옆을 흐르는 강물을 마시고 그 물에서 노니는 고기를 잡아먹고 산 것이 그들의 업보라는 것을 뼈저리게 가르쳐주었다(도야마현립 이타이이타이병 자료관 홈페이지). 여느 공해 사건과 마찬가지로 기업의 책임 부인, 정부의 대책 회피와 주민 탄압, 세금에 의한 공해복구와 결과적 실패, 현재까지 지속되는 피해와 같은 '편리'하고 보편적인 공식들도 뒤따랐다.

일제강점기에 개발된 한국의 906개 광산도 산업화 이후의 더욱 고도화된 파괴와 함께 오늘날까지 후유증에 시달리고 있다(≪매일경제≫, 2002.4.19). 산이 무너져 내리고, 쌓여 있는 중금속 더미는 먼지와 침출수의 원천이 되어 강토와 인간을 오염시키고 있다. 그대로 방치되거나, 되돌릴 수 없는 일을 복구한다는 제스처의 무대가 되거나, 개발의 욕망을 또다시 직면하거나, 과거를 침묵 속에 묻은 채 관광지로 다시 태어나는 것이 유일하게 허락된 운명이다(광명시청 홈페이지; ≪경남신문≫, 2004.6.9; ≪연합뉴스≫, 2011.11.16; ≪충북인뉴스≫, 2006.11.20; ≪MBC 뉴스데스크≫, 1995.3.19).[11] 국적을 알지 못하는 국가와 자본이 환생하는 곳에서, 제국과 식민지는 서로 만난다.

---

11) 일제 때 개발이 시작된 경남의 폐금속 광산들(합천 봉산, 고성 삼산, 창원 구룡광산, 밀양 중석광산, 남해 창선광산 등)은 폐광 후 제련시설과 광미 등이 방치되어 오염문제가 심각하다. 전북 김제, 충남 청양의 금광산 복구는 오염된 땅을 메우는 복토작업이 주를 이룬다. 1997년 폐광된 전북 운주광산은 2011년도에 재개발 사업이 추진되면서 주민들의 반대에 부딪쳤고, 경기 광명동굴은 환경오염 문제로 1972년 폐광된 후 2011년 재개발되어 관람 및 문화공간으로 시민에게 개방되고 있다.

식민지 확대를 통해 근대화의 정점으로 상정된 서구와 같은 지위로 올라서려 했던 일본의 식민주의는 위계적 발전 개념에 기초한 인종적 질서에 따라 아시아를 재편하고자 했다(Watson, 2007: 173). 이 '동양의 오리엔탈리즘'은 신체와 정신에 깊이 각인되어 식민지기가 끝난 후의 한국이 이중적 열등의 지위로 스스로를 규정하게 했으며, 이는 서구 중심의 글로벌 자본주의 체제를 기꺼이 받아들이고 그 속에서 더 높은 지위를 차지하는 것을 최우선의 목표로 두게 했다(Watson, 2007: 184~186). 식민주의에서 국가주의로의 이행은 여러 변화에도 불구하고 인간과 장소의 파괴라는 관점에서는 연속성을 가졌을 뿐 아니라, '결손 국가'와 '결손 국민'이라는 자의식을 원동력으로 전면적이고 본격적인 산업화가 추진됨으로써 파괴의 규모와 수준이 더욱 확대되는 결과를 가져왔다.

일제 철수 후 국가에 귀속된 광산을 '효과적으로 개발하기 위해' 민간에 불하하는 장면에서부터 기시감은 엄습한다. 수출을 통한 외화벌이의 수단으로 지하자원 개발이 강조되었던 것도, '산업역군', '산업전사'와 같은 표현이 상징하듯 전쟁이 다른 방식으로 지속되고 이데올로기적으로 정당화되었던 것도 일종의 연장선으로 볼 수 있다(최강민, 2016: 248~249; 황지영, 2015: 406). 경제구조를 2차 산업 중심으로 전환하는 경제개발 5개년계획의 시작은, 광업의 월등한 수익성을 근거로 농토침해에 대한 원성을 묵살한 일제의 논리(국사편찬위원회, 1989)를 크게 벗어나지 않았다. 환경주의적 접근에서는 광업소나 공장의 가동에 따른 공해가 주된 관심거리가 되지만, 인위적 공간의 개발은 시작부터 자연지리와 공동체의 파괴를 전제한다.[12] 광산개발은 이 같은 '시초파괴'와 더불어 폭파, 채굴, 선광 과정과 그 잔여물에 의한 물리적 · 화학적 · 생

12) "모든 도시는 어떤 의미에서 식민적"이라는 Home(2013: 1)의 말은 이러한 맥락에 비추어서도 의미가 있다.

물학적 파괴, 그리고 광산 주변 지역의 도시화에 따른 문화와 환경파괴 등을 포함하는 복합적 단계를 통해 식민화 과정의 핵심 요소인 토지의 강탈을 완성한다.

1950년대 초 농수산물과 철광석을 수출하는 해운회사로 시작해 주력 사업인 광업과 제련업을 거쳐 영풍문고 등 다양한 분야로 영역을 확장한 영풍의 역사는 한국 재벌의 기원이 일본의 자이바츠임을 증명하듯 미쓰비시의 성장 과정과 부분적 유사성을 공유한다. 정부의 정책과 지원이 대기업 성장의 결정적 요소로 작용했다는 점도 크게 다르지 않다. 1950년대부터 충주철산의 철광석을 일본에 수출하던 영풍은 1960년대 한국 최대의 연·아연광산인 연화광산(봉화)과 제2연화광산(삼척)의 광업권을 매수해 개발을 시작했다(≪서울신문≫, 2015.6.17; 제영건·이은재, 1987). 1962년 700여 톤이었던 생산량은 10년 뒤 5만 3000톤 이상으로 무려 80배 가까이 증가했고, 폐광 시까지의 누적 생산량은 연화광산이 약 150만 톤, 제2연화광산이 약 65만 톤에 달했다(한국광업협회, 2012: 113, 141, 208). 정부의 중화학공업 육성정책, 융자금과 탐광비, 외자와 차관, 광산 시추 및 해외자원개발 등 다방면의 지원은 1960년대 아연광의 일본 수출, 1970년대 석포제련소와 고려아연 설립을 통한 아연광의 국내 수요 창출 및 자체 아연괴 생산, 1980년대 전후의 해외광산 진출 시도 등으로 귀결되며(한국광업협회, 2012: 106-368) 국제 경제와 국가의 요구, 기업의 이익을 동시에 충족시켰다. 더 이상 파 들어갈 수 없을 때까지 산이 도려내지고 그만큼의 오염물질이 버려지는 상황은 장소의 관점에서 볼 때 식민지기보다 더 악화된 것일 뿐이었다.

경제개발 초기, 오염은 산업발전의 증거로 긍정되었다. 한국의 경제성장과 궤를 같이하는 영풍 발전의 역사는 한국 최초 중금속에 의한 생태계 파괴사건의 주범이라는 '명예'를 안겨주었다. 일본 최초의 광독사건인 아시오광독사건에 견줄만한 이 사건은 1980년 연화광산 고수골의 오염 현상이 환경청에 의해 밝혀진 것으로, 이 일대에서는 겨울에도 물이 얼지 않고 물고기가 멸종되었으며, 물을 마신 가축들이 떼로 죽어 나갔다(≪동아일보≫, 1980.5.29). 이미 1971년에도 강이 폐수로 물들고 열목어가 자취를 감췄다는 점을 고려하면 뒤늦은 발견이었다(≪동아일보≫, 1971.2.26). 광산에서 나온 막대한 양의 폐석과 광미는 봉화, 삼척, 태백의 계곡들을 메웠고, 태풍에 휩쓸려 아랫마을을 덮치는 등 심각한 사고를 일으켰을 뿐 아니라 아직도 토양오염과 침출수의 원인이 되고 있다.(≪오마이뉴스≫, 2019.5.28).

산업화는 자연과 함께 인간 또한 제물로 요구했다. 광부들은 '일종의 내부 식민지' 로서의 광산촌에서 말 그대로 목숨을 걸고 일했다(최강민, 2016: 246). 1978년 연화광산에서는 승강기가 추락하여 광부 12명이 사망하는 중대 재해가 발생했다(한국광업협회, 2012: 607). 차별과 수탈의 대상이지만 '쓸모' 가 있었던 노동자와 달리 주민들의 피해는 더욱 가볍게 취급되었다. 1984년 국립환경연구소는 제2연화광산 지역 주민들의 체내 중금속 수치가 정상이라고 발표했다(≪경향신문≫, 1984.5.12).

이 같은 민관합작의 화려한 업적은 영풍의 고려아연이 위치한 온산공단 주변에서 1980년대 초 이타이이타이병과 유사한 증세의 온산병이 발병하며 절정에 달한다. 고려아연은 공장 건설 당시에도 공해대책 허가를 받지 않고 건축을 서둘렀으며 1979년에는 폐수배출 사고를 저지르기도 했다(≪동아일보≫, 1977.8.13; 영풍공대위, 2003: 22). 온산병은 원인규명이나 공해병 인정 없이 주민들을 집단 이주시키는 것으로 무마되었고, 공해 물질과 폐수배출로 인한 '끝나지 않은 전쟁' 은 아직도 진행형이다(≪울산광역매일≫, 2016.3.22; 2017.4.26).

온산병은 석포의 운명을 예고하는 전조였는지도 몰랐다. 1980년대 초만 해도 15가구가 넘게 살던 석포제련소 뒷산의 굴티마을에서는 제련소가 들어선 후 농사를 지을 수 없어 사람들이 떠나갔다(≪MBC 시사매거진 2580≫, 2003.2.16). 고령의 노동자들이 대부분 하청업체를 통해 일하는 석포제련소는 동종업종에 비해 처우가 열악하다(영풍공대위, 2003: 87에서 재인용). 병원에서 매년 정상이라던 노동자들은 뼈가 물렁물렁해지고 코뼈가 녹아내리며 암으로 죽어갔다(영풍공대위, 2003: 5~9). 영풍은 여기서 그치지 않고 2012년 강릉 옥계면에 연간 20만 톤 규모의 제2제련소를 건립하고 비철금속 산업단지를 조성하려고 했으나, 환경오염을 우려한 주민 반대에 부딪혀 계획이 무산되었다(≪뉴스1≫, 2014.6.17).[13)]

사람들의 고통은 자연을 파괴하는 과정과 맞물려 있다. 석포제련소의 환경위반 건수는 2013년부터 2018년 사이에만 46건에 달하지만, 환피아/관피아 체제의 비호로 파괴는 계속되고 있다(≪연합뉴스≫, 2018.10.23; ≪한겨레21≫, 2018.11.30). 최근 환경부의 조사결과(2019.11.21)에 따르면 수질과 하천 퇴적물 조사에서 모두 제련소 하류가 상류에 비해 카드뮴과 아연의 농도가 높게 나타났다(환경부 홈페이지). 영풍석포제련소 봉화군대책위원회와 공동대책위원회, 민변 대구지부와 시민단체들의 꾸준한 노력의 결실로 석포제련소에 각각 20일과 120일의 두 차례 조업정지 처분이 내려졌다. 현재는 2018년 2월 폐수유출로 인한 20일 조업정지 처분에 대해 영풍 측이 제기한 행정소송 1심 판결(2019.8.14)에서 영풍이 패소한 상태이며, 120일 조업정지 처분은 '시간

13) 2013년 옥계면의 포스코 마그네슘 제련공장에서 발생한 페놀 유출 사고가 기존에 나뉘었던 주민들의 입장을 통합하는 계기가 되었다(뉴스1, 2014.6.17). 강릉시와 영풍문고는 지난 3월 산업단지 건설이 무산된 옥계면 금진리에 '자연친화형 리조트'를 건설하기로 투자 양해각서를 체결했다(뉴스1, 2019.3.26.).

끌기' 로 의심되는 경상북도의 법제처 법령해석 요청으로 연기되고 있다(≪뉴스민≫, 2019.11.29)

석포제련소와 고려아연에 기술지원을 했던 일본 동방아연의 아나카 아연제련소가 1960~1970년대 일본에서 이미 카드뮴 공해 사건을 일으켰던 것은 우연이 아닐 것이다(≪동아일보≫, 1977.8.13).[14] 광산 운영과 제련소 설립 과정에서 일본기업과의 직접적 기술제휴와 설비 수입 등도 한국 산업의 (신)식민적 성격을 드러내는 요인이지만, 이는 국제적 분업체제 내에서 공해산업들이 제3세계로 이전되는 맥락 속에서 더욱 잘 이해될 수 있다. 1960년대 국산 아연광은 거의 전량이 일본 수출용이었다. 일본에서 아연광을 수입해 제련을 한 것이다. 그러나 1970년대 초 미국과 영국에서는 공해와 시설 노후화로 인해 제련소가 폐쇄되는 경향을 보였고, 일본에서도 환경운동과 국내 규제가 강화되면서 다른 나라에 공해산업을 수출하고자 했다(≪동아일보≫, 1971.5.31; Karliner, 1997: 116). 최근 오염물질 배출과 조작으로 논란이 된 포항제철 건설 협의 시(1969년) 무상기금 제공에 부정적이던 일본이 태도를 바꾸었던 이유도 여기에 있었다(≪중앙일보≫, 2019.8.5). 국내에서조차 석포제련소 설립 전 유일한 아연제련소를 운영하던 동신화학이 시설 폐기 방침의 이유 중 하나로 공해를 꼽은 상황이었다(≪매일경제≫, 1977.7.8). '선진국' 의 공해산업을 두 팔 벌려 받아들인 한국은 1978년 세계적 공해국가(world-class polluter)의 지위에 등극했다(Karliner, 1997: 116). 석포제련소와 고려아연의 탄생과 그로 인해 발생한 필연적 재앙의 배경이다.

경제발전 담론으로 점철되었던 한국의 '식민 이후' 는 식민주의와의

14) 동방아연 전 이사가 토양과 수질 샘플을 조작했다는 것을 인정하기 전까지 정부가 발병 진단결과를 부인했다는 점(McKean, 1981: 47)도 한국의 공해 역사와 매우 유사하다.

결별이 아니라 식민지기의 잔재 위에서 국가와 기업, 그리고 이들에 의해 동원된 국민이 스스로, 그리고 노골적 · 암묵적 강요에 의해 식민지기보다 더 심각한 정도로 국토를 파괴하고 자신을 식민화하는 모순의 연속이었고, 근대화와 식민화의 '폭력적 동어반복' (Watson, 2007: 186)에 동참함으로써 내면화된 식민주의를 일상적이고 지속적으로 체현해 온 과정이라고 할 수 있다.

4. 정착자들의 단속적(斷續的) 궤적들

식민지기와 '식민 이후' 의 연속성은 공간적 차원에서 외부적(external) 식민주의를 내부적(internal) 식민주의가 전유하고 계승하고 있음을 보여준다. 여기서 더 나아가 장기적 시간 스펙트럼에 터한 정착형 식민주의의 관점에서 보면, '식민 이전' 부터 지속되고 변화해 온 자연에 대한 식민화의 전체적 윤곽이 드러난다. 이와 불가분의 관계에 있는 인간에 대한 식민화 과정 또한 지배, 착취, 제거와 같은 표면적 현상에서부터 반토착적 존재로의 동화와 같은 비가시적 측면을 포함하는 더욱 복잡한 양상을 드러내게 된다. 아래에서는 이를 통해 외부와 내부의 경계를 허물고 국가주의에서 전 지구화로의 전환과정에서 재생산되고 확대되는 '석포들' 의 현재적 역사를 재해석해보고자 한다.

기존의 식민담론에서 내부와 외부를 구분하는 기준은 대체로 국경이라고 할 수 있다. 조선이라는 국가를 기준으로 볼 때, 일제의 식민화 과정은 국경의 바깥에 있는 세력에 의한 외부적 식민화로 이해할 수 있다. 일제강점기의 광업과 관련된 기존의 해석들은 내재적발전론과 식민지근대화론의 입장을 각기 대변하면서, 일제의 수탈적 성격을 강조하거나 광업 근대화와 발전에 대한 기여를 부각하는 경향이 있다. 내재적발전론과 식민지근대화론 간의 논쟁은 이 외부적 식민화가 수탈이었느냐 발전이었느냐의 문제인데, 수탈과 개발은 모두 식민화 과정의 한 측면들일 뿐이며 수탈 없는 개발이나 개발 없는 수탈은 존재하지 않는다.

광산을 개발하는 과정은 개발 이전에 인간과 자연이 가지고 있던 고유한 모습을 결핍이나 무질서로 규정하고 개발의 대상으로 규율, 관리, 활용하는 생명정치(biopolitics)의 과정으로 볼 수 있다. 이는 먼저/더 식민화된 주체들이 아직/충분히 식민화되지 않은 대상들을 하위의 동일자로 포섭하는 식민화 과정이다. 조선시대와의 연장선에서 보면 왕실, 그리고 제국 및 식민국가(총독부)와 결탁한 자본이라는 주체 상의 차이에도 불구하고 군사적 · 재정적 목적으로 인간과 자연을 '원료공급기지' 로 정의하고 이용했다는 점은 변하지 않는다. 식민주의의 주요 요소인 관료주의와 테크놀로지, 과학적 지식의 발달로 일제에 의한 자연성 파괴의 정도가 더욱 심각했던 것은 분명하지만 말이다.

식민화를 인간과 자연의 상호 소외와 자연성의 상실 과정으로 이해할 경우 위의 논쟁은 '우리' 가 '그들' 보다 삶의 터전을 먼저, 더 잘 파괴할 수 있었다는 주장과 파괴할 능력이 부족한 '우리' 를 대신해 '그들' 이 자연을 파괴해주고 추가 파괴를 위한 기반을 마련해 주었다는 주장 간의 모순적 경쟁이 되고 만다. 양측은 자연으로부터 소외된 이들의 공통점인 자연에 대한 적대감과 정복 의지를 잘 보여준다. 게다가 토착성의 관점에서 보면 철기 사용이 보편화한 고대사회부터 한반도의 숲은 이미 되돌릴 수 없는 상태로 바뀌었으며, 조선시대에 천렵이 가능하게 된 것은 자연과의 관계가 더 가까워졌음을 의미하는 것이 아니라 동식물이 서식하던 습지와 무너미('물이 흘러넘친다' 는 뜻), 산록을 경작지로 개간해 야생의 세계를 몰아내고 인간 중심의 세계로 바꾸어 놓은 결과였다(김동진, 2017: 80, 161, 190). 이런 점에서 볼 때, 한국의 맥락에서 외부적 식민주의는 최초의 식민화 경험이라기보다는 정착형 식민주의의 토대 위에서 직면하게 된 사건이라고 할 수 있다. 내재적발전론과 식민지근대화론은 역설적으로 진실의 서로 다른 부분들을 말하고 있는 셈이다.

이와 같은 외부적 식민화의 과정을 거치면서 정착형 식민주의는 더욱 강화되었고, 이는 식민지기가 끝난 후 내부적 식민화를 가속화하는 기반이 되었다. 독립 이후 식민지국들에는 식민의 유산이 잔존해 있을 뿐 아니라 국제적 분업체제 내에서, 그리고 국내에서의 계층적 권력관계와 이해관계에 의해서 복합적인 식민 상황이 지속되는 경우가 많다. 西川長夫(2009: 37)가 국민국가는 "식민주의를 재생산하는 장치"이며 따라서 "국민은 어느 정도 식민주의자"가 될 수밖에 없다고 말하는 이유다. 식민 이전의 전통과 식민국가의 지배가 결합해 탄생한 권위주의 체제인 '탈식민' 국가는 "지역보다 국가를, 시골보다 도시를, 전통적인 것보다 현대적인 것을 특권화" 함으로써 내부의 주변부를 (재)구성한다(Osterhammel, 2006: 112; Williams & Mawdsley, 2006: 662). 물론 정착형 식민주의의 관점에서는 지역, 시골, 전통조차도 식민화의 산물로 볼 수 있다.

연화광산, 석포제련소, 고려아연처럼 산업화 시대에 공장이 세워진 곳은 원래 강가, 바닷가, 산이거나 논밭이었다. 국가와 기업은 '발전 프로젝트'를 통해 국민들의 '정착지'를 빼앗고 오염시켜 자연을 파괴해야만 살아갈 수 있는 상황으로 몰아넣고 그들을 생태적 난민(ecological refugees)으로 만들었다(Williams & Mawdsley, 2006: 663). 삶의 터전을 망가뜨리는 것은 직접적인 강제와 폭력을 사용하지 않고도 손쉽게 노동력을 얻는 방법이기도 하다. 기존의 삶의 방식을 유지할 수 없게 된 많은 사람에게는 생활터전을 떠나 임금노동자가 되는 것 외에는 실질적으로 주어진 선택지가 없었다. 1978년 연화광업소 승강기 추락 참사로 숨진 12명의 광부는 모두 다른 지방 출신이었다(≪경향신문≫, 1978.11.11). 산업화와 도시화가 심화하면서 비(非)서울, 비(非)도시, 그리고 바로 그 이유 때문에 상대적으로 주민들의 연령이 높고 소득이 적은 곳에 고통이 집중되는 현상은 강화되어 왔다. 생태적 난민이 사회적 난민으로 환원되는 순간이다.

자연과 공동체에서 분리되어 착취당하며, 동시에 자연을 절취하고 착취해야 하는 처지에 놓인 이들이 강고한 자연을 대결의 대상으로 여기고 기계를 노예처럼 부리려는 욕망을 갖게 되는 것은 단지 문학적 상상만은 아닐 것이다(황지영, 2015: 398, 405~406). 그러나 계급과 지위가 높아질수록 자연으로부터 소외의 정도는 더욱 커진다. 1976년, 광업생산성조사소 기획실장은 "국내 광물자원은 아직도 전인미답의 처녀지적 상태에 있다"며, '찾아야 나온다', '찾으면 나온다'라는(≪경향신문≫, 1976.5.25), 개발독재의 폭력적이고 식민적인 '하면 된다' 논리를 한 치의 의심 없이 되풀이하고 있다. 계급과 지위가 높을수록 파괴되고 오염되는 '자연'으로부터 거리를 둘 수 있는 특권도 함께 주어진다. 그들은 막장에 들어갈 일도, 승강기 조작과실로 구속될 일도, 카드뮴에 중독될 일도, 아황산가스로 고사할 일도, 폐수로 멸종될 일도 없다. 오로지 그로 인한 수익만이 그들의 것이다.

세계 경제체제 속에서, 식민지기의 유산 속에서, 서구와 제국의 대리인들은 그들 대신 자연을 '직접' 파괴하고 오염과 질병을 감당할 대리인들을 끊임없이 생산하는 '대리 식민주의(surrogate colonialism)'를 반복한다. 사회적 차원에서 그들은 식민자이지만, 자연과의 관계에서 더 소외된 그들은 더 식민화된 이들일 뿐이다. 전 국토를 개발의 희생양으로 만든 내부적 식민주의는 미약하게나마 남아 있던 토착성의 끈을 완전히 끊어놓으며 정착형 식민주의를 완수하는 데, 즉, 정착을 '정상화' 하는 데 성공했다.

내재적발전론과 식민지근대화론의 숙원은 만족스럽게 성취되었다. '우리' 는 '그들' 보다 더 성공적으로 우리의 땅과 우리 자신을 식민화했다. "아무도 흔들 수 없는 나라" 가 8 · 15 경축사의 메시지가 된 것은 상징적이다.[15] 일제의 강제적 상수도 사업이 이루어질 때, 수돗물보다 강물을 여과해 먹는 것이 낫다는 것을 알았던 조선인들(정연태, 2007: 52~53)은 이제 모두가 '평등하게' 수돗물을 틀 '민주적 권리' 를 요구하고, 수도와 시멘트와 철이 '부족한' 나라들을 '도와줄' 사명을 가진, '그들' 과 어깨를 견줄만한 하얀 가면의 동양인이 되었다.

앞서 언급했듯 산업화 이전의 사회도 정착형 식민주의로부터 자유로웠다고 보기는 어렵다. 그러나 산업화 초기만 해도 자연과 마찬가지로 개발과 규율의 대상으로 여겨졌고, 자연의 대리파괴를 요구받으며 자연과 운명을 함께 했던 많은 사람들은 이제 한국이 공해산업을 해외로 이전하는 가해자로 진화함에 따라(한국환경사회학회, 2004: 325~326) 열등감을 떨친 식민자의 모습을 드디어 허락받게 되었다. 식민지의 지위를 떠안은 지역의 인간과 자연은 자원의 원천이자 공해의 배출구로서 한국인을 포함한 부유한 이들의 삶에 통합되고 그것을 떠받치고 있다. 제국은 이제 정치적 실체나 물질적 영토로 존재하기보다는 '삶의 양식(a way of life)' 이 된 것이다(Murphy, 2009: 20).

호주 퀸즐랜드주의 타운스빌은 세계 최대 산호초지대인 그레이트 배

15) 2019년 8 · 15 경축사에서 문재인 대통령은 경제강국, 대륙과 해양을 아우르는 교량국가, 평화경제 구축 등을 통해 '아무도 흔들 수 없는 나라' 를 만들자고 말했다. '아무도 흔들 수 없는 나라' 는 김기림 시인의 「새나라 송」에서 인용한 것으로, 이 시에는 "세멘과 철과 희망 위에 아무도 흔들 수 없는 새 나라 세워 가자" 라는 구절이 나온다.

리어 리프(Great Barrier Reef)로 가는 관문이 되는 도시다. 이곳은 빈달(Bindal)과 울가루카바(Ulgurukaba) 원주민들의 고향이기도 하다. 호주는 '학살에서 광업으로' (Roberts, 1978) 원주민에 대한 정착형 식민주의가 이어져 왔으며, 그러므로 원주민들의 고향은 곧 정착형 식민주의의 현장이다. 어느 원주민은 자신들이 어떻게 존재하게 되었고, 어떻게 살아야 하는지를 말해주는 역사이자 토대로서의 땅이 없으면 척추가 부러진 것과 같으므로 아무것도 남지 않을 것이라고, 자신들은 백인처럼 되고 싶지 않다고 말한다(Roberts, 1978: 6에서 재인용).

1971년 타운스빌에는 퀸즐랜드 니켈 제련소(Queensland Nickel)가 세워졌다. 제련소는 2009년과 2011년에 폐수를 그레이트 배리어 리프에 방류했다(≪가디언(The Guardian)≫, 2014.2.11). 2016년에는 폭발사고가 일어나기도 했다(≪ABC 뉴스≫, 2019.3.12). 전 정치인이자 사업가인 파머(Palmer)가 소유하고 있는 제련소는 정부자금 지원 요청이 거부되자 2016년 200명이 넘는 노동자들을 해고하면서도 2년간 2000만 달러를 자신의 정당에 기부했다(≪가디언≫, 2016.1.15; 2016.1.17). 재정적 문제까지 겹쳐 이 니켈 제련소는 결국 문을 닫게 되었는데 800명 이상이 일자리를 잃었다(≪가디언≫, 2019.5.20).

그리고 2018년 12월 ABC 뉴스(ABC News)는 고려아연이 호주 자회사에 3억 달러를 들여 제련소를 확장하면서, 니켈 제련소 폐쇄 후 수백 명의 실업자가 양산되었던 곳에서 800명 이상의 일자리가 창출될 것이라고 보도했다(≪ABC 뉴스≫, 2018.12.6). 고려아연의 선메탈사(Sun Metals Corporation)는 호주에서 한국 회사로는 최대 투자로 2000년에 완공되었다.[16] 사측에 따르면, 풍부한 원자재, 호주 정부의 지원, 숙련된 노동력, 값싼 전기료, 동남아와의 접근성과 같은 유리한 입지조건에서 친환경 기술[17]을 통해 엄격한 환경 규제를 준수한다고 한다. 제련소에 전력을 공급하기 위해 '친환경 에너지' 인 태양광 발전소(Sun Metals Solar Farm)도 만들었다.[18)]

선메탈사가 친절하게 밝히고 있듯, 제련소가 위치한 곳은 원주민이 살던 샌드플라이강(Sandfly Creek)이다. 선메탈사는 지역공동체에 헌신하는 자세로 이 장소를 '보호' 하겠다고 말한다(Sun Metals Corporation Pty. Ltd. Australia 홈페이지). 포스코는 퀸즐랜드주에서 인도 회사의 세계 최대 광산개발사업에 참여하며 이미 백화현상이 심각한 그레이트 배리어 리프에 치명적인 위협을 가중시키고 있다(≪프레시안≫, 2017.8.12).[19)] 세계적인 한국 기업들의 모습이다.

본토와 식민지가 구분되지 않는 정착형 식민주의는 내부적/외부적 식민주의를 동시에 활용하면서 작동한다(Tuck & Yang, 2012: 5). 정착자들

---

16) Surphuric Acid on the Web(www.sulphuric-acid.com).

17) 사측에 따르면 90%의 폐수를 재사용하고 나머지는 증기로 내보내는 기술을 적용한다(Sun Metals Corporation Pty. Ltd. Australia 홈페이지). 낙동강 오염 문제가 계속 제기되자 영풍은 선메탈사에서 이미 적용하고 있는 '폐수 무방류 시스템' 을 석포제련소에도 구축하겠다고 했다. 그러나 제련소 유해물질의 98%는 대기로 배출될 뿐 아니라(≪한겨레≫, 2018.8.27), 한 번 만들어진 폐수는 사라질 수 없다. 영풍 홈페이지에서는 '세계 제일의 친환경 제련기술의 선두주자' 로 스스로를 소개하고 있다. 일본의 4대 공해병인 욧카이치 천식(Yokkaichi asthma)을 일으키고도 책임을 부인하며 공장을 더 지었던 미쓰비시중공업은 대기오염 통제장치 개발로 1990년대 초 30억 달러 이상의 수익을 창출했다(Karliner, 1997: 111~114). 친환경 기술의 실체를 잘 보여주는 사례다.

18) Curtin은 Manitoba의 그린에너지 프로젝트가 이 지역에 사는 크리족을 '녹색발전' 의 희생양으로 고통받게 만든다는 점을 지적한다(Huggan, 2013: iv에서 재인용). 원주민의 땅에서의 '친환경 발전' 도 마찬가지 결과를 가져왔을 것이다.

19) 기사의 제목 「포스코, 세계적인 기업의 세계적인 환경파괴」에서 보여주듯, 세계적인 기업의 전제조건은 세계적 환경파괴와 기만적 은폐다. 포스코 사회공헌 홈페이지에서는 '친환경 제철소' 운영을 통해 지구의 해양보호를 위해 꾸준히 노력하고 있다고 말한다. 2019년 8월 포스코는 일회용 플라스틱 쓰레기를 줄이기 위한 '스틸 세이브 어스(Steel Save Earth)' 캠페인을 시작했고, 10월 19일 '클린오션데이' 를 개최했다(≪뉴스1≫, 2019.8.27; ≪이데일리≫, 2019.8.29).

의 언어는 사유화(enclosure)의 언어이며, 그것에 대항하는 사회정의나 환경정의의 언어들도 같은 논리를 공유할 위험성을 안고 있다. 호주에서 정착자들이 원주민의 땅을 빼앗은 근거는 그들이 땅을 '소유' 하지 않았다는 것이었고, 원주민의 토지권 주장을 소유권 문제로 보는 것은 정착자의 관점을 반영한다(백영경, 2018: 100~102). 그들은 토지 소유를 주장하는 것이 아니라 "토지에서 이루어지던 삶의 방식을 회복" 하고자 하기 때문이다(백영경, 2018: 102). 식민주의와 그 계승자인 국가주의와 전 지구화는 환경과의 토착적 관계를 파탄시켜왔다(Trees & Nyoongah, 1993). 모든 식민화 과정에서 식민자와 피식민자는 예외 없이 장소로부터의 뽑혀나옴(disembeddedness)을 경험하지만, 전 지구적 탈장소화(global de-localization)에 따른 이중의 뽑혀나옴(김은중, 2011: 15) 속에서 더더욱 승자는 없다. 식민지 없는 식민주의, 바깥이 없는 지구 내부의(internal) 식민주의(西川長夫, 2009: 17, 30) 속에서 모두는 부지불식간에 정착자가 된다. 토착성의 강탈 위에 세워진 전 지구적 자본을 소외된 99%가 점령할 것(occupy wall street)이 아니라 탈점령(deoccupy)이 필요한 이유, 사유도 공유도 아닌 비소유(dispossession)를 상상해야 하는 이유가 바로 여기에 있다(Kauanui, 2016). 탈식민화는 소외된 사람을 돕는 것도, 억압에 대한 투쟁도, 사회정의도 아닌, 토착적 토지와 삶의 귀환 그 자체다(Tuck & Yang, 2012: 21). 탈식민화는 은유가 아니다.

5. 존재와 장소를 위한 탈식민화

스피박(Spivak)은 "파이를 갖길 원하지만 허용받지 못한" 자들은 서벌턴이 아니라고 말한다(de Kock, 1992: 46). 그들은 여전히 헤게모니적 담론의 문법으로 말하기 때문이다. 근대적 사고체계는 위험의 정상성과 일상성을 은폐하는 방식으로 작동한다. 그것은 재난을 예방하고 억제한다는 명목으로 포장된 현대의 정치경제 및 과학기술 시스템이 지구적 규모의 새로운 위험을 만들어내는 상황에서 명목상의 발전에만 주목하게 만들며, 시스템의 끝없는 발전을 통해 위험을 극복할 수 있으리라는 맹목적 믿음을 고수하게 한다. 그러나 우리의 정상적인 일상이 현대의 대표적인 위험인 환경파괴의 원인이자 결과라는 자명한 사실은 변하지 않는다. 현재의 일상을 유지하면서 환경문제를 '해결' 할 수 있다는 것은 유해한 환상에 불과하다.

현대인의 삶과 그것을 떠받치기 위해 파괴되는 자연 간의 관계를 이해하기 위해서는 흔히 간과되지만 중요한 연결고리가 되는 현대 사회의 물질적 기반에 주목할 필요가 있다. 플라스틱보다 더 오래된, 문명 이래로 인간과 함께해 왔으며 산업혁명의 근간이 된 금속은 후기산업사회로 일컬어지는 오늘날에도 여전히 핵심적인 물질적 기반으로 존재한다. 삶의 물질성을 망각하게 하는 전 지구적 경제의 거대함과 소비주의 이데올로기는 탈물질화된 사회에 살고 있다는 착각을 불러일으키기에 충분하지만, 국제자본의 질서에 의해 물질 생산의 역할을 떠맡은 지구 어딘가에는 여전히 우리의 스마트폰과 컴퓨터와 자동차를 만들기 위해 산이 난도질되고 어두운 두려움 속에서 광석을 캐내는 사람들이 있다. 한국에도 곳곳에 폐광된 광산들이 포진하고 있으며 폐석과 침출수 등을 통해 '자연의 보복' 이 진행되고 있다. 흔적이 되어버린 광산들에 비해 제련소에 의한 오염 문제는 현재진행중인 파괴의 역사다. 그것은 "끝없는 산출과 획득이라는 사건이 일어나고 있는 장소가 곧 피폐와 고갈이라는 사건이 일어나는 장소이기도" (김예림, 2014: 135) 함을 여실히 드러낸다.

영풍석포제련소(들)은 폐쇄되어야 한다. 그것들은 애초에 만들어져서는 안 되는 것이었다. 책임질 수도, 복원할 수도 없는 일을 저지른 기업과 정부의 '책임질 수 없음에 대한 책임' 을, 그 무거운 죄를 물어야 한다. 일제강점기(1936년)에 가동을 시작해 산업화의 상징으로 여겨지다 중금속 오염으로 1989년 용광로를 폐쇄한 장항제련소는 석포제련소의 유력한 미래 중 하나를 보여준다. 공장은 온산공단으로 이전(LS니꼬동제련)하였고 정부는 수천억 원의 예산을 투입해 토지매입, 주민이주, 토양오염 정화사업을 추진했으나, 토지를 소유한 공해 유발 회사와 외지인의 배만 불리고 주민들은 치료비와 생계비 없이 쫓겨나다시피 했으며, 농산물에서는 계속 중금속이 검출되었다(≪한겨레≫, 2009.7.31). 정화과정에서는 오염토양이 트럭 바퀴에 묻어 도로로 나오고 비산먼지가 유발될 뿐 아니라, 오염토양으로 덮인 도로를 살수차로 청소해 결국 오염물질을 토양으로 되돌려 보내고 있다(≪충남투데이≫, 2018.12.6). LS니꼬동제련은 한일합자회사로, 1936년 장항제련소를 건설한 일제의 조선제련주식회사에 뿌리를 둔다(≪데일리한국≫, 2018.10.23). 1917년 사가노세키(佐賀関)에 니꼬동제련소가 세워질 때 지역의 농민들은 극렬히 반대했다(Martínez-Alier, 2003: 203). 2022년에는 서천군에 장항국가산업단지가 완공될 예정이다. 오염의 역사는 되풀이되고, 오염의 흔적은 지워질 수 없다.

'따뜻한 산' 이라는 이름의 온산(溫山)은 "아이들이 갯바위에서 조개도 따고 작살도 꽂"던 천혜의 놀이터였고, 울산석유화학단지와 온산국가산업단지 사이의 마을을 흐르는 외항강은 젊은 청년이 "장어, 모치, 가물치 잡는 재미에 빠져 집에 돌아올 줄을" 모르는 곳이었다(≪울산저널≫, 2018.7.25). 그 청년은 장어, 모치, 가물치가 그랬듯 암으로 죽었다. 온산읍 돌당산 정상에 세워진 망향비[20]는 다음과 같이 노래한다. "지금 우리는 누군가가 고향이 어디냐고 물어 오면 온산국가산업단지라고 답

해야만 한다. 차라리 우리들 고향이 북한이라면 언젠가 통일이 되어 갈 수라도 있으련만 차라리 우리들 고향이 수몰되었다면 잠수해 볼 수도 있을 것을"(≪울산저널≫, 2018.7.25). 지구 어디에도 '그래도 되는 곳'은 없다.

강탈의 정상화와 일상의 식민주의는 이 모든 것이 다 끝난 일(done deal)이라고 말하지만(Kauanui, 2016), 이것은 영원히 끝날 수 없는 일이다. 폐광의 텅 빈 갱도 위에 세워진 아파트들(≪한겨레≫, 1992.8.21; 1993.5.4)은 언제 무너져 내려도 이상하지 않은 한국의 후기산업사회를 상징한다.[21] 광산의 흔적뿐 아니라 제련소의 산물도 우리의 삶 구석구석을 점령하고 있다. 애니메이션 〈심슨 가족(The Simpsons)〉의 한 에피소드에서 학생들은 〈아연 없는 세상(A World Without Zinc)〉이라는 교육영화를 보는데, 아연이 사라지자 자동차도 못 타고, 전화도 못 걸고, 총을 쏠 수 없어 자살도 못하게 된 주인공은 '돌아와, 아연!'이라며 울부짖다가 그것이 꿈이었다는 사실에 안도한다. 제련소에서 나온 폐기물은 시멘트의 원료가 되어 말 그대로 우리의 '집'을 구성한다.[22]

Veracini(2011: 2~3)에 따르면, 식민주의와 정착형 식민주의는 지향점

---

20) 제거한 후 기념하는 것은 식민적 목적을 충족시키는 방법이다(Kauanui, 2016).

21) 1990년대 초 인천에서는 영풍광업의 경인철광이 있던 곳의 지반 붕괴 우려로 신축 아파트 공사가 중지되었다. 산업화 초기에 개발된 광산의 잔해 위에 탈공업화된 토건사회의 상징인 아파트가 세워지는 모습은 현대 사회의 위태로움과 맹목성을 압축적으로 보여준다.

22) ≪가톨릭뉴스≫(2018.12.20)에 따르면 석포제련소에서 배출된 폐슬러지를 실은 트럭들이 향한 곳은 삼척, 동해, 옥계의 시멘트 공장들이었다. 이 중 삼척은 제2연화광산이 있던 곳이며, 옥계는 영풍이 제2제련소를 건설하려다 무산되어 리조트를 지으려고 하는 곳이다. 한국에서 아파트를 만드는 시멘트의 원료로는 제련소의 슬래그와 슬러지뿐 아니라 각종 유해폐기물이 이용되어 공장지역 주민과 노동자, 아파트 거주자의 건강을 해치고 환경을 오염시킨다(최병성, 2015). 그리고 이는 자원 재활용과 순환으로 포장된다. 한국시멘트협회는 2019년 대한민국 환경대상 자원

과 작동방식이 근본적으로 다른데, 식민주의는 자신의 재생산과 지속성을 추구하는 반면, 정착형 식민주의는 자기지양과 소멸을 목적으로 한다. 성공적 정착은 역설적으로 '정착'의 과정과 이미지가 지워지고 망각될 정도로 자연화될 때 비로소 실현되기 때문이다. 정착형 식민주의를 '영구적 식민화'로 말할 수 있는 이유다(Veracini, 2013: 317에서 재인용).

따라서 식민주의에 반대하는 담론과 전략이 정착형 식민주의에 대해서는 효력을 발휘하지 못할 뿐 아니라 오히려 식민성을 강화하는 방향으로 나아갈 수도 있다(Veracini, 2011: 5). 정착형 식민주의의 목적으로서 인간과 자연을 포함한 토착민이 '없어진다는 것'은 물리적 제거와 추방뿐만 아니라 문화적·담론적 제거, 흡수와 동화, 통합 등의 다양한 형태로 구현된다(Bacon, 2018: 5; Veracini, 2011: 2). 특히 최근의 전략은 토착성에 대한 억압보다는 인정과 화해를 통한 통합과 관리로 나아가는 경향이 있다(Veracini, 2011: 8).

이 같은 특성을 고려할 때 정착형 식민주의의 탈식민화는 피식민자가 식민자에게 "아니, 네가 날 위해 일해(no, you work for me)"라고 말하는 역전된 관계도, "아니, 네가 떠나(no, you go away)"라고 말하는 보복적 관계도 될 수 없다(Veracini, 2011: 7). 식민주의는 식민자가 떠날 때 끝나는 것일지 몰라도, 정착형 식민주의는 인간과 자연을 포함한 '토착민'의 궁극적 영속성이 실현될 때, 이를 위한 저항과 생존이 더 이상 문제가 되지 않을 때 비로소 종결될 수 있다(Veracini, 2011: 7~8).

토착성의 부활은 정착자의 제도, 가치, 윤리로부터 등을 돌리고(turn

순환 부문에서 4년 연속 대상을 수상했다(이데일리, 2019.4.23). 2009년 환경부는 시멘트 개선을 위한 포럼에 포스코, LS니꼬, 영풍제련 등의 폐기물 배출업체들을 동원해 시멘트 공장에서 아연, 동 제련소와 제철소의 폐기물을 처리하기 위한 특별 예외기준을 두기도 했다(최병성, 2015: 238~239, 282~283).

away), 토착민의 그것으로 나아가는(turn to) 동시적 양면성을 요구한다 (Snelgrove, et al., 2014: 18). Whyte(2018: 126~127)는 아니쉬나베 (Anishinaabe) 원주민의 지적 전통으로부터 환경과의 관계에 있어서 상호의존성, 다른 동물보다 나을 것 없는 인간의 겸허한 책임, 그리고 정착이 아닌 '이동'을 통한 집단적 지속성(collective continuance)의 가치를 제시한다. 그들의 삶과 자연을 지키기 위한 토착민들의 투쟁은 전 지구적 차원에서, 상호 연결 속에서 이루어지고 있다. 북미, 남미, 인도, 뉴질랜드, 중동, 아프리카, 동남아 등의 사례를 연구한 Fenelon과 Hall(2008: 1894)은 토착민들의 저항이 역사적 깊이, 공동체 기반, 의사결정 과정, 자연에 대한 직접적이고 영적인 유대, 공유와 분배의 경제와 같은 면에서 다른 사회에서의 유사한 시도들과 차이가 있다고 말한다.

식민주의가 식민자와 피식민자의 양면적 관계를 의미한다면, 식민자들의 탈식민화도 존재해야 하며(Osterhammel, 2006: 179), 정착형 식민주의의 관점에서 그것은 가장 근본적인 문제일 뿐 아니라 전부이다. 정착자로서의 우리가 국가와 자본과 같은 거대한 정착자들에 저항하고(turn away), 토착성의 '신성한 가르침'을 듣고, 배우고, 행동하며(turn to), 토착민과의 유대를 통한 자기변형을 이룰 가능성은 아직 완전히 사라지지 않았다. 캐나다에서는 원주민의 땅에 살거나 방문하는 비원주민들이 "원주민과 토레스 해협 제도의 땅에 대한 식민적 점령을 지지하지 않는다"라는 데 서명한 원주민 여권(Aborigine Passport)을 사용하거나, 브리티시 콜롬비아 원주민들의 식량 체계와 토착 식물, 고유한 장소명을 복원하는 과정에 연대해 왔다(Snelgrove, et al., 2014: 24~25). 한국적 상황에서도 제한적이나마 파괴와 오염의 현장에서 주민과 자연의 소리에 귀를 기울이며 그들과 적극적으로 연대하고, 자연세계의 균형과 속도에 따라 살아가는 것을 배워나감으로써 정착자로서 우리 자신과 우리가 살고 있는 정착 사회의 탈식민화를 추구할 필요가 있다.

"강제적 이주와 강탈에도 불구하고 우리의 고향에 대한 관계와 책임은 깨지지 않았다"라고 말하는 체로키의 단호함이 암시하듯(Snelgrove, et al., 2014: 18), 어쩌면 이미 정착자로 변모해 버린 우리의 몸에도 식민주의의 각인보다 더 강하게 새겨져 있는 것은 토착성의 각인일지도 모른다. "우리의 몸처럼, 지구는 광물과 소금의 자취로 이루어져 있고, 우리의 마음처럼, 지구는 종의 탄생의 흔적을 품"고 있기 때문이다(Trees & Nyoongah, 1993).

참고문헌

국내문헌

국가기록원. 2013.『일제문서해제 - 광업 · 미곡편-』. 국가기록원.

국사편찬위원회. 1989.『한민족독립운동사 5권 일제의 식민통치』. http://db.history.go.kr/item/level.do?sort=levelId&dir=ASC&start=1&limit=20&page=1&pre_page=1&setId=-1&prevPage=0&prevLimit=&itemId=hdsr&types=&synonym=off&chinessChar=on&brokerPagingInfo=&levelId=hdsr_005&position=-1.

김동진. 2017.『조선의 생태환경사』. 푸른역사.

김예림. 2014.「철(鐵)과 탄(炭)의 장면: 광업과 자원의 인간학」. ≪한국문학연구≫, 47, 133~164쪽.

김은중. 2011.「권력의 식민성과 탈식민성: 유럽중심주의와 제3세계주의를 넘어서」. ≪이베로아메리카연구≫, 22(2), 1~35쪽.

김홍규. 2013.『근대의 특권화를 넘어서: 식민지 근대성론과 내재적 발전론에 대한 이중비판』. 창비.

배석만. 2010.「조선 제철업 육성을 둘러싼 정책조율과정과 청진제철소 건설(1935~45)」. ≪동방학지≫, 151, 331~385쪽.

백영경. 2018.「태평양 지역 섬의 군사화와 탈식민, 그리고 커먼즈」. ≪탐라문화≫, 58, 93~122쪽.

신정환. 2012.「탈식민주의 생태비평과 라틴아메리카 문학」. ≪외국문학연구≫, 47, 79~97쪽.

영풍공대위. 2003. 석포제련소의 노동환경 · 지역환경 문제와 우리의 요구. 영풍공대위 토론회 자료집.

윤해동. 2014.『탈식민주의 상상의 역사학으로』. 푸른역사.

이경원. 2003.「탈식민주의의 계보와 정체성」. 고부응 외.『탈식민주의: 이론과 쟁점』. 문학과지성사.

이규태. 2013.「메이지 일본의 제국주의적 팽창과 해운업: 우편기선미쓰비시회사를 중심으로」. ≪동국사학≫, 54, 279~308쪽.

정연태. 2007.「일제의 지역 지배 · 개발과 식민지적 근대성: 포구 상업 도시 강경 지역 사례」. ≪한일공동연구총서≫, 12, 13~75쪽.

제영건 · 이은재. 1987.「연화광산의 태백광체탐사와 개발현황」. ≪자원환경지질≫, 20(4), 273~288쪽.

최강민. 2016.「광산과 광부 소재 소설에 나타난 재난의 서사와 질병: 1920~70년대

단편 · 중편소설을 중심으로」. ≪語文論集≫, 68, 229~258쪽.
최병성. 2015.『대한민국 쓰레기 시멘트의 비밀: 발암물질에서 방사능까지, 당신의 집이 위험하다!』. 이상북스.
한국광업협회. 2012.『한국광업백년사』. 지식경제부.
한국지질자원연구원. 2019.『KIGAM 발자취 100년 Vol. 3』. 한국지질자원연구원.
한국환경사회학회. 2004.『(우리 눈으로 보는) 환경사회학』. 창작과비평사.
황정아. 2016.「한국의 근대성 연구와 근대주의」. ≪사회와철학≫, 31, 37~64쪽.
황지영. 2015.「이기영의 광산소설에 나타난 작가의식 연구: 이기영의『동천홍』과「광산촌」을 중심으로」. ≪국제어문≫, 67, 393~422쪽.

해외문헌

綿引弘(와타히키 히로시) 外. 2007.『편지로 읽는 세계사』. 김현영 역. 디오네.
西原元男. 1970. 韓國慶商北道蓮花鉱山における造構運動と鉱化作用の関係. ≪鑛山地質≫, 20(99), 1-13.
西川長夫(니시카와 나가오). 2009.『新식민주의론』. 박미정 역. 일조각.

Ahmad, A. 1995. "The Politics of Literary Postcoloniality." Race & Class, 36(3), pp. 1~20.
Al-Abbood, M. N. 2005. "Anti-Colonial Nationalism and the West: Towards a Critique of Recent, Western-Based, Anti-Nationalist Scholarship." Dirasat: Human and Social Sciences, 32(1), pp. 213~231.
Bacon, J. 2019. Settler Colonialism as Eco-social Structure and the Production of Colonial Ecological Violence. Environmental Sociology, 5(1), pp. 59~69.
Corntassel, J. 2012. "Re-envisioning Resurgence: Indigenous Pathways to Decolonization and Sustainable Self-determination." Decolonization: Indigeneity, Education & Society, 1(1), pp. 86~101.
Curtin, T. 2011. "The Causes and Consequences of Ecological Imperialism." GEOView: Online Undergraduate Review of Geography and Environmental Studies.
de Kock, L. 1992. "Interview With Gayatri Chakravorty Spivak: New Nation Writers Conference in South Africa." ARIEL: A Review of International English Literature, 23(3), pp. 29~47.
Doran, C. 2019. "Postcolonialism, Anti-colonialism, Nationalism and History." International Studies, 56(2-3), pp. 92~108.
Eagleton, T. 1998. "Postcolonialism and 'postcolonialism'." Interventions:

International Journal of Postcolonial Studies, 1(1), pp. 24~26.

Elam, J. D. 2017. "Anticolonialism." Global South Studies: A Collective Publication with the Global South. https://globalsouthstudies.as.virginia.edu/articles/pdf/386.

Fenelon, V., and T. Hall. 2008. "Revitalization and Indigenous Resistance to Globalization and Neoliberalism." American Behavioral Scientist, 51(12), pp. 1867~1901.

Fischer-Kowalski, M., & H. Haberl. 1998. Sustainable Development, Longterm Changes in Socio-economic Metabolism and Colonization of Nature. International Social Science Journal, 158(4), pp. 573~587.

Griffiths, T., and L. Robin(eds.). 1997. Ecology and Empire: Environmental History of Settler Societies. University of Washington Press.

Grosfoguel, R. 2011. "Decolonizing Post-colonial Studies and Paradigms of Political-economy: Transmodernity, Decolonial thinking, and Global Coloniality." Transmodernity: Journal of Peripheral Cultural Production of the Luso-Hispanic World, 1(1).

Home, R. 2013. Of Planting and Planning: The Making of British Colonial Cities. Routledge.

Huggan, G. (ed.). 2013. The Oxford Handbook of Postcolonial Studies. OUP Oxford.

Karliner, J. 1997. The Corporate Planet: Ecology and Politics in the Age of Globalization. University of California Press.

Kauanui, J. K. 2016. "A Structure, Not an Event: Settler Colonialism and Enduring Indigeneity." Lateral, 5(1).

Kortright, C. 2003. "Colonization and Identity." www.angelfire.com.

la paperson. 2017. "Settler Colonialism is a Set of Technologies." in A Third University Is Possible. University of Minnesota Press.

Lazarus, N. 2011. "What Postcolonial Theory Doesn' t Say." Race & Class, 53(1), pp. 3~27.

Mart?nez-Alier, J. 2003. "Mining Conflicts, Environmental Justice, and Valuation." in J. Agyeman, R. D. Bullard, and B. Evans(eds.). Just Sustainabilities: Development in an Unequal World. MIT press.

McClintock, A. 1992. "The Angel of Progress: Pitfalls of the Term "Post-colonialism"." Social text, 31/32, pp. 84~98.

McKean, M. A. 1981. Environmental Protest and Citizen Politics in Japan. University of California Press.

Moore-Gilbert, B. J. 1997. Postcolonial Theory: Contexts, Practices, Politics. Verso Books.

Morrissey, J. 2014. "Colonialism and Anti-colonialism." in J. Morrissey, D. Nally, U. Strohmayer, and Y. Whelan(eds.). Key Concepts in Historical Geography. London: SAGE Publishing.

Mrozowski, S. A. 1999. "Colonization and the Commodification of Nature." International Journal of Historical Archaeology, 3(3), pp. 153~166.

Murphy, J. 2009. Environment and Imperialism: Why Colonialism Still Matters. Sustainability Research Institute.

Osterhammel, J.(위르겐 오스터함멜). 2006. 『식민주의』. 박은영 · 이유재 역. 역사비평사.

Paik, N. 2000. "Coloniality in Korea and a South Korean Project for Overcoming Modernity." Interventions, 2(1), pp. 73~86.

Philip, K. 2001. "Seeds of Neo-colonialism? Reflections on Ecological Politics in the New World Order." Capitalism, Nature, Socialism, 12(2), pp. 3~47.

Rioboiron, M. 2018.12.21. "How Plastic Is a Function of Colonialism." Teenvogue.

Roberts, J. 1978. From Massacres to Mining: The Colonisation of Aboriginal Australia. CIMRA.

Shin, G. W., & M. E. Robinson. 1999. Colonial Modernity in Korea. Harvard University Asia Center.

Shiva, V. 1993. "Resource." in W. Sachs(ed.). Development Dictionary: A Guide to Knowledge as Power. Witwatersrand University Press.

———. 2016. Biopiracy: The Plunder of Nature and Knowledge. North Atlantic Books.

Shohat, E. 1992. "Notes on the" Post-Colonial"." Social text, 31/32, pp. 99~113.

Snelgrove, C., Dhamoon, R., and J. Corntassel. 2014. "Unsettling Settler Colonialism: The Discourse and Politics of Settlers, and Solidarity with Indigenous Nations." Decolonization: Indigeneity, Education & Society, 3(2), pp. 1~32.

Spivak, G. C. 1990. The Post-colonial Critic: Interviews, Strategies, Dialogues. Routledge.

Tlostanova, M., & W. Mignolo. 2009. "Global Coloniality and the Decolonial Option." Kult, 6(Special Issue), pp. 130~147.

Trees, K., & M. Nyoongah. 1993. "Postcolonialism: Yet Another Colonial Strategy?."

Span: Journal of the South Pacific Association for Commonwealth Literature and Language Studies, 36, pp. 264~272.
Tuck, E., & Yang, K. W. 2012. "Decolonization Is Not a Metaphor." Decolonization: Indigeneity, Education & Society, 1(1), pp. 1~40.
University of Tsukuba. 2016. 2016 Ashio Field Trip Report. University of Tsukuba.
Veracini, L. 2011. "Introducing: Settler Colonial Studies." Settler Colonial Studies, 1(1), pp. 1~12.
———, L. 2013. " 'Settler Colonialism' : Career of a Concept." The Journal of Imperial and Commonwealth History, 41(2), pp. 313~339.
Watson, J. K. 2007. "Imperial Mimicry, Modernisation Theory and the Contradictions of Postcolonial South Korea." Postcolonial Studies, 10(2), pp. 171~190.
Williams, G,, and E. Mawdsley. 2006. "Postcolonial Environmental Justice: Government and Governance in India." Geoforum, 37(5), pp. 660~670.
Wolfe, P. 2006. "Settler Colonialism and the Elimination of the Native." Journal of Genocide Research, 8(4), pp. 387~409.
Yokokawa, N., K. Yagi., H. Uemura., and R. Westra. 2016. The Rejuvenation of Political Economy. Routledge.
Young, R. J. 2004. White Mythologies. Routledge.
Žižek, S.(슬라보예 지젝) 2011. 『실재의 사막에 오신 것을 환영합니다』. 이현우 · 김희진 역. 자음과모음.

언론 및 매체

≪경향신문≫. 1984.5.12.「중금속 오염조사에 대한 제언」.
고영호. 2018.12.6.「한국환경공단 토양오염 정화현장 관리 부실 심각」. ≪충남투데이≫.
권오석. 2019.4.23.「한국시멘트협회, 2019 대한민국 환경대상 수상」. ≪이데일리≫.
김동규. 2019.8.27.「포스코, 환경보호 캠페인 '스틸 세이브 어스' 진행」. ≪뉴스1≫.
김성곤. 2019.8.29.「포스코, 10월 19일 클린오션데이 개최…해양폐기물 수거」. ≪이데일리≫.
김영환. 1992.8.21.「인천 간석동 공사중지, 갱도유무 확인나서」. ≪한겨레≫.
———. 1993.5.4.「부평 묘지 붕괴 폐광 함몰 탓」. ≪한겨레≫.
김정수. 2018.8.27.「카드뮴 배출 1위 산골마을…제련소가 부른 재앙」. ≪한겨레≫.
김혜나. 2019.5.28.「'거대한 아연관'에 갇힌 마을…주민들의 '아픈 기억'」. ≪오마이뉴스≫.

김혜린. 2017.8.12.「포스코, 세계적인 기업의 세계적인 환경파괴」. ≪프레시안≫.
김효중 · 이승형. 2018.10.23.「환경오염 논란 끊이지 않는 영풍석포제련소는 어떤 곳」. ≪연합뉴스≫.
≪동아일보≫. 1935.4.8.「광산의 독약수로 삼백두낙 농작불능」.
———. 1935.5.9.「약진하는 소천시, 발전축하식 성황」.
———. 1935.5.16.「봉화 태백산에 삼룡이 진출」.
———. 1936.8.23.「작업하든 광부 이명이 참사」.
———. 1937.9.25.「일본군수공업개관」.
———. 1977.8.13.「공장시설 건축만 서둘러 고려아연제련소 온산에 공정 70%」.
———. 1980.5.29.「중금속과 자연생태계의 파괴」.
≪매일경제≫. 1977.7.8.「동신화학, 아연설비 폐기검토」.
박기락. 2014.6.17.「영풍, 7000억 규모 옥계 비철산단 추진 '백지화'」. ≪뉴스1≫.
박중엽. 2019.11.29.「경북, 영풍제련소 조업정지 120일 처분 왜 미루나?」. ≪뉴스민≫.
박현영. 2018.10.23.「장항제련소 중금속 피해주민들이 LS니꼬동제련에 소송제기한 이유」. ≪데일리한국≫.
서근영. 2019.3.26.「강릉시, 영풍문고와 손잡고 금진리에 자연 친화형 리조트 조성」. ≪뉴스1≫.
신용순. 1971.5.31.「아연제련소 건설계획 확정」. ≪동아일보≫.
유병화. 1976.5.25.「찾아야 나온다」. ≪경향신문≫.
이경문. 1971.2.26.「천연기념물(8) 무태장어 열목어」. ≪동아일보≫.
이완. 2009.7.31.「정부, 옛 장항제련소 주변 이주 결정」. ≪한겨레≫.
이용호. 2014.8.27.「봉화 영풍 석포제련소, 대규모 무허가 공장 건설」. ≪한국일보≫.
이은파. 2011.11.16.「전북 운주광산서 광미개발…논산주민 반발」. ≪연합뉴스≫.
이재표. 2006.11.20.「폐광에서는 공해가 나온다」. ≪충북인뉴스≫.
이태경 · 이호진. 2019.8.5.「환경문제로 공장 못 세운 전범기업…'공해산업' 떠넘긴 정황」. ≪중앙일보≫.
장영식. 2018.11.30.「낙동강 최상류에는 이 공장이 있다」. ≪한겨레21≫.
장영식. 2018.12.13.「영풍제련소 의문의 제3공장」. ≪가톨릭뉴스≫.
장영식. 2018.12.20.「산업폐기물의 재활용은 정당한 것인가」. ≪가톨릭뉴스≫.
전인식. 1978.11.11.「장성 동점 광산, 광산 지하 승강기 추락 12명 사망」. ≪경향신문≫.
정규득. 2002.4.19.「환경부, 폐금속광산 오염 조사」. ≪매일경제≫.
정기홍 외. 2004.6.9.「폐광방치 '카드뮴 공포'」. ≪경남신문≫.
정일윤. 1995.3.19.「광명시 논 만8,000평 폐광된 금속광산 때문에 중금속에 오염」. 〈MBC 뉴스데스크〉.
주현진. 2015.6.17.「재계 인맥 대해부 (4부) 뜨고 지는 기업&기업인 〈23〉 영풍그룹」. ≪서울신문≫.
허종학. 2016.3.22.「온산국가공단 공해문제는 '현재 진행형'」. ≪울산광역매일≫.
———. 2017.4.26.「온산 산단 악취, 주민 근로자 고통 극심」. ≪울산광역매일≫.
황주경. 2018.7.25.「실향의 아픔을 딛고선 공단역, 온산역」. ≪울산저널≫.
MBC. 2003.2.16.「죽음의 그림자」. 〈MBC 시사매거진 2580〉.

Atkin, M. 2019.3.12. "Clive Palmer's Townsville Nickel Refinery under Scrutiny over Widespread Safety Concerns." ABC News.
Australian Associated Press. 2019.5.20. "Clive Palmer Absent from Court for Queensland Nickel Liquidation Trial." The Guardian.
Hurst, D. 2016.1.17. "Clive Palmer's Queensland Nickel Defends Donation to PUP before Job Cuts." The Guardian.
Milman, O. 2014.2.11. "Clive Palmer's Nickel Refinery Pumped Toxic Waste into Great Barrier Reef Park." The Guardian.
Robertson, J. 2016.1.15. "Clive Palmer's Queensland Nickel Refinery to Cut Hundreds of Jobs." The Guardian.
The Simpsons - 'A World Without Zinc' https://www.youtube.com/watch?v=U1iCZpFMYd0
Wainwright, S. 2018.12.6. "$300 Million Zinc Refinery Expansion to Increase Production and Jobs in North Queensland." ABC News.

웹사이트

광명시청 홈페이지. https://www.gm.go.kr/cv/index.do (검색일: 2019.8.20).
도야마현립 이타이이타이병 자료관 홈페이지. http://www.pref.toyama.jp/branches/1291/lang/korea/disease/02.html (검색일: 2019.7.1).
환경부 홈페이지. https://www.gov.kr/portal/ntnadmNews/2035838. (검색일: 2019.12.10).
Sun Metals Corporation Pty. Ltd. Australia. www.sunmetals.com.au (검색일: 2019.8.22).
Surphuric Acid on the Web. www.sulphuric-acid.com (검색일: 2019.8.22.).

근대화와 장소상실, 그리고 쓰레기
: 영풍석포제련소 사례를 경유하여

광업소와 제련소가 이질적으로 이식되었던 봉화의 석포는 근대화를 뒷받침한 장소파괴의 누적된 상흔을 겪어왔다. 폐광 이후에도 여전히 가동되고 있는 제련소의 공해문제를 중심으로 경제적, 환경적 관심이 대립 구도를 형성하고 있는 현재의 담론적 지형은 기술공학적 근대성의 틀 안에 머무르고 있다. 이 글에서는 근대화와 장소상실, 쓰레기의 관계를 고찰함으로써 근대적 이항대립을 넘어 현대사회에서 존재와 장소의 관계, 그리고 인간의 존재 양식에 대한 근본적 성찰을 추구한다. 기술과 설계에 의한 근대의 공간화와 정화의례는 구체적 개념이자 사건으로서의 존재와 장소가 공속성 속에서 자유롭게 드러나는 관계의 유희를 가로막고, 존재의 망각과 쓰레기화를 낳는 액체적 기획으로 전개된다. 근대화의 현재적 결과는 점성의 관계를 은닉하고 있는 심원한 시간의 관점에서 장소에 대한 시원적 사유와 연결된다. 이는 쓰레기의 폐기를 위한 '저편'도, 존재와 장소로의 복귀가 시작되는 '다른 세계'도 없음을 언명하며 이미 도래한 토착성을 탈은폐한다.

1. 환경문제를 둘러싼 담론적 지형의 재구성

한국 근대화의 역사는 장소파괴와 상실의 역사였다. '우리도 한번 잘 살아보세' 라는 욕망의 실현은 개발 이데올로기와 그것에 동원되어 혹사당한 노동의 신체성뿐 아니라, 전국적 산업화와 도시화를 가능케 한 자연파괴의 토대 위에서 이루어진 것이었다(Eder, 1996). 자연은 생산기계와 주거기계를 찍어내기 위한 재료이자 터전으로써 이중으로 착취당했고, 공장과 아파트, 자동차가 뿜어내는 토사물의 배출구가 되어 삼중으로 오염되었다. 자연의 훼손은 동시에 그 속에서 살아가던 인간과 공동체의 파괴를 의미하는 것이기도 했다.

지도를 펼쳐놓고 무작위로 한 군데를 점찍어 보면, 어느 곳을 택하더라도 대동소이한 이야기를 마주하게 될 것이다. 과거에는 연화광업소를, 지금은 석포제련소를 떠안고 있는 경북 봉화군의 석포면도 마찬가지다. 1930년대 미쓰비시가 군수광물 증산을 위해 산간벽지였던 석포의 연화봉에서 아연광 개발을 시도했던 것을 시초로(西原元男, 1970: 1), 1960~70년대의 경제개발 흐름은 석포를 본격적인 산업현장으로 탈바꿈시켰다. 지하자원 개발이 외화벌이의 주요수단이 되었던 1960년대에 봉화와 삼척 일대에서 제1, 2 연화광산을 개발한 영풍은 당시 거의 전량이 일본으로 수출되었던 아연을 중심으로 광석 생산량을 기하급수적으로 늘려갔다. 1970년대에는 중화학공업 육성정책에 따라 석포제련소를 설립하여 연화광산에서 공급된 광석으로 아연괴를 직접 생산하며 '조국 근대화' 의 사명에 기여했다. 1980~90년대에 광물 매장량이 고갈되어 광산이 문을 닫은 후로도 캐나다와 페루 등 외국에서 수입해온 정광으로 생산을 지속해온 석포제련소는 현재 아연 생산량 세계 4위를 차지하며 영풍문고로 잘 알려진 ㈜영풍의 주력사업이 되어 왔다.

이와 같은 '발전의 역사' 뒤에는 당연하게도 공해의 악취가 감추어져 있다. 광산에 의한 오염문제를 차치하고 석포제련소가 설립된 1970년 이후로 제한하더라도 발전과 성장의 명목 아래 반세기 동안 전방위적인 환경파괴가 자행되고 묵인되어왔다. 굵직한 문제들을 위주로 기술하면, 우선 1970년대 후반부터 지적되어 온 제련소의 폐수배출은 여전히 하루 최대 1600톤에 달하는 수준으로 수질과 수생생물에 악영향을 미치고 있다(한국일보, 2018. 10.24.; 환경부, 2019.11.22.). 제련 시 발생하는 아황산가스를 비롯한 오염물질들은 인근 산을 고사시키고 대기를 오염시키고 있으며, 폐기물 매립과 폐수배출로 인한 토양과 퇴적물의 중금속 오염도 심각한 상황이다(노동일보, 2002.9.17.; 환경부, 2020.10.7.). 당연한 결과로 주변의 농경지와 주민, 노동자의 건강피해도 함께 발생하고 있다(PD수첩, 2019.6.11.).

조업정지 행정처분에 불복하고 오염물질 측정치를 조작하는 등 영풍의 문제적 행태가 반복되면서 인근 지역주민과 시민단체들은 제련소의 폐쇄를 주장하고 있으나, 사측과 지역 당국은 제련소가 국가와 지역 경제에서 수행하는 역할을 강조하며 가동을 정당화하고 있다(경향신문, 2019.7.30.; 뉴스민, 2019.11.29.). '봉화의 삼성' 이라고 불릴 정도로 영풍에 대한 경제적 의존도가 높은 지역 상황은 노동자들을 중심으로 제련소 폐쇄 운동에 극렬하게 맞서는 상황을 연출하며 갈등을 더욱 고조시키고 있다(오마이뉴스, 2018.9.23.). '과학적 조사' 에 따라 식생 훼손과 토양오염에 대한 제련소의 영향이 몇 퍼센트인지, 중금속 기준을 초과했는지 아닌지, 제련소 폐쇄로 인해 예상되는 경제적 피해는 어느 정도인지에 대한 갑론을박이 이어지고, 제련소가 기존에 발생한 오염을 정화, 제거하며, 시설 개선과 책임 있는 관리를 통해 오염물질 배출을 허용

기준 이하로 유지, 차단하거나 그러한 시설을 갖추어 이전 또는 폐쇄하고, 사회적으로는 다른 경제적 대안을 통해 제련소 폐쇄 시 발생할 노동자의 생계문제를 해결하는 것이 당면과제로 제시된다.

이처럼 근대화의 역사와 상처를 고스란히 간직하고 있는 석포를 둘러싼 논란은 많은 환경 관련 현안과 담론에서 그러하듯 경제와 환경 간의 해묵은 대립으로 개념화된다. 이는 인간과 자연을 분리하는 근대적 구분을 반복하고 있으며, 자연이 부과하는 한계는 근대주의의 관점에서 인간의 건강이나 생존에 대한 단순한 물리적 제한으로 해석된다(Sachs, 1995: 35). 나아가 얼핏 보기에 경제와 환경의 상대적 가치를 어떻게 평가하는가에 따라 논쟁의 양측을 명확하게 가르는 듯한 이 담론적 지형은 사실 양측을 단일한 기술공학적 담론체계에 구속시키는 위력을 발휘하고 있다. 볼프강 작스는 경제개발을 비판하기 위해 등장한 '환경' 개념이 점차 새로운 개발 시대의 배너로 기능하며 '발전' 개념과 결합하는 현실이 경제적 이익의 추구를 의문의 여지 없는 목표로 고착시켰다고 지적한다(Sachs, 1995: 26, 28). 이제 문제는 디폴트로 설정된 목적을 성찰하고 재고하는 것이 아니라 그러한 목적의 실현에 일시적 걸림돌이 되는 환경오염을 적절한 수준으로 조절하는 것이다(Sachs, 1995: 35). 이처럼 현상적 차원에서 좁게 정의된 문제는 명확한 수단, 즉 과학적이거나 사회정치적인 테크놀로지를 통해 해결할 수 있는 기술공학적 문제로 상정된다. 그 속에서 근대화의 삼총사인 자본과 관료주의, 과학은 더 나은 기술과 관리를 통해 산업 시스템의 부정적 효과를 완화할 것을 약속함으로써 스스로를 정당화하고 기존 체제를 유지하는 소임을 달성한다(Sachs, 1995: 35). 추상적이고 수동적인 환경 개념으로 환원된 자연의 '최적화된 착취'를 지향하는 이 전략들은 베이컨식 근대적 지배의 비전을 완성하는 것에 불과하다(Sachs, 1995: 32). 결과적으로 겉으로 드러난 현상을 낳은 근저의 원천은 고스란히 남게 된다.

근대화로 인해 발생한 문제를 둘러싼 논쟁은 이처럼 또다시 근대적 이항대립에 머무르고 있다. 그 속에서 단순한 물리적 한계로서의 환경이 아닌 자연적, 경험적, 사회적 차원들이 서로 얽혀 형성되며 존재와 깊은 관계를 맺고 있는 역동적 사건으로서의 '장소'는 온데간데없이 사라진다(Fell, 1979: 221; National Research Council, 2002). 문명 발전의 역사는 장소가 추상적이고 객관적인 공간 개념에 점차 종속되는 과정이었으며 그 정점에 근대가 있다(Casey, 2013). 단일한 척도상에서의 측정가능성과 대체가능성을 함축하는 세계의 공간화는 인식론과 존재론의 추상화를 동시에 요구하며 담론의 지형뿐 아니라 삶의 지형도 지배하고 있다. 이런 점에서 볼 때 경제 대 환경이라는 근대적 이분법의 구도는 장소 개념을 통해 효과적으로 해체되고 확장될 수 있다.

근대화와 장소의 관계에 관한 선행연구들은 대체로 도시화와 지구화, 소비공간과 같이 근대화의 결과로 나타나는 현실과 관련된 주제에 집중되어 있으며(Arefi, 1999; Roberts, 2012; Sheppard, 2002; Shim and Santos, 2014; Žukauskienė, 2016) 심리적, 정치경제적, 사회문화적 관점에서 장소의 구성이나 영향을 탐색하는 접근이 주를 이루고 있다(공윤경, 2013; 박규택, 2013; 이경동, 정재용, 2007; 정희선, 2012; Devine-Wright, 2009; Jacak, 2005; Windsor and Mcvey, 2005). 이러한 연구들은 근대화 과정에서 장소가 지속적으로 변화, 형성되고 있음을 보여주며 장소의 변화가 인간과 사회에 미치는 영향을 이해할 수 있도록 해주지만, 이 글의 목적을 고려하면 인간적, 사회적 차원뿐 아니라 자연적 차원을 포괄하는 총체적 접근이 필요하며, 다른 과정의 영향을 받는 것으로서 장소 또는 장소가 다른 과정에 주는 영향에 대해서보다는 장소 그 자체에 초점을 둘 필요가 있다. 나아가 근원적 사태나 사건으로 장소의 개념을 확장함으로써 근대화의 결과로 이미 주어져 있는 장소(상실)의 현재적 풍경에 국한된 관심을 장소에 대한 시원적 사유와도 연결할 필요가 있다.

근원적 장소로서의 고향상실이 현대의 운명이 되고 있음을 감지한 하이데거는 인간을 포함한 사물과 장소를 비롯하여 모든 것을 자원이나 부품으로 환원하는 시대정신으로서의 '기술'을 장소상실의 원인으로 지목한다(Heidegger, 1977b). 이용가능하고 통제가능한 방식으로만 존재의 드러남을 허용하는 기술은 존재와 세계를 공간화하는 것이다(Malpas, 2006: 293). 이를 통해 생산-소비의 재료로만 여겨지는 인간과 사물은 자원과 부품이 되는 과정을 거쳐 결국 쓰레기가 되는 운명을 맞게 된다. 석포를 둘러싼 이분법적 논쟁이 한 쪽은 상품 생산의 측면에서, 다른 쪽은 생산 과정에서 발생하는 공해, 즉 '쓰레기'의 측면에서 현상을 바라보는 데 기인한다고 말할 수 있다면, 쓰레기 개념은 장소와 함께 기존의 근대적 이항대립에 도전하는 역할을 할 수 있다. 석포의 맥락에서 쓰레기의 문제화는 물리화학적 폐기물에서 출발하지만, 근대화가 진전됨에 따라 상품이 쓰레기가, 쓰레기가 다시 상품이 되는 주기가 점점 짧아지는 시대적 상황에서 그것은 경제적 가치를 지닌 생산품, 그리고 이와 함께 생산되는 쓰레기(오염물질)가 서로 얼마나 다른 것인지를 질문하게 함으로써 기술공학적 담론이 갖는 근본적 모순을 드러낼 수 있다(Bauman, 2012: 14). 나아가 쓰레기에 대한 논의는 가치있는 것과 버려야 할 것을 평가하고 분류하는 근대적 질서화와 범주화의 문제로도 확대될 수 있다(Douglas, 1966). 이처럼 정체성, 경계, 관계 등과 같은 근본적 문제들과 깊이 연관된 장소와 쓰레기 개념을 통한 담론의 재구성은 인간과 자연, 경제와 환경, 생산과 소비, 과거와 현재 등 기존의 학문적, 사회적 담론에서 별개로 다루어지던 것들 사이의 연결을 통해 복잡

다단한 현상을 총체적이고 근원적으로 이해하기 위한 토대를 제공한다.

400만 년 전부터 한반도에 서식하게 된 열목어의 남방한계선이자 이제는 과거의 이야기가 되어버린 광산을 거쳐 자동차와 스마트폰 제조 등에 이용되는 아연을 여전히 만들어내고 있는 석포의 여정은 좁은 시공간적 차원을 벗어나 보다 넓은 관점에서 위의 질문들을 사유할 수 있는 출발점이 된다. 이 글에서는 석포의 사례를 경유하되 그것을 특별하거나 예외적인 것, 또는 그 자체로 완결되어야 할 최종적 해석의 대상으로 삼지는 않으려 한다. 브라이언 딜은 흩뿌려져 버려진 플라스틱들이 다시 한번 덩어리로 뭉쳐 모여든 새의 처참한 사체를 찍은 사진들이 "이렇게 사진 찍힌 적은 없지만 비슷한 운명에 처할 수밖에 없었을 다른 모든 새를" 떠올리게 한다고 말한다(브라이언 딜, 2017: 20). 석포는 우연히 그리고 필연적으로 사진에 포착된 하나의 새와 같다. 이 글에서는 여전히 지속되는 근대화의 과정에서 석포가 겪고 있는 내홍을 지그문트 바우만이 비유하듯 벽에 걸린 '그림'과 같이 독립적이고 닫혀있는 문제로 간주하기보다는, 그것을 통해 현대의 삶과 세계가 처해있는 곤경을 이해하기 위한 하나의 '창'으로 삼아 장소상실과 쓰레기의 관계를 규명함으로써 현대사회에서 인간과 장소의 관계, 그리고 인간의 존재 양식에 대한 근본적 성찰을 추구하고자 한다.

2. 근대성과 장소, 그리고 토폴로지

서양 철학사를 통해 '장소의 운명'을 추적한 에드워드 케이시에 따르면, 고대 사상에서 중요하게 여겨졌던 장소는 6세기 이래로 공간 개념에 종속되기 시작하였고, 추상적 시공간의 절대적 승리로 점철된 17세기부터 20세기까지의 '근대의 기간' 동안 적극적으로 부정되고 억압되었다(Casey, 2013). 그는 근대성에 의해 절멸되다시피 한 장소 개념이 신체와 세계의 얽힘에 주목한 칸트, 화이트헤드, 후설, 하이데거, 메를로-퐁티 등의 사상을 계기로 그 중요성을 회복하기 시작하여 푸코, 들뢰즈와 가타리, 데리다 등이 공유하는 비본질주의적 관점을 통해 공간에 대한 우위성을 되찾은 것으로 평가한다.

이러한 배경 위에서 장소는 학문 분야의 경계를 넘나들며 관심을 받아왔다. 존재와 장소가 맺고 있는 관계는 철학적 탐구의 주제가 되었고, 인간의 정체성과 삶에 대한 장소의 영향은 거의 모든 문학작품에서 나타나는 내용이다(제프 말파스, 2014: 19-21). 장소 애착과 장소 정체성 등을 중심으로 사람들이 겪는 심리적 문제를 자아와 환경 간의 관계 측면에서 접근하거나, 포함과 배제, 억압 등에 주목하는 정치적, 사회적 관점에서 장소의 구성을 해석하려는 시도들도 이루어져 왔다(Agnew, 2014; Anzani, 2020; Keith and Pile, 2004; Rollero and Piccoli, 2010). 지리학에서는 다른 분야와 구별되는 고유한 탐구주제로 장소를 꼽을 만큼 장소의 중요성에 주목해왔다(Seamon and Sowers, 2008: 43).

이처럼 다양한 분야와 관점에서 장소에 관한 연구들이 진행되어왔다는 사실은 장소 개념의 포괄성과 그에 따른 필연적 모호함을 함께 반영한다. 이는 장소가 학문적 개념으로 만들어지기 전에 이미 일상적이고 친숙한, 즉 평소에는 의식적으로 인식되지 않는 것으로 존재해 왔다는 사실에도 기인한다(Haapala, 2005: 40; Seamon and Sowers, 2008: 43). 이렇듯 삶 속에 존재하며 삶을 구성하는 장소는 관계적, 물질적, 역동적 성격을 갖는다(Massey, 2005: 130). 그것은 고정된 경계나 실체에 의해 정의되기보다는 구성요소들의 관계, 다른 장소들과의 관계를 통해 형성된다(제프 말파스, 2014: 54). 장소를 구성하는 물질과 정신, 인간/사회와 자연 등의 요소들 사이에서도 배타적 이분법으로 구분할 수 없는 역동적 관계를 발견할 수 있다(Bickerstaff and Walker, 2003: 46).

팀 크레스웰(2016: 25-47)은 장소에 대한 접근을 지역지리적 접근, 인본주의적 접근, 사회구성론적 접근으로 구분하고 있다. 지역지리적 접근은 다른 지역과 구별되는 해당 지역의 개성을 기술하는 것이다. 이 같은 특수성을 벗어나 일반화를 지향하려는 과학적 태도는 공간 과학의 탄생으로 이어졌으며, 이에 대한 반동으로서 인본주의적 접근은 현상학과 실존주의의 철학적 토대를 바탕으로 주관성과 경험을 강조하는 장소론을 주창하였다. 후기 근대의 맥락에서 인본주의적 관점이 함축하는 본질주의를 한계로 지적하며 등장한 사회구성론적 접근은 배제에 기초한 장소의 사회적 구성에 대해 비판적 관점을 견지한다.

특정한 차원으로 환원할 수 없는 장소의 총체성을 강조한 학자들은 위의 다양한 관점을 포괄하는 장소 개념을 제시하고 있다. Ardoin(2006: 114-118)은 학제적 접근을 바탕으로 장소를 구성하는 차원들을 생물리적(biophysical), 심리적, 사회문화적, 정치경제적 차원의 네 가지로 제시하였다. 생물리적 차원은 장소가 존재하기 위한 기본 조건이 되는 물리적 환경을 뜻하며, 심리적 차원과 사회문화적 차원은 각각 개인과 집단 수준에서 이루어지는 장소와의 상호작용을 포함한다. 정치경제적 차원은 장소들 사이의 권력 관계 속에서 이루어지는 지속적인 장소형성 과정과 관련된다. 제프 말파스(2014: 49-50)는 특정 장소의 구조, 사회활동과 제도, 물리적 객체와 사건들을 모두 포괄하는 것으로서 장소를 정의하면서 장소는 순전히 객관적이고 물리적인 개념도, 오로지 주관적인 개념도 아니라고 주장하였다. Etrikin(1991: 6)은 주관적 의미와 객관적 실재가 만나는 지점으로서 장소의 사이성(betweenness of places)에 주목하기도 했다. Sack(1997: 2)은 장소와 관련하여 사회를 특권화하는 사회구성론적 접근을 비판하며 자연이나 사회의 어느 한쪽으로 환원할 수 없는 전체로서의 장소 개념을 강조한다. Cronon(1992: 32)이 광산 지역의 변화를 통해 생태적, 정치경제적, 문화적 측면을 모두 포함하는 인간과 장소, 장소와 장소 간의 관계를 발견했듯, 구체적 삶의 현장에서 장소를 구성하는 여러 차원과 다양한 관점들은 얽히고 통합된 상태로 존재할 수밖에 없다.

이처럼 장소는 기본적으로 객관적이고 추상적인 근대적 공간에 대항하는 개념으로 등장하고 발전해 왔다. 장소에 대한 통합적이고 전체론적인 접근들은 공간과 달리 장소가 갖는 풍부하고 역동적인 성격을 포괄해내려는 시도를 하고 있다. 그럼에도 불구하고 장소를 구성하는 여러 차원이나 요소들을 구분하고 그것들 간의 상호작용이 통합된 것으로서 장소 개념을 제시하는 것은 구조화와 객관화, 재현을 지향하는 근대적 논리를 다시 불러올 우려가 있다. 이런 맥락에서 때로는 구체적 개념으로, 때로는 은유로서의 장소 개념을 넘나들며 근대와 탈근대의 이분법적 지평으로 쉽사리 포섭되지 않는 하이데거의 장소론은 중요한 의미를 갖는다.

에드워드 케이시에 의해 장소가 사상의 장에 재등장한 계기 중의 하나로 언급되고 있는 하이데거는 "서구 사상사에서 발견되는 장소에 대한 가장 중요하고 지속적인 탐구"로 이후의 사상가들에게 장기적이고 광범위한 영향을 미쳤다(Malpas, 2006: 3-4). 그의 장소 사상의 출발점이 된 것은 근대의 기하학적, 객관적, 추상적인 공간관에 정면으로 맞서며 구체적인 삶의 장으로서의 생활세계로 복귀하고자 한 현상학이다. 의식을 순수한 시간성으로 파악한 하이데거의 전기 사상은 후설에 사상의 빚을 지고 있기도 하지만(강학순, 2011: 160), 세계-내-존재(being-in-the-world)로서의 현존재(Dasein)는 의식 주체와 동일시되지 않으며, 주체를 세계로부터 분리하고 이미 '거기' 에 실존하고 있는 인간을 드러내지 못하는 초월적 현상학과는 다른 관점을 보여준다(서도식, 2010: 227). 존재자의 존재론적 기반으로서 존재 그 자체에 대한 사유는 하이데거의 사상 전반을 관통하며, 이는 존재의 진리로부터 사유하지 않는 형이상학적 설명(Erklärung), 현상학적 해설(Erläuterung)과 구별되는 이유가 된다(강학순, 2011: 148-149).

이처럼 존재에 대한 질문에 천착하며 인간과 세계의 분리할 수 없는 총체적 관계를 드러내고자 한 하이데거의 사상은 필연적으로 장소와 연결되지만, 그의 장소사유(Topologie)는 존재의 의미, 존재의 진리, 존재의 장소로 이어지는 주제의 변주를 거쳐 특히 전회 이후의 후기 사상에서 본격화한다고 볼 수 있다. 하이데거에게 있어서 장소(Ort)는 공간과 시간이 그로부터 비롯되는 근원적인 것으로, 다음과 같은 의미를 지닌다. "근원적으로 '장소' 라는 이름은 창의 끝을 뜻한다. 모든 것이 그 끝에 모인다. 장소는 가장 높고 가장 먼 곳으로 자신을 모은다. 모으는 것은 모든 것을 관통하고 모든 것에 현성한다. 장소, 즉 모으는 것은 자신에게로 가져오고, 그 가져온 것을 참답게 보존하되, 닫혀있는 캡슐처럼 보존하는 것이 아니라, 집결된 것을 두루 비추고 밝힘으로써 비로소 자신의 본질 속으로 해방시킨다" (마르틴 하이데거, 2012: 55).

장소는 모든 것을 모아들이고 통합하는 단일적인 것이면서도, 모아들인 것들이 그 모음 속에서 고유한 자기 자신으로 밝혀지게 한다. 이런 점에서 하이데거의 장소론은 상호작용적 총체성과 다양성이 공존하는 장소의 현묘함을 드러내고 있다. 장소는 그것의 구성요소들이 위치하는 단순한 배경이나 존재자들의 총합으로서의 세계와 같이 미리 주어져 있는 것이 아니라 매 순간 "전체와의 연관 속에서 현시하는 것" (이승헌, 이동언, 2003: 153)이다. 이는 특정한 구역을 예외적 보호의 대상으로 여기는 환경주의의 태도를 돌아보게 한다. 장소는 우리가 이미 다른 사물들 곁에서 그것에 속해있는 자신을 발견하며, 세계가 우리로, 우리가 세계로 열리는 공속적이고 역동적인 하나의 현상이다(Malpas, 2006: 220).

이런 점에서 장소는 하이데거가 1936년 이후 자신의 사상을 이끈 것으로 표현한 '사건(Ereignis)'과 동일한 것으로 여겨지기도 한다(Fell, 1979: 221). 사건은 일어남(happening), 모아들임(gathering), 속해 있음(belonging), 드러냄(disclosing)의 의미를 모두 포함한다(Malpas, 2006: 215-216). 이는 단순히 어떤 일이 벌어진 것을 지칭하는 것이 아니라 존재가 자신을 은닉하면서도 존재자를 통해 탈은폐하는 진리의 현상으로 이해된다. 이를 통해 장소 개념은 항상 사건의 일어남(taking place)으로서의 동사적 성격을 갖게 되며, 이와 같은 개방성과 역동성은 그리스 이후 서양철학에서의 정태적 존재 개념을 넘어선다(Malpas, 2006: 215). 공속성의 탈은폐적 일어남으로서의 사건은 하이데거 사상의 주요 개념들을 서로 연결하는 핵심적 위치를 차지하고 있다.

사건을 통해 존재하게 되는 사물(Ding)은 한낱 기물과 구별되는 존재자들의 본래 존재를 가리킨다(강학순, 2011: 220). 사물의 어원 역시 모은다는 의미와 맞닿아있다는 점에서 사물과 장소는 동근원적(equiprimordial)이다(Heidegger, 1971: 171). 사물은 사방(Geviert)을 자신에게로 모아들이는 장소가 됨으로써 세계를 펼쳐낸다(Heidegger, 1971: 172). 대지, 하늘, 사멸적인 것들, 신적인 것들로 상징되는 사자(四者)가 어우러져 만들어내는 사방의 거울놀이 속에서 세계는 세계화한다(Heidegger, 1971: 178). 하이데거가 들고 있는 단지의 예는 사물 속에서 합일되는 사방, 그리고 사방 속에서 자신의 본질을 발현하는 사물의 상호얽힘을 잘 보여준다. "선물하는 물 안에는 샘이 머물러 있다. 샘 안에는 암석들이, 암석들 안에는 하늘의 비와 이슬을 받는 대지의 어두운 잠이 머물러 있다. 샘의 물 안에는 하늘과 대지의 결혼식이 머물러 있다. 그 결혼식은 포도나무의 열매가 주는 포도주에 머물러 있다. 포도나무의 열매에는 대지의 자양분과 하늘의 태양이 서로 내밀하게 결합되어 있다… 부어주는 선물은 가사자들을 위한 음료다. 그것을 통해서 그들의 갈증은 가신다. 그것을 통해 그들의 여가는 흥겹게 된다…부어진 것은 불사의 신들에게 바쳐진 헌주다…부어진 것의 선물에는 대지와 하늘, 신적인 것들과 가사자들이 동시에 머문다"(최상욱, 2000: 219에서 재인용).

광업소와 광미댐[1], 제련소가 들어서기 전부터 석포 주변과 태백에서 어린 시절을 보낸 주민들의 경험[2]에는 사방이 어우러지는 사건이 드러나는 순간들이 녹아 있다. 도토리, 칡뿌리, 소나무껍질로 주린 배를 달래야 했던 산골이었지만, 어린 시절을 가난이라는 단어로만 손쉽게 요약할 수 없는 것은 삶의 생기가 존재했기 때문이다. 마을마다 있던 숲은 단옷날 성대한 잔치가 열리고 마을 사람들이 모여 희로애락을 함께 하던 유희의 장소였다. 나무를 베어 젖혀 놓으면 저편의 사람이 안 보일 정도로 산은 울창했고, 골골이 뿅뿅 솟아오른 물이 모여 이룬 풍부한 강은 수많은 물고기와 동물들을 넉넉히 보듬어주었다.

강과 그 속의 온갖 생물들이 살아 숨 쉬던 때, 그들은 강의 아이들이었다. 펄이 형성된 곳에는 조개들이 살았고, 민물새우가 붙어사는 바위는 여름이 되면 자라들이 일광욕을 즐기는 곳이기도 했다. 다슬기는 강바닥을 새까맣게 덮을 정도로 많았다. 새우는 고기 잡는 미끼가 되었고, 자라 새끼를 잡아 누가 빨리 가나 시합하는 것이 재미난 놀이였다. 싸리 다

1) 광석에서 광물을 분리하고 나온 폐석과 찌꺼기를 댐으로 막아 매립한 것을 말한다.
2) 장소와 관련된 기억과 경험에 대한 접근은 봉화와 인근 지역이 고향이거나 현재도 거주하고 있는 분들, 연화광업소와 석포제련소에 재직한 경험이 있는 분들과의 면담을 통해 이루어졌다.

래끼를 메고 강에 나가면 금방 굵은 다슬기가 한가득 찼고, 보리밥을 삶은 후 익혀낸 다래끼는 모깃불 아래 최고의 간식거리였다.

석포면 대현리의 '층골'은 사람 하나도 지나가기 어려울 정도로 두 암벽이 가까이 맞닿아있는 지형으로 말미암아 골짜기로 들어가기 위해 바위에 쇠꼬챙이를 층층이 박아 오르내리던 데서 지명이 유래했다. 지금은 연화광산의 광미댐 터가 되어 땅속으로 묻혀버린 층골은 일제강점기에 신작로를 내면서 무너지기 전까지 천혜의 은신처를 만들어주던 암벽에 얽힌 역사와 전설이 전해 내려오고, 맑은 자연수가 펑펑 흐르며 버들치와 열목어를 비롯한 수많은 물고기가 노닐던 곳이었다. 발가벗은 층골의 아이들은 그들과 꼭 같이 발가벗은 버들치를, 열목어를 맨손으로 잡고 흐르는 물을 퍼먹었다. 역시 광미의 매립지가 되어 지금은 그 위에 레이싱 경기장이 들어서 있는 태백의 곳재에서는 맑고 찬 강물에 누렇고 큼직한 가재가 버글버글했고, 뚜구리와 '손가락 그튼' 버들치가 헤엄쳐 다녔다. 여름밤 형들을 따라 관솔불을 들고 강으로 가서 가재를 큰놈만 잡아 찧고 걸러 끓이면 끝내주는 계란국 맛이 났다. 가을밤에는 개똥벌레가 그렇게 많았고 송이, 싸리버섯, 명이, 후르레기(목이)도 지천이었다. 헤엄치고 놀던 황지천 하구의 구문소는 물이 수억 년에 걸쳐 바위를 뚫어 형성된 곳으로, 소머리를 바쳐 비가 오기를 기원하고 커다란 뱀장어와 메기가 나오던 신성함이 깃든 장소이기도 했다.

그들의 기억 속 고향은 구체적 장소로서의 풍부한 자연환경 안에서 토착적 존재자들과 생생하고 일상적인 관계를 맺는 곳이었다. 여기서 자연은 존재자들의 단순한 총합을 넘어 물리적 자연만으로는 환원할 수 없는, "모든 본질적 존재자가 그 현존 상태로 나타나고 그 부재 상태로 되돌아가는" 퓌시스(physis)의 진리로 인도한다(이수정, 2000: 77에서 재인용). 장소에 묻어들어있는(embedded) 관계의 유희는 인간의 의식적

계획이나 노력 없이도 대지와 하늘, 신성과 인간을 단일한 공속 지평(Einfalt)으로 이미 통합해내며, 때때로 자유롭게 풀려나는 사방의 신비를 조우하는 순간들을 어렴풋이 드러내고 있다.

사방놀이에서 다른 사물들과의 관계를 통해 세계를 시적으로 드러내는 인간의 존재 방식이 바로 거주하기(Wohnen)다(Heidegger, 1971: 148). 거주한다는 것은 사물을 아끼고 보살피는 것(Sorgen)이다. 이는 인간이 보호의 주체로서가 아니라 사물이 그것의 본질에 맞게 존재-하게 함(Sein-lassen)을 통해 존재의 진리를 사유하고 보살핀다는 의미로, 유한자로서의 각성이 있을 때 가능한 일이다(Heidegger, 1971: 147-149). 하이데거는 진정한 거주의 영역으로 세계를 열어주는 시인을 지인(Hausfreund)으로 칭하는데, 지인 헤벨은 우리가 태양과 달과 별들을 볼 때 그것이 어디서 오고 어디로 가는지, 무엇을 원하는지 "알지 못한다"고 말하며 세계의 신비에 대한 시원적 사유와 사멸적 존재로서의 겸허함을 일깨우고 있다(이수정, 2000: 77).

존재자와 구분되는 현존재에 탁월성을 부여했던 전기 사상의 기초존재론적, 실존론적 이해로부터 벗어나, 이제 세계와 존재는 더 이상 현존재인 인간의 수행에 의해 개시되고 성취되는 것이 아니라 스스로 자신을 주재하는 것으로 이해된다(이서규, 2000: 168-169). 예정된 죽음을 향해가는 인간의 운명은 주체적 기획의 절대성을 무화시키며 존재의 기적과 신비를 겸허히 받아들일 것을 명한다(신문수, 2007: 59). 사물화-된 것(Be-dingten)으로서의 인간은 존재를 선물 받아 사물들 곁에 체류하며 교응하는 가운데 서로에게 반영된 세계를 드러낸다(Wohlpart, 2013: 15-16, 19).

하이데거의 '존재의 토폴로지'는 장소(topos)에 대한 말하기(logos)다. 이때 말한다는 것은 이론적 탐구나 논의가 아니라 "세계를 가까이 데려

옴으로써 호명된 사물을 의미 있게 하고, 또한 호명된 사물이 사물화함으로써 접힌 세계가 펼쳐짐"을 의미하므로, 존재의 토폴로지는 존재의 장소로부터 숙고하는 근원적 행동(Tun)으로서의 장소사유(Erörterung)라 할 수 있다(강학순, 2010: 211-212, 503). 이러한 관점에서는 근대성을 성찰, 비판, 해체하려는 시도들도 작위성(Machenschaft)에 기인하는 서양 형이상학의 다른 형태에 불과하다(강학순, 1999: 15). 하이데거의 사유는 "진리와 비진리, 드러남과 감춤, 세계와 대지, 자리 잡음과 추진, 출현과 물러남, 본래성과 비본래성과 같은 개념이 대립만이 아니라 서로 통합적으로 상충하며, 서로에게 필요조건인 상태"로서의 동근원성을 담고 있다(주혁규, 2019: 122). 그의 사상이 차지하는 고유한 지위는 근대와 탈근대의 중간에 위치한 한계로 여겨지기도 하지만, 그것은 오히려 근대와 탈근대 각각이 갖는 모순들을 종합하려는 시도로 세계와 장소에 대한 근본적 성찰과 새로운 이해를 가능하게 한다(최상욱, 2000: 231-232).

3. 기술과 몰아세움, 그리고 장소상실

하이데거의 장소사유는 현대 세계에서 존재와 장소의 처지에 대한 비판으로 이어진다. 그는 집을 상실하는 것(homelessness)이 세계의 운명이 되고 있다고 말하며, 현대를 고향상실의 시대로 규정한다(Heidegger, 1977a: 218). 고향은 "근원 가까이에 있는 장소(Heimkunft)"로 명명되는데, 근원은 "존재하는 모든 것이 그곳으로부터 흘러나와 다시 그곳으로 되돌아가는" 고향이기 때문이다(문동규, 2015: 263). 그러므로 고향의 상실은 곧 장소의 상실이며, 이는 "존재에 의한 존재의 유기"이자 "존재망각의 증상"을 의미하는 것이다(Heidegger, 1977a: 218).

현상학적 접근의 영향을 받아 생활세계의 현상으로서 장소의 의미와 그것의 상실에 관한 관심을 환기시킨 에드워드 랠프 또한 우리가 실존의 근원적 중심인 장소를 잃어버리고 있다고 지적한다. 랠프는 세계-내-존재를 중심으로 한 하이데거의 전기 사상에서 '지리학의 현상학적 기원'을 발견한다(Relph, 1985). 그는 "환경문제를 설명하고 해결하는 데 유일하게 타당하고 정확한 용어처럼 보이는 객관성, 사실, 그리고 이론이라는 과학적 단어로 서술되는" 환경에 대한 최근의 논의가 "매우 기계적이고 추상적이며 세계를 쉽게 재현된 구조나 모델로 단순화해서, 일상적인 경험의 미묘함이나 의미를 소홀히 다루"며 "이 단순화된 구조가 환경 설계의 토대가 되거나, 사람들과 장소를 더욱 효율적인 패턴으로 조작하는 데 이용"된다고 우려한다(에드워드 랠프, 2005: 11). 이처럼 랠프는 근대성에 의해 낭만적이고 감상주의적으로 치부되는 장소와의 관계와 경험의 중요성을 회복하는 데 기여한다.

"의미 있는 장소를 가지지 못한 환경과 장소가 가진 의미를 인정하지 않는 잠재적인 태도"를 함께 지칭하는 그의 장소상실 개념(에드워드 랠프, 2005: 209)은 현대의 인간과 장소가 처한 운명에 대한 인식을 하이데거와 부분적으로 공유하고 있다. 여기서 랠프가 말하는 장소는 하이데거적 의미의 사건으로서의 장소라기보다는, 인간과 깊은 관계를 맺으며 개인적, 문화적 정체성의 근원이 되는 '다차원적인 경험 현상'으로 정의된다(에드워드 랠프, 2005: 77, 104).

이러한 차이에도 불구하고 현대의 장소상실이 '기술'로부터 연원한다는 하이데거의 주장은 랠프에 의해서도 계승되고 있다. 랠프는 기능적 효율성과 조작적 계획에 최우선의 관심을 두는 기술(technique)을 장소상실의 주된 원인으로 보았으며, 그가 무장소성을 조장하는 매체로 제시한 대중매체, 대중문화, 대기업, 중앙권력, 경제 체제 등도 모두 기술 중심적 가치관과 관련이 있다(Relph, 2008: 81, 90). 렐프는 하이데거의 기술 비판을 합리주의(rationalism) 비판으로 재해석하며 이것이 장소상실과 연관되어 있다고 가정하는데(Malpas, 2012: 67), 이는 장소상실에 대해 어떻게 대응할 것인지의 문제에 있어서 하이데거와의 차이를 낳는 이유 중 하나가 되는 것으로 보인다.

하이데거가 말하는 기술은 렐프의 개념을 포함하면서도 특정한 장치나 시스템으로 국한하기 어렵다. '기술 형이상학' 이라는 표현이 압축적으로 보여주듯 그것은 존재와 세계를 구성하는 시대정신이자 역운(Geschick)이다. 이러한 의미에서의 기술이 취하는 드러남의 양식은 몰아세움이나 규격화(Gestell)로 이해되며 표상화(Vorstellen)된 모든 사물은 자원이나 부품(Bestand)으로써만 드러남이 허용된다(Heidegger, 1977b: 15-17). 이는 존재의 개방성과 본질의 드러남을 모두 위협하는 것으로, 특정한 목적을 위한 수단 이외에 다른 존재의 가능성을 인정하지 않는 지배의 방식이다. 공기는 질소를, 땅은 광석을, 광석은 우라늄을, 우라늄은 에너지를 내놓으라고 채근당할 때 사물들은 사물성을 잃어버린 자원이나 부품이 된다(Heidegger, 1977b: 15). 이는 사물을 본래적 장소로부터 제거하여 특정한 규격의 관점에서 변형하고 재현함으로써 토착성의 상실을 가져온다(Malpas, 2006: 200).

루이스 멈포드는 장소파괴(Abbau)의 특징적 과정을 '채굴(mining) 또는 파괴(un-building)' 로 제시한다. 그는 광산촌에서 나타난 가장 순수한 형태의 파괴가 철도를 통해 19세기 후반에 이르러 산업사회 전반으로 확대되었다고 말한다(Mumford, 2016: 149-151). 석포의 '연화광산' 이 아연이 매장된 광맥으로만 인식되고, 크낙새와 열목어, 사람들을 모아들이는 삶터가 되던 대현리의 백천계곡과 송정리천이 제련소의 용수를 공급하는 취수원으로만 여겨지기 시작했을 때 장소로서의 사물과 자연은 신비한 사건에서 인간의 주문을 위해 기다리는 부품으로 전락하였다. 이러한 기술 형이상학이 전제될 때 비로소 거대한 근대적 광산업과 제조업이 장소를 "댐건설로 수몰시켜 버리거나, 광산 개발로 파헤쳐 버리던가, 돌더미 아래로 파묻어 버리던가, 건물을 세운다던가 하는 방식으로" 없애버리는 것이 가능해진다(에드워드 렐프, 2005: 225, 229). 연화광산의 맥락에서 이는 채굴에 의한 산지 자체의 파괴, 원광석에서 광물을 분리하는 과정에서 발생하는 오염, 광물 분리 후 잔여물 방치와 매립에 따른 오염, 폐광 이후 폐시설과 폐기물 매립 및 유실, 광미댐 건설 및 붕괴, 광업소와 사택, 상업시설 건설 등에 의한 장소파괴로 귀결되었고, 1970년부터 가동된 제련소는 자연에 닦달과 고통을 가중시켰다. 이에 대한 대항 논리 또한 '영남인의 식수원'으로서의 낙동강 오염을 강조하며 기술의 문법에 의존할 수밖에 없는 현실이다. 강산의 죽음을 불러온 제련소에서 주변 산을 사들여 나무를 심거나(오마이뉴스, 2003.5.8.) 2~3일을 채 견디지 못할 다슬기를 다른 곳에서 잡아 와 강에 뿌리고, 제련소와 연관된 황산 유출 사고로 물고기가 몰사하자 지자체에서 산천어를 대거 방류하는 방식으로 대응하는 모습(연합뉴스, 1998.4.24.)은 복구와 복원 또한 자연을 부품으로 여기는 몰아세움의 한 양식에 불과함을 잘 보여준다. '복원'이 가장 기만적이고 총체적인 파괴가 될 수 있는 이유다(Relph, 2008: 103),

기술의 전면적 반경과 위력은 여기서 그치지 않고 인간 또한 자원과 부품의 운명으로부터 자유로울 수 없게 만든다(Heidegger, 1977b: 18-19). 인간과 세계의 공속적 관계를 고려할 때 이는 당연한 일일 수밖에 없다. 근대화 과정은 고향을 떠나 대도시의 기계 장치로 편입된 사람들은 물론이고 기술적 수단들이 구현하는 표상 영역이 되어버린 고향에 남은 사람들도 못지않게 고향 상실과 결핍의 고통을 겪게 만들었다(이수정, 2000: 87). 석포에서 삶터를 빼앗기고 농민에서 노동자로의 개조를 강제당했던 주민들, 비슷한 과정을 겪으며 전국 각지에서 광산으로 모여들었던 노동자들, 각종 질병을 일으키는 오염물질과 열악한 노동조건을 감내하는 제련소의 노동자들은 아연 생산을 위한 부품으로 여겨지며 중층적으로 장소상실의 아픔을 짊어지는 동시에 그 과정에 참여해야 했다. 국민을 근대화에 동원하기 위해 제시된 '산업전사' 이데올로기는 실제로 죽음을 각오하고 일해야 했던 이들에게 단순한 수사를 넘어선 것이었다. 그들은 자신들이 제련소 주변의 산에서 서서히 말라 죽어가는 소나무와 같은 운명을 공유하고 있음을 본능적으로 직감하고 있었다.

존재자의 신체적, 정신적 차원을 넘어 존재 자체에 가해지는 기술의 근원적이고 무자비한 폭력은 그것을 정당화하기 위한 논리를 필요로 한다. 우리는 흔히 '자원'을 '개발'한다고 말한다. 이러한 언어는 자연을 인간 주체의 채굴과 착취를 기다리는 수동적인 객체로 부당하게 개념화한다(Parikka, 2012b: 84). 잠재되어 있던 것이 저절로 발현됨을 뜻하는 '발달(develop)'의 의미가 외부로부터의 개입에 의한 '개발'로 치환되는 순간이다(더글라스 러미스, 2002: 62-66). 더글라스 러미스(2002: 77-78)는 '자원'과 마찬가지로 '광석'의 개념이 '주체'의 의도를 투사해 돌의 존재를 왜곡한 것임을 지적한다. 그는 이것을 '소급적 목적론'으로 지칭하는데, 광석이라는 개념은 돌을 인간이 사후에 덧씌운 역할, 즉 이익 창출을 위한 금속의 재료로 환원하고 있다. 하이데거의 표현에 따르면 이는 개발, 변형, 저장, 분배, 개조가 가능한 금속의 재료로써만 돌의 드러남을 허용하는 것이다. "본질적으로 근거이기 때문에 그것을 정초지우는 근거를 가질 수 없"는 탈근거(Ab-grund)의 존재에 대한 근거지움(강학순, 2011: 271)은 인간에게도 똑같이 적용된다. 디폴트로 설정된 개발과 성장은 다른 삶의 양식을 가진 사람과 지역을 미개발, 개발도상과 같은 선형적 잣대로 재단한다(더글라스 러미스, 2002: 66). 석포에서 자연자원과 인적자원의 개발이 이루어질 수 있었던 담론적 배경이 여기에 있다.

이처럼 통제가능하고 이용가능한 형태로만 존재의 드러남을 허용하는 규격화는 사방의 일어남을 의미하는 '사건', 근원적 장소이자 사태로서의 '고향'과 반대되는 위치에 있다. 그것은 장소를 공간으로 바꾸는 과정으로 이해될 수 있다(Malpas, 2006: 293). 세계-내-존재와 '손 안에 있음(zur Hand sein)'의 직접적이고 즉각적인 관계를 맺는 도구(Zeug)와 달리, 기술은 모든 것을 균일한 것으로 환원하는 공간화를 내포한다. 바깥이 없는 전체성으로서의 기술적 질서화는 모든 것을 집어삼킨다.

기술에 의한 장소의 공간화에 직면하여 하이데거는 사멸할 자에게 걸맞는 초연함(Gelassenheit)을 제안한다. 대립적이거나 모순적으로 보이는 것들의 공속성을 이야기하는 그의 다른 개념과 유사하게 초연함 또한 기술에 대한 양면적 태도를 동시에 내포한다. 이는 기술 이용의 불가피성을 받아들이면서도 기술이 우리를 지배하도록 굴복하지 않으면서 기술과 함께 존재하는 방식을 의미한다(Heidegger, 1966: 54). 이때 몰아세움은 기술의 본질이 드러날 수 있도록 그것을 성찰함으로써 존재가 본질로 돌아갈 수 있는 사건의 전주곡으로 이해된다(이선일, 2000: 125). 이는 위험으로부터 낚아채는 것을 넘어 본질로의 풀려남을 뜻하는 구원(Retten)을 필요로 한다(Heidegger, 1971: 148). 그러므로 인간에게 요구되는 것은 세계가 스스로 여는 것을 기다리는 적극적 참여로서의 내버려둠이다. 기술을 극복할 수 있는 기술은 없으며, 사건은 인간의 결정이나 행동으로 일으킬 수 있는 것이 아니라 오로지 기다릴 수만 있는 것이기 때문이다(Malpas, 2006: 300).

어느 날부터인가 연화광산에서 내려온 싸이나[3] 물과 함께 허옇게 떠오르기 시작한 고기들은 석포의 아이들이 강에서 쫓겨날 시간이 다가오고 있다는 신호였다. 그런 광경을 생각해보지도, 겪어보지도 못했던 사람들이 비극에 대응하는 방식은 '자연스러웠다'. 그들은 그중에서 죽지 않은 고기들을 지게에 한 짐씩 담아 '구워 먹고, 삶아 먹고, 말려서 두고 두고' 먹었다. 멱 감는 아이들도 그 물을 엎드려서 그냥 먹었다. 쏟아져 나오는 깨끗한 동굴 물을 먹던 곳재 사람들은 광미가 매립된 뒤 돌가루가 섞인 물을 몇 년이나 먹고는 암에 걸렸다. 제련소가 들어선 후 등이 굽고 이상하게 통통해진 모습으로 거슬러 오던 물고기들은 비극의 심화를 예고했다. 1970년대까지만 해도 아이들은 태백에서 내려오는 탄광 폐수로 검은빛을 띠던 강물에서 멱을 감았고 어른들은 하류인 안동댐의 시커먼 탄물에 바글거리는 준치를 도깨비낚시로 잡곤 했다. 요즘 사람들에겐 '비합리적'으로 여겨질지 모르지만 그것은 의식하지 않고도 장소와 운명을 공유하는 방식이었고, 각종 수치와 계산, 공학적 해결책으로 가득한 현재의 담론과 대비되며 세계와의 관계에 대한 성찰의 지점을 제공한다.

랠프는 기술적 근대성에 대한 하이데거의 이 같은 반응을 피상적이고 회피적인 것으로 비판한다(Malpas, 2012: 68). 인간이 독자적으로 세계를 변화시킬 수 없다는 하이데거의 입장과 달리 기술과 합리주의에 의한 장소상실에 대해 랠프가 제시하는 대응책은 장소만들기(place-making)다. 장소만들기는 형식적이고 규범적인 프로그램과는 구분되지만, 생활세계의 경험을 설계함으로써 개인이나 집단이 장소에 의미와 진정성을

3) 싸이나는 광석에서 광물을 분리, 추출하는 데 사용되었던 시안화물(cyanide)을 일컫는 말이다.

부여할 수 있는 가능성을 여는 것이다(Relph, 2008: 142-147). 장소에 대한 인간의 의미와 가치 부여, 인간에 의한 장소만들기의 중요성을 강조하는 경향으로 인해 그의 이론은 인간중심적이라는 비판으로부터 자유롭기 어렵다(Buttimer, 1977: 623-624; Ley and Samuels, 1978: 50).

이는 랠프가 현대의 무장소성에 대해 비판적 관점을 견지하면서도 "우리의 현대 환경에도 즐겁고 매력적인 것이 많이 있"고, "많은 건물과 개발이 극적이고 흥미"로우며, 현대에 "의미 깊은 장소들이 생겨날 전망이 없다고 믿어야 할 이유가 하나도 없"다(에드워드 랠프, 2005: 283-284)고 주장하는 이유가 되는 것으로 보인다. 그의 이러한 인식은 포스트모던적 전회를 통해 고유한 장소의 가치가 다시 인정받고 있으며 장소와의 재결합(re-embedding)이 일정 정도 이루어지고 있다는 평가로도 이어진다(Relph, 2016: 31-32). 이러한 변화를 합리주의 쇠퇴의 증거로 보는 그의 주장이 타당한가와 관련해서도 의문의 여지가 있다(Malpas, 2012: 67).

하이데거는 상황을 바꾸거나 해결할 수 있는 '주인'이 우리이며 따라서 기술의 문제에 대한 구체적 해결방안을 모색해야 한다고 주장하지 않는다. 그런 주장은 그 자체로 세계를 지배와 통제의 대상으로 보는 기술적 근대성의 일부이기 때문이다(Malpas, 2012: 69). 그러므로 사멸할 자들로서 인간의 한계에 대한 하이데거의 일견 체념적인 듯한 주장은 오히려 기술이 가져온 원천적인 질문 불가능과 질문 실패의 시대에 질문으로 등장하지 않는 기술과 존재, 장소에 대한 질문을 시작하라는 요청으로 받아들여져야 할 것이다.

4. 쓰레기와 근대의 정화의례

모든 자원과 부품의 예정된 결말은 쓰레기가 되는 것이다. 기술이 요구하는 획일화된 드러남의 양식은 종국에 버려지는 것 외의 다른 운명을 허용하지 않기 때문이다. 그러므로 기술에 의한 몰아세움의 여정을 끝까지 좇아보면 쓰레기라는 낯설고도 익숙한 존재를 조우하게 된다. 우리는 쓰레기에 대해 말하지 않지만, 쓰레기는 우리가 누구인지에 대해 많은 것을 알려준다(Spelman, 2011: 313-325). 쓰레기는 그 자체로 집이 없는 존재, 집으로부터 추방된 존재라는 점에서 장소상실을 상징한다(브라이언 딜, 2017: 34). 그것은 인간과 세계의 관계를 드러내는 진정한 존재론적 문제이자, 그것을 헤아리고자 하는 우리의 희망을 늘 넘어서며 견고해 보이는 질서와 경계를 뒤섞고 위협하는 것이기도 하다(브라이언 딜, 2017: 12; Kennedy, 2012). 그러므로 '질문' 을 시작하기 위해 우리는 쓰레기로부터 출발할 수 있다.

쓰레기에 관한 연구들은 일반적으로 소비의 잔해로 정의되는 쓰레기를 제대로 이해하기 위해서는 "쓰레기와 대규모 산업생산 체제 간의 문화적 분리" 를 인식해야 한다고 지적하며, 매립지가 아니라 광산과 같은 생산공정, 즉 일반적으로 쓰레기와 관련된 것으로 생각되지 않는 생산 시스템에 주목할 것을 요구한다(브라이언 딜, 2017: 88; 헤디 로저스, 2009: 98). 쓰레기는 "생산의 파괴적 여파를 보여주는 축소판" 이기 때문이다(헤디 로저스, 2009: 292). 생산의 과정과 그 결과의 본성을 감추려는 '정화' 의 노력은 몰아세움의 결과로 만들어진 온갖 상품들에 반영된 장소의 초토화를 보지 못하는 기술시대의 무능과 함께 바라는 바를 달성한다. 그러나 공장에서 상품을 실은 트럭과 쓰레기를 실은 트럭이 함께 나온다는 것은 자명한 이치다(Bauman, 2004: 27). 근대화를 체현하는 광산과 제련소의 등장과 함께 봉화, 태백, 삼척의 지역들은 자원의 공급처로 여겨지며 상품뿐 아니라 고체, 액체, 기체 형태의 쓰레기를 함께 생산하고 폐기하는 곳이 되었다. 숲을 베고 땅을 파내야 광석에 접근할 수 있는 광업은 모든 대량생산이 구체적 장소의 파괴로부터 출발하며 그것을 반복하고 확대하는 과정임을 예증한다(Bauman, 2004: 69).

장소를 다른 장소와의 관계 속에서 생각할 때, 우리는 석포에서 생산된 아연이 소비되고 버려지는 과정까지를 하나의 연결된 것으로 볼 수 있어야 한다. 소비자가 된다는 것은 사회적으로 훈련받은 대로 다 만들어진 제품을 선택하기만 할 뿐, "광산 찌꺼기나 벌목된 숲, 제품의 생산과 폐기에서 비롯되는 공기와 물의 오염을 보지 못"하고 상품에 은폐된 자연의 참사를 추상으로 남겨두는 것이다(헤디 로저스, 2009: 291). 쓰레기와 함께 생산된, 얼마 지나지 않아 쓰레기가 될 아연은 시공간의 축소를 야기하는 운송과 의사소통 기술의 주요한 부품으로 이용되면서 장소의 상실을 가속화하는 데 기여한다. 이처럼 초기 산업화 시대에나 중요했던 것으로 여겨지는 광물 이야기는 첨단 기술과도 밀접하게 관련되어 있다. 끊임없이 등장하는 '신상'은 "생산이 계속 이루어지도록 하기 위해 소비가 인위적으로 조장되어야만 하는…쓰레기와 폐기물 위에 세워진 사회"의 모습을 보여준다(에드워드 흄즈, 2012: 28에서 재인용). 최신 기기를 소비하는 국지적 행위의 결과는 개인이 결코 감당할 수 없는 지구적 규모에 걸쳐 있다(팀 크레스웰, 2016: 37에서 재인용). 쓰레기의 실천은 자아의 적절한 경계선을 지키기 위해 매일 자신에게서 무언가를 제거한다는 점에서 정화의 의례로, 버리는 즉시 그 사실을 잊으며 그것에 대해 숙고하지 않는다는 점에서 망각의 의례로 칭할 수 있다(Calvino, 2013; Hird, 2012: 455). 이 근대적 행위에 대해 쓰레기는 물신화된 상품의 가면을 벗어던짐으로써, 모든 상품에 응축된 파괴를 폭로함으로써,

소비주의의 다른 이름이 지배와 통제의 확신임을 증명함으로써, 인간과 쓰레기의 경계를 질문함으로써 의례의 기만성을 드러내 보이는 역할을 한다(제프 패럴, 2014: 326; Brown, 2001: 4; Stallabrass, 2009: 416).

계속해서 새로운 상품을 개발함으로써 기존의 것을 낡은 것으로 만드는 '발전적 구식화' 로서의 근대화 과정은 '번영의 지표' 로까지도 여겨지는 쓰레기에 의해 추동되어왔다고 말할 수 있다(수전 스트레서, 2010: 29; 에드워드 흄즈, 2012: 14). "인류 역사의 99.9퍼센트 기간 동안 그 비슷한 것도 전혀 찾아볼 수 없는 새로운 질병", 즉 '쓰레기 중독' 사회의 모습이다(에드워드 흄즈, 2012: 15). 테크놀로지에 의한 생산과 유통의 혁명은 대량생산과 대량판매, 대량소비를 가능하게 했고 사람들이 물질세계와 맺는 관계를 크게 변화시켰다(수전 스트레서, 2010: 263). 이는 기술변화와 사회변화의 발명품인 쓰레기를 전면적으로 등장시켰을 뿐 아니라 지속적으로 증가시켜 왔다. 그 결과는 지구 전체를 뒤덮은 쓰레기풍경(trashscape)을 자아낸다. 이제는 우리가 물이라 부르던 것도 불가해한 대상이 되어 "어디까지가 물이고 어디까지가 우리가 내버린 쓰레기인지 말할 수 없"는 지경에 이르렀다(브라이언 딜, 2017: 122). "공기, 토양, 물에 포함된 쓰레기"를 자각하는 일 없이 숨 쉬고 물을 마시는 일상은 이미 세계와 인간이 쓰레기에 의해 구성되어 있음을 보여준다(브라이언 딜, 2017: 122). 사물의 규격화에 터한 생산과 소비의 과정과 결과는 사물들이 쓰레기 처리장이라는 또 다른 부품이 되도록 몰아세운다. 쓰레기를 "단지 적절한 곳에 치우기만 하면 되는 물질"이자 '외부적 효과' 로 여기며 경제적, 기술공학적 관리의 문제로 접근하는 현대의 경향은 쓰레기가 폭로하는 진실로부터 점점 더 멀어지게 만들고, 쓰레기 관리 기술이 발전하고 효율성이 커질수록 쓰레기는 더 늘어나는 결과를 초래한다(에드워드 흄즈, 2012: 110; 헤디 로저스, 2009: 84; Viney, 2014).

쓰레기가 물리적, 사회적으로 눈에 띄지 않게 하는 데 목적이 있는 기술적 해결책은 쓰레기를 양산하는 기반구조에 질문을 제기하지 않는다(헤디 로저스, 2009: 273).

후기 근대를 액체 근대로 규정하며 그것의 주된 산물로서 산업 쓰레기와 인간 쓰레기를 포함한 쓰레기 문제에 주목한 바우만의 통찰은 근대적 분류의 관점에서 쓰레기의 문제를 이해하기 위한 단초를 제공한다. 그에 따르면 고체 근대에서는 변화가 질서와 안정을 담보하는 더 지속적인, 향상된 고체성으로 나아가기 위한 일시적 과정이었던 반면, 액체 근대에서는 지속성과 변화의 우위 관계가 반전되어 결함 여부와 관계없이 고체를 녹이는 것 자체가 시대적 과업이 되었다(Bauman, 2012: xi-xii, 3).

액체 근대의 핵심 동력은 지금까지 존재해 온 세계를 고쳐서 다르게 만들어야 한다는 변화에 대한 강박증이다(지그문트 바우만, 2008: 53). 이는 동일성에 대한 거부로 칭할 수 있으며, 조화나 일관성의 이미지로 연상되는 정체성을 모색하는 것은 액체인 것을 고체화하려는 부적절한 투쟁이 된다(Bauman, 2012: 82). 존재하는 모든 것들이 새로운 것으로 대체 가능하므로 없어져도 상관이 없을 뿐 아니라 빨리 폐기될수록 좋은 세계에서 정체성의 원천은 장소에서 상품으로 바뀌며, 장소 자체도 상품으로 취급된다. 내일이면 버려질 사물들로 지탱된 불안한 정체성은 '이탈과 단절과 망각의 문화'를 압축적으로 보여주는 '장소 없는 장소'로서의 쇼핑몰로 사람들을 인도하여 불확실성의 유령을 몰아내는 매일의 의례를 지속하게 한다(지그문트 바우만, 2008: 214; Bauman, 2012: 82, 99). 그리하여 세계를 일회용품이 가득 담긴 용기로 보는 훈련된 세계관이 굳어진다(Bauman, 2012: 162).

바우만은 액체 근대의 창조 방식이 광업의 양식을 본뜨고 있다고 지적한다(지그문트 바우만, 2008: 48). '금속'이라는 비전에 따라 숲과 땅이라는 장애물을 제거하여 광석을 캐내고 다시 불순물과 찌꺼기를 제거하는 과정은 창조가 유용한 것과 그렇지 않은 것의 분리, 파괴, 폐기 위에서만 가능하다는 불연속성을 선언하며, 그것이 되돌릴 수도, 돌아갈 수도 없는 경로임을 증명한다(지그문트 바우만, 2008: 48, 69). 그가 액체 근대를 쓰레기와 쓰레기 처리의 문명이라고 말하는 이유가 여기에 있다(지그문트 바우만, 2008: 176). '빈 공간' 으로 상정된 지역에서 자원을 끌어오고 쓰레기를 되돌려주는 '기술적 진보' 는 기존에 인간이 정착하기 어려웠던 거주지에 생존수단을 제공하는 한편, 그전까지 삶의 터전이 되어주던 장소들의 능력을 침해하면서 생물학적, 사회문화적 삶의 양식을 빼앗긴 인간들을 양산해왔다(지그문트 바우만, 2008: 21-24). 날마다 공장에서 생산되는 상품과 쓰레기 중에서 전자에만 주목하고 후자는 비밀에 부치듯, 추방된 타자들의 목소리를 듣지 않는 방식으로 두 유형의 쓰레기는 근본적이고 효과적으로 처리된다(지그문트 바우만, 2008: 58-59; Bauman, 2012: 105).

쓰레기는 '설계' 의 역사로 점철된 근대성의 내재적이고 필연적인 산물이자 구성요소다. 이 지점에서 일상적 실천을 넘어선 구조적 차원에서 근대적 정화의례와 쓰레기가 맺고 있는 역설적 관계가 드러난다. 근대적 설계는 특정한 전망에 따라 사물들을 재단하며, 불필요한 것들을 제거함으로써 순수하고 완벽한 형상을 만들어내는 것이 설계의 본질이다(지그문트 바우만, 2008: 50). 이는 새로운 것의 끊임없는 창조를 통해 과거의 설계가 낳은 문제를 개선하고 또 개선하는 것을 목적으로 하므로 설계의 잉여에 의한 자기 영속화 과정을 통해서만 지속될 수 있다(지그문트 바우만, 2008: 54). 그것은 필연적으로 쓰레기와 쓰레기 처리 문제의 증가로 이어지며, 쓰레기를 처리하려는 시도는 다시 더 많은 쓰레기를 낳는 악순환에 갇힌다(지그문트 바우만, 2008: 55-57). 이렇듯 잉여와 자가발전은 근대적 정화의례와 쓰레기를 결속시키는 특징이다. 세계에 대한 설계도의 그칠 줄 모르는 정복전은 그것의 요구를 벗어나는 모든 존재를 쓰레기로 만들었고, 설계의 표적이 인간을 겨냥하게 되자 설계도에 맞지 않는 사람들이 쓰레기로 규정되었다(지그문트 바우만, 2008: 60-64). 인간들 사이의 위계적 지형은 두 유형의 폐품들이 만나는 장을 제공한다(지그문트 바우만, 2008: 115). 액체성의 근대는 그렇게 "그것이 조우하는 것을 바꾸고, 녹이고, 쓰레기로 만들고, 없애버린다" (Havemann, 2005: 62).

Havemann(2005: 59)은 호주 원주민의 장소상실 과정을 살피면서, 유럽의 근대성이 창조한 '잉여 인간' 을 배치할 장소로써 식민지가 필요했으며 그 과정에서 경제성장의 질서에 부합하지 않는 원주민에 대한 강탈과 배제가 이루어졌다고 말한다. 이와 같은 과정은 존재와 장소가 그 자체로 드러나는 것을 가로막는다. 근대적 잣대에 의해 포함되고 인정된 것은 비쓰레기로, 질서를 벗어나 배제된 것은 쓰레기로 규정된다(Havemann, 2005: 60). 이 '소속' 과 '비소속' 을 장소의 관점에서 생각해보면, 근대성에 대한 소속은 장소에 대한 비소속을, 장소에 대한 소속은 근대성에 대한 비소속을 의미하게 되는 역설적 관계가 성립한다. 비장소를 의미하는 'non-lieu' 는 프랑스어에서 " '면소(免訴)' 나 '공소기각' , 즉 피고의 무혐의에 대한 인정" 이라는 의미로 더 널리 쓰이는데(마르크 오제, 2017: 124), 이는 장소와의 깊은 관계를 일종의 '혐의' 로 간주하는 현실을 압축적으로 보여주는 언어다. 혐의성이 짙은 (비)소속의 장소와 존재들은 혐의를 벗어난 비장소와 비존재들을 떠받치기 위한 기능으로 환원된다. 석포의 경우에는 쓰레기의 생산장과 처리장이 될 것이냐, 또는 쓰레기 생산과 처리의 지속을 간접적으로 돕는 관광지와 보호구역이 될 것이냐가 유일하게 가능한 선택지로 제시되고 있다. 공해와 오염의 정도에서 두 안은 매우 다른 것으로 보일 수 있지만, 실은 모두 통제와 이용가능성의 차원에서만 드러남을 허용하는 몰아세움의 요구다. 그것은 인간, 물질, 장소를 사회물질적으로 재배치(sociomaterial reordering)하는 정치적 테크놀로지의 과정이다(Reno, 2011: 519). 석포의 개발은 국제적, 국가적 수준에서의 이중적 재배치와 관련된다. 광산은 관광이나 휴양 외의 다른 토지 이용이나 경제활동이 어려운 지역에서 개발되며(Butler, 1980: 235-237), 공해를 배출하는 제련소 또한 주변부에 위치한다. 석포제련소의 설립 배경에는 근대화의 선두를 달리던 나라들에서 공해규제가 강화되면서 공해산업이라는 쓰레기를 세계의 '빈 공간'으로 떠넘겨야 했던 국제적 상황이 있었다(Karliner, 1997: 116). 산업적 질서는 노동자의 역할을 떠맡을 잉여 인간을 만들어내고 '전사'라는 칭송과 함께 그들을 혹독한 노동현장으로 몰아넣었다. 그리고 그들을 통해 상품이라는 쓰레기와 폐기물이라는 쓰레기를 동시에 생산하게 했으며, 이 쓰레기들은 시간상의 차이는 있지만 결국 주변부로 떠넘겨졌다. 근대 사회가 '먹어치우고 토해내는' 이중적 전략으로 질서를 유지하는 방식이다(Bauman, 2012: 101).

처음부터 쓰레기인 것은 없다는 점에서 쓰레기는 "사물의 질서를 마련하고 범주를 나누는 체계적인 과정"으로서 근대적 구분짓기의 산물이다(수전 스트레서, 2010: 14). '이것은 여기로, 저것은 저기로' 보내는 분류하기는 공간 개념과 관련된다(수전 스트레서, 2010: 16). 이런 맥락에서 오물(dirt)을 중심으로 한 메리 더글라스의 인류학적 종교 연구는 쓰레기를 '제 자리(장소)를 벗어난 물질(matter out of place)'로 정의한다(Douglas, 1966: 35). 어떤 물질도 그 자체로 쓰레기가 될 수는 없으며, 다른 물질과의 관계와 물질이 놓여 있는 맥락, 그리고 그에 따른 가치 평가가 쓰레기 여부를 결정하기 때문이다. 이 같은 정의는 '질서화된 관계의 집합' 그리고 그 '질서의 위반' 이라는 조건을 포함하며, 따라서 쓰레기는 체계적 질서화와 분류의 부산물이다(Douglas, 1966: 35). 버려져야 할 것들을 분류하는 단계에서 그것들은 정체성을 가지는데, 일단 버려지고 나면 이전의 모든 정체성은 사라진다. 쓰레기가 되는 것은 쓰레기라는 것 외에는 모든 구별을 잃어버리면서 동시에 그것의 외부에 있는 모든 것과는 근본적으로 다른 것으로 구분되는 과정이다(Scanlan, 2005: 107).

이러한 정화의례는 장소로부터 분리되어 공속성을 잃어버린 근대적 존재의 불안함과 두려움에서 비롯되며, 이 두려움은 다시 정체성을 잃은 채 폐기될 운명을 상기시키는 쓰레기를 먼 곳으로 보냄으로써 결핍의 고통을 망각하려는 정화의례를 낳는다. 엄격한 '가상적 순수성' 을 사수하려는 체제는 질서를 유지하기 위해 기준에서 벗어난 요소를 제거하는 정화의례를 끝없이 반복해야 한다. 그러나 거부된 것은 결코 완전히 제거될 수 없고 결국 다시 돌아온다는 점에서 정화의례는 모순이나 위선을 낳을 수밖에 없다(Douglas, 1966: 163). 잡초 없는 '깨끗한' 땅은 실현될 수 없을 뿐 아니라 실현된다 하더라도 땅의 황폐화를 의미할 뿐이다(Douglas, 1966: 163). 그리고 잡초로 규정당해 장소로부터 떨어져나온 풀들은 쓰레기의 범람을 촉진할 것이다. 투과적 세계에서의 요새 쌓기가 필연적으로 실패하는 이유다. '쓰레기들' 은 아무리 꽁꽁 싸매도, 아무리 먼 타자의 공간으로 떠밀어도 되돌아오는, 어디든 갈 수 있는 존재다. 비인간(inhuman)으로 배척된 존재와 장소들은 '아닌 것(in-)' 이자, '안(in)인 것' (Cohen, 2015b: 10)의 양가적 관계로 우리의 삶에 침투하며 그것을 구성하고 있다.

사물이 자원과 부품으로만, 종국에는 쓰레기로만 취급됨으로써 사건으로서의 장소를 상실한 시대는 존재망각의 상태 자체를 망각하고 그것을 숙고하기보다는 그로부터 도피하려 한다. 존재의 의미와 토대가 얕

아질수록 그 공허함을 은폐하기 위한 대체물을 향한 갈망은 더욱 절실해지기 마련이다. 오대호(Great Lakes)는 장소상실과 쓰레기의 교차적 변주로 이어지는 어두운 고리를 모아들이고 비추는 하나의 장소다. 기존의 약물이 효과를 발휘하지 못할 때 사용되는 기분안정제인 카르바마제핀이 가장 흔하게 발견되는 이곳은 "우리 시대와 우리 자신이 맞닥뜨린 끔찍한 현실을 견디게 돕도록 만들어진 약품들"이 다시 장소를 파괴하는 모순을 압축적으로 보여준다(브라이언 딜, 2017: 122). 그것은 쓰레기가 근대적 폭력의 상호구성적 과정과 산물임을 재확인시켜준다(DeLoughrey, 2010: 711). 스스로도 몰아세워진 채로 몰아세워진 사물들에 둘러싸인 인간은 고향으로 돌아가기보다는 그로부터 멀어지고 고립되는 쪽을 택한다. 현대인의 수많은 필수품에 사용되는 아연의 주된 용도는 철의 부식을 방지하는 것이다. 다른 인간과 자연에 대한 지배를 확대하기 위해 더욱더 견고한 '재료'를 갈망하는 문명은 물질과 환경의 상호작용을 차단함으로써 그 욕망을 충족하려 한다. 본래의 장소로부터 떼어져 나와 가공된 금속은 그 자체로는 매우 비자연적인 존재이지만, 그 상태를 주어진 것으로 가정할 때 그것이 시간이 지나면서 화학적으로 더 안정된 형태의 산화물로 바뀌는 것은 자연스러운 과정이기도 하다. 그러나 더 많은 자원과 부품을 원하는 인간들은 근원으로 돌아가는 것을 용납하지 못한다. 금속의 표면을 덮을 또 다른 금속이 필요하게 된 배경이다.

쓰레기와 장소의 관계에 대한 성찰은 존재의 본질과 그 드러남을 둘러싼 억압과 저항의 양면적 가능성을 함께 열어준다. 근대성은 설계의 정화의례를 통해 자연과 인간이 있어야 할 탈장소적인 '제 자리'를 규범적으로 정하고 자신의 전망에 맞지 않는 존재들을 쓰레기로 만들었지만, 장소로부터 발산되는 망각에의 저항은 제 자리를 잃어버린 근대성에 쓰레기와 '장소착오(anachorism)' (Cresswell, 2006: 55)의 정체성을 되돌려 줌으로써 왜곡된 지형을 바로잡을 수 있다. 쓰레기는 자신이 모든 것의 지배자라고 여긴 인간의 생각을 뒤집어 놓는다. 쓰레기를 생각한다는 것은 사물들이 휩쓸려가는 사건을 인식하는 것이다(Viney, 2014). 쓰레기가 어디서 오고 어디로 가는지에 대한 금지된 질문이 던져질 때 장소를 길들이는 시스템의 균열이, 존재의 본질로 귀의할 수 있는 구원의 전주곡이, 영적이고 예술적인 변화가 비로소 시작될 수 있다.

5. 점성의 사건과 심원한 시간

이 글은 석포를 하나의 사례로 전개되는 공해에 대한 논쟁과 대응들이 근대화의 결과에 관한 것임에도 불구하고 여전히 기술적 근대성의 틀 안에 머무름으로 인해 그것을 넘어서는 장소의 관점으로 확대되지 못한다는 인식에서 출발하였다. 근대화와 장소상실, 쓰레기의 관계를 고찰함으로써 근대적 생산-소비 시스템과 분류의 정화의례 속에서 구체적 존재와 장소, 그리고 사건으로서의 존재와 장소가 모두 어떻게 망각되고 버려지는지를 이해하고자 하였다. 기술에 의한 근대적 공간화는 존재자와 구체적 장소들을 자원과 부품으로 파괴하고 획일화하며 사건으로서의 존재와 장소가 사물들의 본질과 상호관계 속에서 자유롭고 풍부하게 드러나는 것을 가로막음으로써 세계의 쓰레기화로 이어졌다. 세계로부터 고립되어 토대를 상실한 허구적 정체성을 움켜쥐기 위해 정화의례를 통한 쓰레기 생산을 영속화하는 근대성은 다시 존재와 장소의 근본적 연결을 분리하는 액체적 기획으로 전개되었다.

막힘 없이 유유히 흐르는 액체 근대에 대한 질문과 성찰의 가능성은 그것과 변증법적 관계에 있는 고체성(Bauman, 2012: ix, 5, 221)보다는 점성(viscosity)으로부터 찾을 수 있다. 점성은 모순적으로 보이는 현상들을 포괄함으로써 세계와 관계의 복잡성에 다가갈 수 있게 해준다. 고체와 액체의 중간이자 물질 변화 과정의 교차점으로서의 점성은 기존 질서와 범주의 견고함에 도전하며, 꿀 속에 손을 넣을 때의 감각이 전해주듯 자아와 사물, 자아와 세계 사이의 경계를 묽게 만든다(Douglas, 1966: 38). 점성의 저항력과 농축된 두터움은 마찰 속에서, 즉 다른 존재들, 그리고 장소와의 밀착되면서도 변화되고 투과되는 관계 속에서 만들어지는 것이다(Springgay and Truman, 2017; Tuana, 2008: 188). 이러한 끈끈함은 자원과 부품의 운명을 거쳐 내버려진 존재들 또한 점성 표면에서 벗겨지는 일 없이 다시 돌아오리라는 진리를 함축하고 있다(Morton, 2013).

종으로서의 오랜 진화 과정에서, 그리고 개체로서의 삶 속에서 다른 존재들과 장소와의 마찰을 통해 형성된 인간의 존재는 이미 도래해있던 존재의 끈끈함을 간직하고 드러내는 사건이 될 수 있다. Wohlpart(2013: 18-19)는 고대 그리스로부터 출발하는 하이데거 사상의 궤적이 서구 문명에 초점을 두고 있음을 한계로 지적하고, 심원한 시간(deep time)의 개념을 통해 장소에 관한 시원적 사유와 연결될 수 있는 가능성을 제시한다. 지질학과 천문학에서 흔히 언급되며 최근 인류세(anthropocene)의 문제와 관련하여 다양한 분야에서 논의되는 '심원한 시간' 개념은 오랜 변화의 과정을 거쳐 형성된 지구의 신비와 찰나의 순간에 불과한 짧은 시간에 그것을 완전히 바꾸고 파괴해버린 문명의, 근대의, 인간의 시간을 한 축에 놓고 대비할 수 있게 한다. 아래에서 살펴볼 상반되는 두 가지 의미에서 삶은 심원한 시간에 의한, 그리고 그 속에서의 펼쳐짐이다(Farrier, 2019).

Farrier(2016.10.31.)는 인류세를 마찰없는 세계에 대한 환상의 산물로 칭하며, 근대성의 결과가 행성적 차원의 장엄함에 문제를 일으키고 있다고 지적한다. 그는 일회용 비닐과 같이 버릴 때는 사라지는 것처럼 보이지만 수천 년 동안 남아 지질학적 차원의 일부가 되고 있는 일상의 사물들을 통해 그것을 예증한다. 심원한 시간의 관점에서 미디어 연구를 수행하는 유시 파리카는 신상 TV와 노트북, 스마트폰 등 화려한 제품의 상태에서만 주목받는 미디어의 여정을 처음부터 끝까지 추적해보면, 수백만 년 동안의 물질적 활동으로 퇴적된 광물은 대체로 '개발도상국'에서의 값싼 노동력에 의해 채굴되고 제련되어 제품으로 탈바꿈한다고 말한다(Parikka, 2012a: 97). 몇 년이 채 되지 않는 짧은 사용 기간이 끝나면 그것은 전자쓰레기가 되어 자연으로 유출되고, 쓰레기무역을 통해 다시 개발도상국으로 돌아가 사람들의 몸속으로 흡입된다(Parikka, 2012a: 98). 그는 스마트폰과 같은 최첨단 테크놀로지가 광물과 같이 오랜 시간에 걸쳐 형성된 지구의 물질들에 기반을 두고 있으며, 결국 썩지 않는 전자 폐기물이 되어 지구의 심원한 시간을 착취하고 있다고 주장한다(Parikka, 2015, 2016).

또 다른 차원에서 심원한 시간은 모든 돌의 기원이 우주의 탄생과 관련되어 있다는 진리를 펼쳐보인다. Cohen(2015a: 9)은 "작은 조약돌은 역동적 우주에 대한 영속적 고리"라고 말한다. 여기서 심원한 시간은 지질학적 시간을 넘어 우주적 시간으로 확대될 수 있다. 광물은 현재까지 합의된 인간의 지식으로 보면 우주적 차원에서 만들어진 것이다. 약 138억 년 전 탄생한 우주에서 기체가 응축되어 행성들이 형성되었고, 원자들이 서로 결합하며 새로운 원소들이 만들어져 광물이 되었다. 칼 세이건의 유명한 말처럼, 별에서 만들어진 원소들로 이루어진 우리는 별의 후손이자 별 부스러기(star stuff)다. 당연한 결과로, 시간적 규모의 거대한 차이에도 불구하고 인간을 포함한 유기체와 광물의 진화는 서로 얽혀있다. Hazen과 Ferry(2010)는 시간적 차원이 거세되어 온 광물 연구를 역사적 틀 속에 두고자 했다. 이를테면 4억 년 전에는 육상 식물이 등장하면서 토양 생산이 가속화되고 점토 광물이 증가했다(Hazen and Ferry, 2010: 12). 광물은 다시 유기체에 필요한 영양소, 그리고 '땅' 과 같은 터전을 제공하며 동식물의 삶으로 침투하고, 그들이 '된다' (Cohen, 2015a: 8). 우주의 시간이 만들어낸 광물은 지질학적 시간에 걸쳐 변화하며 순간순간 지구의 모습을 구성한다. 서서히 일어나는 물리화학적 변화를 통해 광물은 지구의 다양한 생명체들에게 전달되고, 생물은 다시 흙으로 되돌아가 오랜 시간에 걸쳐 광물의 균형을 맞춘다. "종들은 서식지를, 서식지는 종들을 필요로" 하는 단순하고 아름다운 관계가 여기서도 나타난다(데릭 젠슨, 2008: 263).

광물로 이루어진 인간은 돌의 존재를 '광석' 으로 가두어 그 심원한 시간의 보고를 찰나의 순간에 파헤치고 고갈시키고 있다. 생물에게 꼭 필요하지만 시간의 터널을 거치지 못한 중금속들은 이제 너무 빠르게, 너무 직접적으로, 너무 많이 우리의 몸속을 채우고 흐른다. 그리고 인체를 비롯한 인간의 '발명품' 들은 다시 유해폐기물 수준의 독성을 땅에 되돌려준다(Orr, 2004: 1). 석포에서 중금속을 분해하는 미생물의 등장이 보고되었듯(한겨레, 2017.12.5.), 오랜 생물학적, 지질학적 시간이 지나면 지구의 여러 행위자가 우리의 잔해를 그들의 방식으로 정리할 것이다. 아연이 흙으로 돌아가는 데는 3700년이 걸리는데, 그것은 인간이 청동기시대부터 오늘날까지 오는 데 걸린 시간에 맞먹는다(앨런 와이즈먼, 2007: 225). 어쩌면 몇만 년이든 몇억 년이든, 우리 이전과 이후의 시간을 입에 올릴 때 우리는 '말할 수 없는 것' 을 말하는 것인지도 모른다. 인간의 규모 안에서는 재생 불가능한 광물의 수요가 산업화 이후 급증하여 매장량이 고갈되자 외국의 원광으로 눈을 돌리던 개발의 야욕은 해저와 우주에까지 이르고 있다(Butler, 1980: 244). 별의 후손은 제가 사는 별을 넘어 다른 별까지 기꺼이 착취하려 한다. 돌아갈 곳도, 돌아갈 생각도 없는 탕아가 되어버렸다.

아무르강과 같은 동해안 수계에 서식하던 열목어는 400만 년 전 백두산이 솟아오르면서 서해안 수계로 넘어와 한반도에 살게 된 '생명화석'이자 "빙하기 때 종이 고정된 냉수성 어종"으로, 석포면 대현리의 백천계곡은 열목어의 한국 최남단 서식지일 뿐 아니라 지구 최남단 서식지다(내일신문, 2015.10.26.). 석포의 열목어는 존재 자체로 생물학적인 것과 지질학적인 것의 얽힘을 증언하며 사방을 모아들인다. 근대의 몰아세움은 열목어의 심원한 시간과 그 신비로움을 헤아리지 못한다. 시멘트나 폐수와 같은 인간의 조잡한 창조물/쓰레기는 열목어의 시간에서는 '있을 수 없는 것'이다. 심원한 시간의 위반에 대해 '열맥이'는 시멘트 물에 닿으면 껍질이 홀랑 벗겨져 죽어버리는 것으로 응답하고, 인간은 '기술'을 통해 열목어를 '복원'하거나 계곡을 만들어진 산천어로 갈아치우는 방식으로 답한다.

심원한 시간의 깊은 의미를 알고, 그에 따라 살던 존재들은 자원/쓰레기로 소모되어왔다. 한국적 맥락에서는 찾아보기 어렵지만 Havemann(2005)이 연구한 호주의 원주민처럼 자연적인 삶의 방식을 유지하고 있는 사람들이 한 예가 될 것이다. 추상화되고 분업화된 학문 없이도 원주민들은 심원한 시간이 전해주는 진리를 더없이 정확하고 간결하게 꿰뚫고 있다. 예컨대 데네(Diné) 족 사람은 우라늄이 인간에게 병을 일으키는 이유가 우라늄은 땅 밖으로 나오고 싶어하지 않기 때문이라고 말하는데, 이것은 은유적 의미가 아니라 사물의 질서(order of things)를 지키는 것 그 자체로 이해되어야 한다(Jensen, 2004: 25). 더글라스가 연구한 부족들의 의례는 근대적 정화의례와 달리 모순과 역설, 모호성을 있는 그대로, 때로 극단적으로 표현함으로써 다른 방식으로는 드러날 수 없는 심오한 진리가 풀려날 수 있게 한다(Douglas, 1966: 170, 175). 원주민들은 우주적, 지구적 유산과의 상호작용 속에서 몇백 만년에 걸쳐 이루어진 '인간 진화의 심원한 시간'을 몸으로 기억하고 있다. 그것은 "어린애들조차도 손바닥만한 나뭇조각 하나만 보고 그것이 무슨 나무인지" 알고(클로드 레비-스트로스, 2013: 55에서 재인용), 105종의 야생 식물을 비롯해 포유류, 곤충, 꿀, 새알 등을 자연에서 얻는(Shostak, 2014: 12) 장소와의 생생하고 구체적인 관계가 존재할 때, 그리고 그 무지갯빛(iridescence)을 드러내는 심원한 사건으로서의 장소가 존재할 때 비로소 가능한 것이다.

티모시 모턴은 버려진 것들이 보내지는 마술적 장소와 같은 '저편'(away) 따위는 존재하지 않으며 그것들은 버려진 후에도 우리에게 들러붙는다고 말한다(Morton, 2013). 슬러지를, 폐수를, 헌 자동차와 스마트폰을, 폐기된 제련소를 보낼 수 있는 '다른 곳'은 없다. 하이데거가 말하는 존재로의 돌아감을 통한 다른 시작 또한 저 멀리 어딘가가 아닌 바로 여기서 일어나야 한다. 우리는 떠날 수 없는 장소로부터 탈장소화되어, 거주하면서도 거주하지 않고, 존재에 속해 있으면서도 분리되어 있으며, 집에 있으면서도 집을 잃은 채로 남겨져 있다(Malpas, 2006: 309). 장소 없는 물질은 어떤 의미도 가질 수 없다. 오늘날 거의 모든 사물들이 자신의 쓰레기화를 통해 경험하고 있는 것은 바로 이 점이다. 어느 원주민의 심원한 전언을 곱씹어본다(클로드 레비-스트로스, 2013: 62에서 재인용): "모든 성스러운 것들은 다 제자리에 있어야 한다."

참고문헌

【논저】

강학순(2011), 『존재와 공간』, 한길사.

공윤경(2013), 「재개발사업을 둘러싼 산동네 주민들의 경험과 타자화: 부산 안창마을을 중심으로」, 『장소경험과 로컬 정체성』(부산대학교 한국민족문화연구소 편), 소명출판.

더글라스 러미스(2002), 김종철, 이반 역, 『경제성장이 안되면 우리는 풍요롭지 못할 것인가』, 녹색평론사.

데릭 젠슨(2008), 황건 역, 『문명의 엔드게임1』, 당대.

마르크 오제(2017), 이상길, 이윤영 역, 『비장소: 초근대성의 인류학 입문』, 아카넷.

마르틴 하이데거(2012), 신상희 역, 『언어로의 도상에서』, 나남.

문동규(2015), 「생태적 삶과 장소, 그리고 지리산」, 『남도문화연구』, 29, 251-274..

박규택(2013), 「울산공업단지의 탈장소화와 갈등」, 부산대학교 한국민족문화연구소 편, 『장소경험과 로컬 정체성』(부산대학교 한국민족문화연구소 편), 소명출판.

브라이언 딜(2017), 한유주 역, 『쓰레기』, 플레이타임.

서도식(2010), 「존재의 토폴로지: M. 하이데거의 공간 이론」, 『시대와 철학』, 21(4), 221-249.

수전 스트레서(2010), 김승진 역, 『낭비와 욕망』. 이후.

신문수(2007), 「장소 · 인간 · 생태적 삶」, 『문학과 환경』, 6(1), 57-79.

앨런 와이즈먼(2007), 이한중 역, 『인간 없는 세상』, 랜덤하우스코리아(주).

에드워드 렐프(2005), 김덕현, 김현주, 심승희 역, 『장소와 장소상실』, 논형.

에드워드 흄즈(2012), 박준식 역, 『102톤의 물음』, 낮은산.

이경동, 정재용(2007), 「도심개발에 따른 장소성의 변화와 변화 요소에 대한 분석」, 『대한건축학회 학술발표대회 논문집』, 27(1), 691-694.

이서규(2000), 「하이데거의 세계 개념에 대한 비판적 고찰」, 『하이데거와 자연, 환경 생명』(한국하이데거학회 편), 철학과현실사.

이선일(2000), 「환경철학과 하이데거의 존재사유」, 『하이데거와 자연, 환경 생명』(한국하이데거학회 편), 철학과현실사.

이수정(2000), 「하이데거의 환경철학」, 『하이데거와 자연, 환경 생명』(한국하이데거학회 편), 철학과현실사.

이승헌, 이동언(2003), 「노베르그-슐츠의 '장소성' 이론에 대한 비판적 고찰: 하이

데거의 "개방성"과 "틈새내기" 사유를 근거로」, 『건축역사연구』, 35, 149-162
이평구, 강민구, 최상훈(2011), 「제2연화광산 직내골 광미장 침출수에 오염된 하천 수계의 시 · 공간적 수질변화 및 중금속 제거효율」, 『지하수토양환경』, 16(1), 19~31.
정희선(2012), 「근대 산업시설에 투영된 무장소성: 당인리 발전소를 둘러싼 갈등의 이해」, 『문화역사지리』, 24(2), 123-137.
제프 말파스(2014), 김지혜 역, 『장소와 경험: 철학적 지형학』, 에코리브르.
주혁규(2019), 「하이데거의 사물과 사물의 재현에 관한 문제점」, 『비평과 이론』, 24(1), 109-135.
지그문트 바우만(2008), 정일준 역, 『쓰레기가 되는 삶들: 모더니티와 그 추방자들』, 새물결출판사.
최상욱(2000), 「하이데거에게서의 생명의 의미」, 『하이데거와 자연, 환경 생명』(한국하이데거학회 편), 철학과현실사.
클로드 레비-스트로스(2013), 안정남 역, 『야생의 사고』, 한길사.
팀 크레스웰(2016), 심승희 역, 『장소』, ㈜시그마프레스.
헤디 로저스(2009), 이수영 역, 『사라진 내일』. 삼인.
西原元男(1970), 「韓國慶尙道蓮花鉱山における造構運動と鉱化作用の関係」, 『鑛山地質』, 20(99), 1-13.
Agnew, J. A. (2014), Place and Politics: The Geographical Mediation of State and Society, Routledge.
Anzani, A. (2020), Mind and Places: A Multidisciplinary Approach to the Design of Contemporary City, Springer Nature.
Ardoin, N. M. (2006), "Toward an Interdisciplinary Understanding of Place: Lessons for Environmental Education", Canadian Journal of Environmental Education, 11(1), 112-126.
Arefi, M. (1999), "Non-Place and Placelessness as Narratives of Loss: Rethinking the Notion of Place", Journal of Urban Design, 4(2), 179-193.
Bauman, Z. (2004), Wasted Lives: Modernity and Its Outcasts. John Wiley & Sons.
Bauman, Z. (2012), Liquid Modernity, Polity Press.
Bickerstaff, K. and G. Walker (2003), "The Place(s) of Matter: Matter out of Place - Public Understandings of Air Pollution", Progress in Human Geography, 27(1), 45-67.
Brown, B. (2001), "Thing Theory", Critical Inquiry, 28(1), 1-22.
Butler, J. H. (1980), Economic Geography: Spatial and Environmental Aspects of

Economic Activity, John Wiley & Sons.
Buttimer, A. (1977), "Book Review: Place and Placelessness", Annals of the Association of American Geographers, 67, 622~624.
Calvino, I. (2013), The Road to San Giovanni. Penguin UK.
Casey, E. (2013), The Fate of Place: A Philosophical History. University of California Press.
Cohen, J. J. (2015a), "Geophilia, or the Love of Stone", Continent, 4(2), 8-18.
Cohen, J. J. (2015b), Stone: An Ecology of the Inhuman, University of Minnesota Press.
Cresswell, T. (2006). On the Move: Mobility in the Modern Western World. Routledge.
Cronon, W. (1992), "Kennecott Journey: The Paths out of Town", Under an Open Sky: Rethinking America' s Western Past (eds. by Cronon, W., Miles, G. A. and Gitlin, J.), WW Norton & Company.
DeLoughrey, E. (2010), "Heavy Waters: Waste and Atlantic Modernity", PMLA, 125(3), 703-712.
Devine-Wright, P. (2009), "Rethinking NIMBYism: The Role of Place Attachment and Place Identity in Explaining Place-Protective Action", Journal of Community & Applied Social Psychology, 19(6), 426-441.
Douglas, M. (1966), Purity and Danger, Routledge and Kegan Pual.
Eder, N. (1996), Poisoned Prosperity: Development. Modernization, and the Environment in South Korea. M. E. Sharpe.
Entrikin, J. N. (1991), The Betweenness of Place, Palgrave.
Farrier, D. (2016.10.31.), "Deep Time's Uncanny Future is Full of Ghostly Human Traces", Aeon.
Farrier, D. (2019), Anthropocene Poetics: Deep Time, Sacrifice Zones, and Extinction, University of Minnesota Press.
Fell, J. P. (1979), Heidegger and Sartre: An Essay on Being and Place. Columbia University Press.
Haapala, A. (2005), "On the Aesthetics of the Everyday: Familiarity, Strangeness, and the Meaning of Place", The Aesthetics of Everyday Life (eds. by Light, A. and Smith, J.), Columbia University Press.
Havemann, P. (2005), "Denial, Modernity and Exclusion: Indigenous Placelessness in Australia", Macquarie Law Journal, 5, 57-80.
Hazen, R. M. and Ferry, J. M. (2010), "Mineral Evolution: Mineralogy in the Fourth

Dimension", Elements, 6(1), 9-12.
Heidegger, M. (1966), "Memorial Address", Discourse on Thinking (trans. by Anderson, J. M. and Freund, E. H.), New York: Harper and Row.
Heidegger, M. (1971), Poetry, Language, Thought (trans. by Hofstadter, R.), HarperCollins Publishers Inc..
Heidegger, M. (1977a), "Letter on Humanism", Basic Writings (ed. by Krell, D. F.), Harper & Row.
Heidegger, M. (1977b), The Question Concerning Technology and Other Essays, Garland Publishing.
Hird, M. J. (2012). "Knowing Waste: Towards an Inhuman Epistemology", Social Epistemology, 26(3-4), 453-469.
Jacka, T. (2005). "Finding a Place: Negotiations of Modernization and Globalization among Rural Women in Beijing", Critical Asian Studies, 37(1), 51-74.
Jensen, D. (2004), A Language Older than Words, Chelsea Green Publishing.
Karliner, J. (1997), The Corporate Planet: Ecology and Politics in the Age of Globalization, University of California Press.
Keith, M. and Pile, S. (eds.), Place and the Politics of Identity, Routledge, 2004.
Kennedy, G. (2012), An Ontology of Trash: The Disposable and Its Problematic Nature. Suny Press.
Low, S. M. and Altman, I. (1992), Place Attachment, Springer.
Malpas, J. (2006), Heidegger's Topology: Being, Place, World, MIT press.
Malpas, J. (2012). Heidegger and the Thinking of Place: Explorations in the Topology of Being, MIT Press.
Massey, D. and Massey, D. B. (2005), For Space, Sage.
Morton, T. (2013), Hyperobjects: Philosophy and Ecology after the End of the World, University of Minnesota Press.
Mumford, L. (2016), The Culture of Cities, Open Road Media.
National Research Council (2002), Community and Quality of Life: Data Needs for Informed Decision Making, National Academies Press.
Orr, D. W. (2004), Earth in mind: On Education, Environment, and the Human Prospect, Island Press.
Parikka, J. (2012a), "New materialism as Media Theory: Medianatures and Dirty Matter", Communication and Critical/Cultural Studies, 9(1), 95-100.
Parikka, J. (2012b), "New Materialism of Dust", Artnodes, (12), 83-88.
Parikka, J. (2015), A Geology of Media, University of Minnesota Press.

Parikka, J. (2016), "Deep Times of Planetary Trouble", Cultural Politics, 12(3), 279-292.

Relph, E. (1985), "Geographical Experiences and Being-in-the-world: The Phenomenological Origins of Geography", Dwelling, Place and Environment: Towards a Phenomenology of Person and World (eds. by Seamon, D., and Mugerauer, R.), Springer Science & Business Media.

Relph, E. (2008), Place and Placelessness, Pion Limited.

Relph, E. (2016), "The Paradox of Place and the Evolution of Placelessness", Place and Placelessness Revisited (eds. by Freestone, R. and Liu, E.), Routledge.

Reno, J. (2011), "Beyond Risk: Emplacement and the Production of Environmental Evidence", American Ethnologist, 38(3), 516-530.

Roberts, L. (2012), Film, Mobility and Urban Space: A Cinematic Geography of Liverpool, Oxford University Press.

Rollero, C. and Piccoli, N. D. (2010), "Does Place Attachment Affect Social Well-Being?", European Review of Applied Psychology, 60(4), 233-238.

Sachs, W. (1997), "Environment", Development Dictionary: A Guide to Knowledge as Power, (ed. by Sachs, W.), Witwatersrand University Press.

Sack, R. D. (1997), Homo Geographicus: A Framework for Action, Awareness, and Moral Concern, Johns Hopkins University Press.

Scanlan, J. (2005), On Garbage, Reaktion Books.

Seamon, D. and Sowers, J. (2008), "Place and Placelessness (1976): Edward Relph", Key Texts in Human Geography (eds. by Hubbard, P., Kitchin, R. and Valentine, G.), Sage.

Sheppard, E. (2002), "The Spaces and Times of Globalization: Place, Scale, Networks, and Positionality", Economic Geography, 78(3), 307-330.

Shim, C., & Santos, C. A. (2014), "Tourism, Place and Placelessness in the Phenomenological Experience of Shopping Malls in Seoul", Tourism Management, 45, 106-114.

Shostak, M. (2014), Nisa: The Life and Words of a! Kung Woman, Routledge.

Spelman, E. V. (2011), "Combing Through Trash: Philosophy Goes Rummaging", The Massachusetts Review, 52(2), 313-25.

Springgay, S. and Truman, S. E. (2017), "Stone Walks: Inhuman Animacies and Queer Archives of Feeling", Discourse: Studies in the Cultural Politics of Education, 38(6), 851-863.

Stallabrass, J. (2009). "Trash", The Object Reader (eds. by Candlin, F. and Guins,

R.), Routledge.

Tuana, N. (2008), "Viscous Porosity: Witnessing Katrina", Material Feminisms (eds. by Alaimo, S., Hekman, S. and Hekman, S. J.), Indiana University Press.

Viney, W. (2014), Waste: A Philosophy of Things, A&C Black.

Windsor, J. E., & Mcvey, J. A. (2005), "Annihilation of Both Place and Sense of Place: The Experience of the Cheslatta T' En Canadian First Nation within the Context of Large?scale Environmental Projects", Geographical Journal, 171(2), 146-165.

Wohlpart, A. J. (2013), Walking in the Land of Many Gods: Remembering Sacred Reason in Contemporary Environmental Literature. University of Georgia Press.

Žukauskienė, O. (2016), "A Philosophical Topography of Place and Non-place: Lithuanian Context", Coactivity/Santalka, 24(2), 108-118.

【자료】

한국일보(2018.10.24.), "영풍석포제련소 조업정지 처분 적법" 이행 소송 갈림길.

환경부(2020.10.7.), 영풍석포제련소 지하수 중금속 외부유출 확인, 차단 · 정화를 위한 후속조치 진행.

경향신문(2019.7.30.), 영풍 석포제련소, 측정업체와 짜고 대기오염물질 1868건 조작…1급 발암물질도 축소.

뉴스민(2019.11.29.), 경북, 영풍제련소 조업정지 120일 처분 왜 미루나?

내일신문(2015.10.26.), 낙동강 상류는 지구 최남단 열목어 서식지.

노동일보(2002.9.17.), 석포제련소 옆에 살면 오래 못삽니다.

오마이뉴스(2018.9.23.), 갑은 빠지고 '을들의 전쟁터' 된 봉화 영풍제련소.

연합뉴스(1998.4.24.), 안동댐 상류 산천어 방류.

오마이뉴스(2003.5.8.), 청정산골 봉화의 죽음의 그림자.

한겨레(2017.12.5.), 석포제련소 주변에서 비소 먹는 신종 미생물 발견.

PD수첩(2019.6.11.), 책과 독, 영풍의 두 얼굴.

영풍 석포제련소 관련
주요 환경 사건

영풍 석포제련소 관련 주요 환경 사건*

- 1970.10 영풍 석포제련소 준공

- 1979. 5 석포제련소 바로 밑 낙동강에서 카드뮴 허용기준치 최대 5배 검출

정부(보사부)가 한국과학기술연구소 부설 한국해양개발연구소 이광우 박사팀에 의뢰하여 1978년 6월부터 10월까지 안동댐에서 석포제련소까지 낙동강 수질검사를 한 결과, 카드뮴이 석포제련소 바로 밑에서 약 50ppb, 60여 km 아래인 도산서원 부근(경북 안동군 도산면 상계동)에서 12ppb, 안동댐에서 0.2ppb 가량 검출돼 식수에서의 최대허용 기준치인 0.01ppm(= 10ppb)의 최대 5배를 초과함. 중금속 오염과 함께 수질의 산성도도 크게 높아 조사 당시 석포제련소에서 하류에 이르는 80km의 수역에서는 물고기 등이 전혀 살 수 없는 것으로 드러남. 조사 당시 부근의 일부 마을이 문제가 된 수원을 식수로 사용하고 있는 곳도 있었다고 함. 조사관계자들은 이러한 중금속오염이 석포제련소와 한국티타늄(지금의 석포제련소 2공장 자리에 있었음)에서 중금속 오염폐기물을 버린 때문

* 비교적 알려지지 않았던 2014년 이전 사건을 위주로 정리했습니다.(정리 : 손영호)

인 것으로 결론지음. 정부당국은 이러한 조사결과에 따라 낙동강 상류의 물고기를 먹지 말도록 지시하는 한편 1979년 4월에는 강물에 중금속 등 오염된 폐기물을 마구 버린 영풍제련소 석포공장장 김규열 씨(26)와 한국티타늄 석포공장장 공부식 씨(50), 일본인 기술고문 야기 가스미 씨 등 4명을 구속하고 영풍제련소와 한국티타늄에 대해 공해방지시설을 갖출 때까지 조업정지 명령(4월 1일)을 내렸으나 영풍제련소는 조업을 계속함.(동아일보 1979.5.29.)

• 1979. 6 석포제련소 산중턱에 폐기물 처리장 준비 중

석포제련소는 하루 3백50톤의 폐기물이 나오지만 처리시설은 안 한 채 공장 옆 빈터에 쌓아두고 있음. 비가 오거나 바람이 불면 강으로 들어갈 위험이 있어 2억3천만 원으로 3년간 버릴 수 있는 거대한 처리장을 산중턱에 마련하고 있다고 백승학 소장이 말함.(동아일보 1979.6.18.)

• 1980. 3 석포제련소 폐수 중 기준치 약 8배 넘는 부유물질 배출

환경청이 2월 12일부터 19일까지 오염물질 배출업소 밀집지역인 낙동강 상류와 온산, 마산 일대에 대한 공해실태 암행조사를 실시한 결과, 석포제련소의 경우 흘려보낸 폐수 가운데 부유물질(SS)이 기준치 1백50ppm의 약 8배가 되는 1천1백90ppm이 검출됨. 환경청은 개선명령이나 조업정지 등 강력한 행정처분을 내리도록 관할시도에 지시함.(경향신문 1980.3.10.)

• 1980. 6 석포제련소 공해방지시설 개선명령 받음

환경청이 6월 20일자로 낙동강 상류지역에 있는 5개 대형 폐수 배출업소에 대해 공해방지시설 개선명령을 내림. 5개 업소 : 영풍산업(주)(경북

봉화군), ㈜영풍 석포제련소(경북 봉화군), 한국티타늄공업(주)(경북 봉화군), 쌍용양회공업(주)(경북 문경군), 구미공단(경북 구미시). (매일경제 1980.6.20.)

• 1989. 8 석포제련소 유해폐수 방류로 적발

환경청이 3개월간 전국 금속광산과 제련소 54개소를 특별 점검하여 유해중금속이 든 폐수를 하천에 흘려보낸 9개 업소를 적발함. 4개 업소는 조업정지 시키고 5개 업소는 시정 지시함. 9개 업소에 영풍 석포제련소, 영풍광업 무극광업소 등이 포함됨.(동아일보 1989.8.5., 매일경제 1989.8.5.)

• 1991. 9 석포제련소 제조 황산 싣고 가던 탱크로리 전복, 황산 27t 강물에 흘러듦

9월 18일 낮 12시 30분경 봉화군 소천면 고선리 백병교(백병2교) 다리 위에서 황산 27t을 싣고 가던 탱크로리 트럭이 운전부주의로 다리난간을 들이받고 6m 아래 고선천으로 떨어짐. 사고차는 석포제련소에서 제조된 황산을 싣고 대전 대창화학공장으로 가던 길이었음. 사고로 고선천에 흘러든 황산은 6㎞ 떨어진 낙동강 상류로 들어와 안동 · 구미 등 하류 쪽으로 흘러 내려감. 사고가 난 너비 6m의 고선천 주변 3㎞에 걸쳐 황산으로 강물이 오염돼 물고기 몇 만 마리가 떼죽음을 당함. 경북도와 봉화군은 황산이 이날 밤 12시께 안동댐에 도착한 뒤 구미 · 대구 등 낙동강 하류 쪽으로 흘러들 것으로 보고 이 지역 상수도 취수장에 대비태세를 갖추도록 통보함. 봉화군은 이날 오후 3시께부터 고선천 하류 쪽 3곳에서 가성소다와 소석회로 중화작업을 펴고 있으며 낙동강 수계에서도 2시간 마다 오염도를 재고 있음. 경북도 관계자는 황산이 낙동강 본류에

흘러들어 희석된다 하더라도 안동댐 가두리 양식어장 등에 큰 피해를 줄 것이며 이 물을 상수도로 사용하는 구미 · 대구 등지에서도 임산부 · 어린들에게 영향을 끼칠 것으로 내다봄. 전문가들도 황산은 비중이 물보다 커 가라앉기 때문에 낙동강에 유입될 경우 물 밑 생물 등을 멸종시켜 자정능력을 파괴하는 등 후유증이 클 것으로 내다봄.(한겨레신문 1991.9.19.)

• 1992. 7 석포제련소 화학적 산소요구량 137ppm 폐수 버리다 적발

환경처가 6월 한 달 동안 전국 1천7개 오염물질 배출업소를 단속, 1백77곳을 적발해 34곳을 고발하고 76곳에는 개선명령을 내리는 한편 13곳은 조업정지 처분함. ㈜영풍 석포제련소(대표 유재건)는 화학적 산소요구량 137ppm의 폐수를 내버리다 적발돼 개선명령과 함께 배출부과금이 매겨짐.(한겨레신문 1992.7.28.)

• 1992. 8 석포제련소 배출허용기준 넘는 폐수 배출로 배출부과금 부과

환경처는 토양 중 중금속 함유량이 높게 나타나고 있는 금속광산 12개소와 금속제련소 4개에 대해 특별환경점검을 실시, 5개 업소를 적발해 행정처분과 함께 배출부과금을 물림. ㈜영풍 석포제련소는 배출허용기준을 넘어선 폐수를 배출, 개선명령과 함께 9백38만9천원의 배출부과금을 물게 됨. 같은 영풍그룹의 영풍산업 무극광업소는 납 성분이 기준치인 1㎎/L보다 2배 이상 초과(2.225㎎/L)되고 카드뮴 성분이 1.171㎎/L(기준치 0.1)이나 포함된 폐수를 배출, 3천8백86만3천원의 배출부과금이 부과됨.(매일경제 1992.8.11.)

• 1996.10 석포제련소 고농도 중금속 함유 분철과 폐산 44만 톤 20년간 자체 불법저장 적발

석포제련소가 아연 정광과정에서 발생되는 인체에 치명적인 고농도의 중금속이 함유된 분철과 폐산 44만t을 지난 77년부터 지금까지 무려 20년간 자체 불법저장하고 있는 것으로 드러남.(분철 : 분쇄된 철) 문제의 분철은 제련소 1공장 앞에 차수막을 깐 7천여 평 규모의 폐기물 계류장 웅덩이에 보관돼 있으며 지금까지 외부인 출입을 철저히 통제해 그 규모나 처리과정이 베일에 싸여왔음. 이같은 사실은 석포제련소에 대한 검찰의 폐기물 불법매립수사(본지 10월 3 일자 보도)과정에서 드러남. 대구지검 안동지청이 최근 대구지방환경청으로부터 넘겨받은 자료에 따르면 분철의 성분분석 결과 중금속 카드뮴(Cd)이 관련법상 허용기준치보다 최고 4배인 16.20PPM, 구리(Cu)는 무려 17배인 50.85PPM으로 나타남. 분철과 함께 저류되어 있는 엄청난 양의 폐산도 수소이온농도(pH)가 1.2에 이르는 등 진한 황산(H-H2SO4)의 독성에 버금가 제련소 근로자들이 부주의로 피부에 닿을 경우 마치 화상을 입었을 때와 흡사한 통증과 상처가 난다는 것. 지난 2일 검찰은 중대한 환경사범에 대한 일벌백계의 수사의지를 보이며 석포제련소 대표에 대해 폐기물관리법 위반혐의로 구속영장을 청구했으나 법원 측은 도주 및 증거인멸 우려가 없다며 기각함. 현행 폐기물관리법상 제련소 폐기물 분철과 폐산은 모두 지정폐기물로 분류돼 환경오염사고 방지를 위해 적법 처리되지 않은 상태로 90일 이상 자체 보관할 수 없도록 규정돼 있음.(대구매일신문 1996.10.5.)

아연 제조 과정에서 나오는 카드뮴과 납 등의 유독성 폐기물은 전문 독성 폐기물 처리업체에 위탁 처리해야 하는데도 이 공장은 이를 어기고 허가받지 않은 저장시설을 만들어 야적해놓은 채 지난 20년 동안 방

치해 오고 있음. 이곳에서 중금속 폐기물이 섞인 공장폐수는 최근 하루 150톤씩 쏟아져 나오고 있고 ... 땅속 15미터 깊이 웅덩이 상태로 45만 톤이 묻혀 있습니다. 감독관청인 대구환경관리청은 지난 2월에야 뒤늦게 오는 2004년까지 이를 치우라는 행정명령만 내렸을 뿐임.(KBS뉴스9 1997.4.30.)

• 1997.11 황산 탱크로리 전복, 황산 5천 리터 고선천 현동천 유입

2일 오후 5시15분께 봉화군 소천면 고선리 31번 국도에서 황산 9천 l 를 적재한 탱크로리가 급커브 내리막길에서 5m 언덕 아래로 추락함. 이 사고로 운전사 김씨가 황산에 노출돼 그 자리에서 숨지고 탱크 내부격리칸 6개 가운데 3개가 파손돼 황산 5천 l 가 낙동강 지류인 고선천으로 흘러듦. 경찰 조사결과 사고는 탱크로리 운전사가 급커브 내리막길에서 핸들을 제대로 조작하지 못해 일어난 것으로 밝혀짐.(연합뉴스 1997.11.3.)

사고 발생 사흘이 지났는데도 하류 쪽에서 물고기들이 떼죽음을 당해 떠오르고 강바닥과 돌 표면이 누렇게 변하고 있음. 샛강이 흐르는 계곡 주변은 아직도 독성이 강한 매캐한 냄새가 풍겨 코를 강하게 자극함. 황산 유출을 막기 위해 쌓아놓은 방제둑 아래쪽엔 미처 건져내지 못한 꺽지 · 버들치 · 피라미 등 물고기 수만 마리가 죽은 채 서로 뒤엉켜 물위에 둥둥 떠다님. 작은 바위를 발로 밀어내면 동면을 준비하고 있던 개구리도 힘없이 떠오름. 사고 후 봉화군과 석포제련소측은 사고지점으로부터 1㎞ 아래쪽에 방제둑을 쌓은 뒤 3일부터 이틀 동안 가성소다 3t, 석회석 8t 등 모두 11t의 중화제를 뿌리는 등 긴급방제에 나섬. 황산이 섞인 냇물은 이날까지 고선천을 타고 낙동강 본류가 시작되는 현동천 하류까지 7㎞를 흘러듦. 대구지방환경청과 봉화군이 5일 2차 중화작업을 끝낸

뒤 사고지점에서 3㎞지점 하류 쪽 물에 대한 수소이온농도(pH)를 조사한 결과 생물체가 살아갈 수 있는 정상치인 5.8~8.6보다 강한 2~3.5의 강산성을 띤 죽음의 물인 것으로 나타남. 그러나 봉화군과 석포제련소는 이제 계곡과 하천에 남아 있는 황산 성분이 자연적으로 정화되기만을 기다리고 있는 실정. 안동대 이희무(생물학과) 교수는 "황산이 하천의 토양오염 및 샛강의 물고기와 생물체들을 완전히 죽여 일대 생태계가 크게 파괴됐다"며 "생태계 회복에는 1년 이상 걸릴 것으로 보인다"고 말함.(중앙일보 1997.11.6.)

• 1998. 1 소천면 고선리 31번 국도에서 황산 탱크로리 전복

11일 오후 3시20분께 소천면 고선리 31번 국도에서 석포제련소에서 황산 1만3천 *l* 를 싣고 대전으로 가던 탱크로리가 전복되면서 실려 있던 황산 9백 *l* 가 고선천으로 흘러들어 물고기 수백 마리가 떼죽음을 당함. 고선천은 연간 14만t의 유독물을 생산하는 ㈜영풍 석포제련소 등에서 제조한 유독물을 대전이나 서울 등지로 운반하는 차량의 전복이나 추락에 따른 유독물 유입 등으로 물고기가 떼죽음을 당하는 등의 환경사고로 몸살을 앓고 있음. 환경당국은 환경사고 마다 늑장 출동해 유독물의 중화를 위해 가성소다와 소석회를 살포하고 방제둑을 설치하는 등의 임시방편적인 조치만 취할 뿐 사고 후의 생태계 복원 조치 등은 제대로 하지 않고 있어 더 큰 문제점으로 지적되고 있음.(연합뉴스 1998.1.15.)

• 1999.11 석포제련소 노동자 2명 카드뮴 중독 유소견자로 판명

산업안전보건연구원 직업병연구센터가 중금속을 취급하는 전국 15개 업체 노동자를 대상으로 건강진단을 실시한 결과, 석포제련소 카드뮴 생산팀에 근무하는 남동연(당시 57세) 씨와 최재환(당시 46세) 씨가 카

드뮴 중독유소견자로 판명됨. 남씨는 35.56㎍/ l , 최씨는 34.78㎍/ l 로 노출기준(5㎍/ l)을 7배 가량 초과함. 2001년 7월, 대구에서 자가요양을 하던 최재환 씨가 갑자기 증세가 악화되어 경북대병원으로 옮겨져 중환자실에서 치료를 받다 8월 1일 사망함.

• 2002. 2 침전저류조 바지선 폭발사고로 4명 사망, 1명 중상

25일 오전 10시20분쯤 (주)영풍 석포제련소의 산업폐기물 침전저류지에 떠 있던 바지선에서 용접작업 도중 가스 폭발사고가 발생, 4명이 숨지고 1명이 중상을 입음. 경찰은 기울어진 바지선을 바로 세우기 위해 전기용접 작업을 하다 황산 성분의 물이 밀폐된 바지선 내부로 스며들어 철과 화학 반응을 일으키면서 발생한 수소가 외부 충격을 받아 폭발한 것으로 추정하고 있음. 이 사고로 작업 현장에 있던 (주)영풍의 홍영길(56) 상무와 협력업체인 신풍기업의 직원 유종용(66.강원도 태백시 철암동)씨가 폭발 현장에서 숨지고, 박철우(63. 〃), 김규학(62. 〃 황지동)씨는 중태에 빠져 병원으로 옮기던 중 숨짐. 용접 작업하던 대봉산업 직원 김인하(43.석포면)씨는 폭발과 함께 저류지 물속으로 떨어져 눈 등을 크게 다쳤으나 생명에는 지장이 없음. 사고가 난 7천여 평의 대형 침전저류지는 70년대 후반부터 97년까지 아연 정광과정에서 나온 중금속이 함유된 분철을 매립, 침전시킨 곳으로 제련소 측은 이 분철을 압축시켜 시멘트회사에 알칼리 조절제로 판매해 오고 있음.(매일신문 2002.5.27.)

• 2008. 7 석포제련소 하류 민물고기 떼죽음

7월 25일 경북 북부지역 폭우 내림(춘양 230mm, 석포지역 360mm). 낙동강 상류 50km 구간의 민물고기 떼죽음 당함(지역주민들은 95% 죽었다 주장). 쏘가리, 꺽지, 모래무지, 은어 등 토속어종 몰사함. 석포제련

소 상류 쪽에서는 물고기 폐사가 없었음. 제련소 밑에서부터 죽어 있었고, 10km 떨어진 승부역부터 안동 도산면 가송리(청량산)까지 생물체 거의 폐사함. 낙동강환경관리청은 물고기 떼죽음의 원인을 비점오염원(논, 밭 등)으로부터의 오염물질 유입에 따른 수질악화로 봄. 환경전문가들은 갈수기 물고기 폐사는 있을 수 있지만 홍수 시 물고기 폐사는 일반적 경우로 보기 어렵다는 견해(물이 불어나면 오히려 오염농도가 옅어짐). 석포제련소와 그 주변 환경에 대한 엄정한 조사의 필요성을 제기하고 낙동강 상류 지점에 수질측정소 설치를 요청함.(김광림 의원, '예산결산특별위원회 경제부처 질의개요', 2008.11.26.)

• 2012. 7 석포리에서 재배된 대파에서 허용기준치를 넘는 카드뮴 검출

국립농산물품질관리원 경북지원이 석포면 석포리 381, 617번지(2필지)에서 재배된 대파를 검사한 결과, 허용기준치(0.05ppm)를 약 3.5배 초과한 카드뮴이 검출되어 전량 수매 및 폐기 조치함.

• 2014. 8 3공장 불법 증축, 대기배출시설 설치신고 미이행으로 행정처분

시설공사 중인 석포제련소 제3공장이 기존 소규모 4종 사업장(연간 8톤 이하 배출)으로 허가를 받은 후 불법 증축을 하여 대규모 1종 사업장(연간 80톤 이상 배출)을 증설한 사실이 밝혀짐. 대구지방환경청은 8월 27일 현장을 점검하여 '대기배출시설 설치신고 미이행'으로 경북도청에 행정처분(사용중지)을 요청함.(한정애 의원 보도자료 2014.10.14.) 3공장은 약 14억 원의 이행강제금 납부 후 양성화됨.

• 2014. 9 환경부 단속 결과, 4건의 환경관련법 위반 확인됨

환경부의 '(주)영풍석포제련소 중앙 특별 기동 단속 결과(9월 29~30일, 환경부)' 에 따르면, 석포제련소는 '특정수질유해물질 공공수역 유출', '지정 폐기물 주변 환경오염', '대기 TMS 측정기 표준가스 유효기간 초과', '황산 보관 용기 부식 · 파손' 등 4건의 환경관련법을 위반한 사실이 확인됨.(한정애 의원 보도자료 2014.10.14.)

• 2014.10 환경안전건강연구소, 석포제련소 주변 중금속 오염 조사 결과 발표

석포제련소 주변 6곳의 토양 내 중금속 농도를 분석한 결과, 카드뮴의 경우 토양오염 우려기준 해당 지점 3곳, 아연의 경우 토양오염 대책기준 해당 지점 2곳과 토양오염 우려기준 해당 지점 3곳 확인, 또한 카드뮴의 경우 (구)장항제련소의 최고 농도치인 3.38mg/kg 보다 4.3배 높은 14.7mg/kg이 초과 검출, 아연의 경우 (구)장항제련소의 최고 농도치인 698.67mg/kg 보다 2.9배인 2052.4mg/kg이 초과 검출 등의 내용을 발표함.(기자회견 자료, 2014.10.2.)

• 2014.10 JTBC, 석포제련소 중금속 폐기물 하수구 유출 현장 포착

아연 제조 과정에서 생긴 폐기물이 공장 외부 하수구로 유출되는 현장이 포착됨. 석포제련소 바로 앞에 있는 하천 돌들이 붉게 변해있고, 물 위에는 부유물들이 떠 있는 것도 확인됨.(JTBC 2014.10.6.)

• 2014.10 국회 환경노동위 국정감사에서 석포제련소 주변 토양 등의 오염 심각성 제기됨

10월 23일 국회 환경노동위원회 국정감사에서 한정애 새정치민주연합 의원이 석포제련소 주변의 토양 등 오염이 심각하다고 지적함. 한 의원은 "(주)영풍에서 원하는 지역만 측정했는데 카드뮴이 기준치보다 80배 이상, 비소도 기준치가 50㎎/㎏인데 747㎎/㎏이 나왔다"며 "수은은 기준치의 5배가량, 납은 기준을 훨씬 초과했다"고 지적함. "인근 초등학교 학생들이 뛰면서 카드뮴 먼지를 마시고 있다"고 덧붙임. 바로 옆에 위치한 4대강 낙동강 본류 최상류조차 오염시키고 있다고 지적함. 한 의원은 "비가 오면 씻겨진 물이 어떤 방식으로든 (낙동강에) 들어간다"며 "무단방류되고 있는 폐수에서도 카드뮴과 수은 등이 나왔다. 공공수역으로 그냥 방류되고 있는 것"이라고 꼬집음. "황산가스가 배출되는 배기구 라인이 부식돼 무방비 상태로 황산 가스가 배출된다는 제보로 권익위가 7월쯤 측정했다"며 "결과를 보면 충격적이다. 환경부도 1년에 1번쯤은 조사를 하는 지역이다"고 질타함. 윤성규 환경부 장관은 문제를 인식하고 있었다는 점은 시인함.(환경TV 2014.10.26.)

• 2014.10 대구지방고용노동청, ㈜영풍석포제련소 산업안전보건 특별감독 실시

석포제련소에서 최근 5년간 사내・외 협력업체에서 27건의 산업재해가 발생하고, 직업병 유소견자 역시 매년 20명 이상 발생하는 등 사회적 물의가 야기되고, 특히, 다양한 화학물질을 다량 취급하는 설비의 유지・관리 업무를 도급 형태로 운영하고 있어, 석포제련소의 원청으로서의 책임성 강화를 위해 10월 22일 ~ 29일 특별감독을 실시함. 특별감독 결과, 327건의 산업안전보건법 위반 사항을 적발하고 이중 위반정도가 중한 142건에 대해서는 사법처리(형사입건)와 1억5천여만 원의 과태료 처분과 함께 개선이 필요한 268건에 대해서는 시정조치 등을 병행하기로 함. 또한 언론보도와 국정감사에서 지적되었던 하청업체에 대하여 작업환경을 측정한 결과 발암성물질인 카드뮴을 생산하는 용해로 주조 공정에서 카드뮴이 작업환경 노출기준을 최고 252% 초과하는 것으로 나타났고, 아연 생산 중간 공정에서 황산이 작업환경 노출기준을 146.5%나 초과하는 것으로 밝혀져 안전보건개선계획 명령 및 발암성 물질인 카드뮴 초과 공정에 대한 도급 인가 취소 등 사법처리를 포함한 강력한 제재 방침을 밝힘.(고용노동부 보도자료 2014.10.29.)

• 2014.11 석포3리 910번 지방도로 황산 탱크로리 전복사고 발생

11월 5일 오후 4시 35분께 경북 봉화군 석포면 석포3리 910번 지방도로에서 황산을 실은 탱크로리가 도로 옆 1m 아래로 떨어지며 넘어짐. 황산 2천 ℓ 정도가 흘러나왔고 일부는 낙동강 상류로 들어가 소방당국과 행정당국이 긴급 방제를 함. 25t 규모의 탱크로리에 실린 황산 2만 ℓ 가운데 10%가량 누출된 것으로 알려짐. 경북도는 누출된 2천 ℓ 가운데 1천800 ℓ 정도는 도로 주변 땅에 스며들었고 나머지 200 ℓ 정도가 낙동강 본류 상류로 흘러들었다고 밝힘. 사고 지역 인근인 봉화군 석포면 일대 주민들에 따르면 사고가 난 석포제련소 인근 낙동강에서 하류를 따라 수 ㎞에 걸쳐서 폐사한 물고기가 발견됨.(연합뉴스 2014.11.5.)

• 2015. 4 봉화군, 토양정화명령(제1공장 원광석보관장 및 3공장 동스파이스 보관동 주변)

환경보건기술연구원의 토양정밀조사(2014.11.6.~2015.3.23.) 결과에 따른 조치.

• 2015. 7 봉화군, 토양정화명령(제1공장과 제2공장 부지)

환경보건기술연구원의 토양정밀조사(2015.4.1.~2015.7.20.) 결과에 따른 조치.

- 2016.12 환경부, 「석포제련소 주변지역 환경영향조사」 최종보고서 발간

- 2016.12 국립환경과학원, 「제련소 주변지역 주민건강영향조사」 결과보고서 발간

- 2017.11 낙동강 상류 환경관리협의회 구성

- 2018. 2 폐수처리공정 중 침전조 폐수 70여 톤 낙동강 유출사고 발생(2.24)

- 2018. 4 경상북도, 물환경보전법 위반 조업정지 20일 행정처분(4.5)

- 2018. 7 봉화군, 「제련소 주변지역 주민건강영향조사 사후관리」 결과보고서 발간

- 2018. 9 최근 5년간 불법행위 적발 및 처분이 31건 있었던 것으로 확인

이상돈 의원이 대구지방환경청에 최근 10년간(2008~2018) 영풍 석포제련소의 환경 관련 불법행위 적발 사례와 처분 내역 등을 요청한 결과, 2013.1~2018.6 기간에 총 31건의 환경관련 법률 위반 및 처분이 있었던 것으로 확인됨.

• 2018.10 중앙행정심판위원회, 경상북도의 석포제련소 조업정지 20일 처분 적법 결론(10.23), ㈜영풍은 행정소송 제기

• 2018.11 봉화군, 토양정화명령(석포리 463, 사원주택부지)

대구지방환경청의 토양측정망 지점 토양정밀조사(2018.5.9.~2018.9.30.) 결과에 따른 조치.

• 2018.12 봉화군, 토양정화명령(석포면 석포리, 승부리 일대)

환경부의 「석포제련소 주변지역 환경영향조사」 최종보고서(2016.12)로 확인된 토양오염에 대한 조치.

• 2019. 3 석포제련소 하수배출구에서 기준치의 2배가 넘는 불소 검출

2월 18일, 경상북도가 대구환경청과 함께 제1공장 정수처리장 밖 하수배출구의 물 4L를 채수해 분석한 결과 배출 허용기준 3ppm의 2배가 넘는 불소 6.32ppm이 검출됨. 유해화학물질인 황산을 사용하는 수질 자동측정시설이 검사를 받지 않은 부분도 적발됨. 경상북도와 대구환경청은 각각 제련소에 한 달 안으로 개선할 것을 명령함.(안동MBC 2019.4.11.)

• 2019. 5 봉화군, 토양정화명령(1공장 주변하천)

환경보건기술연구원의 토양정밀조사(2018.9.3.~2019.4.25.) 결과에 따른 조치.

• 2019. 5 환경부, 경상북도에 120일(30일+3개월) 조업정지 행정처분 요청(5.15)

4월 17일부터 19일까지 석포제련소에 대한 특별 지도 · 점검 결과, 무허가 지하수 관정 개발 · 이용, 폐수 배출시설 및 처리시설의 부적정 운영 등 6가지의 관련 법률 위반사항이 확인된 것에 따른 조치.

=〉 청문 절차, 경상북도의 환경부 재질의와 법제처 유권해석 의뢰 등을 거쳐 현재 행정협의조정위원회 절차 진행 중(2020.6.10., 9.23)

- 2019. 7 대기오염물질 배출농도 상습 조작으로 영풍 석포제련소 임원(환경 · 안전 상무이사) 구속

- 2019. 8 대구지방법원, ㈜영풍이 경북도지사를 상대로 제기한 조업정지(20일) 처분 취소소송(1심)에서 원고의 청구를 기각함.(8.14)

- 2019.11 대기오염물질 측정치 조작 사건 1심, 영풍 임원에 징역 1년 2월 선고 =〉 2020.2 항소심에서 징역 8개월 선고

- 2020. 6 환경부 특별점검 결과, 11건의 법령 위반사항 적발

환경부가 4.21~4.29 동안 영풍 석포제련소를 특별 점검한 결과, 대기오염물질 배출허용기준 초과, 특정수질유해물질 유출, 오염토양 외부반출 · 정화 등 11건의 법령 위반 사항 드러남. 7개 굴뚝에서 채취한 시료를 분석한 결과 5개 굴뚝에서 대기오염물질 배출허용기준을 최저 1.3배에서 최대 9.9배 초과함. 지하수 수질을 검사한 결과, 공장부지 내에서 수질기준을 최대 33만 2,650배 초과한 카드뮴이, 인접 하천변에서는 수질기준을 최대 1만 6,870배 초과한 카드뮴이 검출됨.